ÉDUCATION DES FEMMES

D. LÉVI ALVARÈS

PARIS

LIBRAIRIE LÉOPOLD CERF

12, RUE SAINTE-ANNE, 12

1909

ÉDUCATION DES FEMMES

D. LÉVI ALVARÈS

CHEVALIER DE LA LÉGION D'HONNEUR

FONDATEUR DES COURS D'ÉDUCATION MATERNELLE

PARIS

LIBRAIRIE LÉOPOLD CERF

12, RUE SAINTE-ANNE, 12

1900

A LA MÉMOIRE

DE

D. LÉVI ALVARÈS

FONDATEUR DES COURS D'ÉDUCATION MATERNELLE

Né à Bordeaux le 7 octobre 1794 — Mort à Paris le 16 juillet 1870

PIEUX SOUVENIR DE SES FILS :

Théodore LÉVI ALVARÈS,
Chevalier de la Légion d'honneur,
Directeur des Cours d'Éducation Maternelle.

Eugène LÉVI ALVARÈS.
Grand-Officier de la Légion d'honneur,
Général de division du génie.

Albert LÉVI ALVARÈS,
Chevalier de la Légion d'honneur,
Ingénieur civil,
Secrétaire général de la Cie des chemins de fer de Madrid
à Saragosse et à Alicante.

INTRODUCTION

INTRODUCTION

La question de l'éducation des femmes dans notre pays a occupé les meilleurs esprits depuis le XVIIe siècle surtout. Elle se produit, jusqu'à la fin du XVIIIe siècle, sous des formes très diverses et suivant une sorte de marche historique, de l'organisation de Saint-Cyr avec Mme de Maintenon, *1686*, et de la publication du Traité de l'éducation des Filles de Fénelon, *1687*, aux discours prononcés à la tribune des assemblées politiques par Talleyrand, Mirabeau, Lakanal, Condorcet, *1791-1794*.

Mais les revendications en faveur des droits de la femme au savoir, les programmes prudemment élaborés en vue du développement de l'instruction des filles, les études pédagogiques, tant de fois et si différemment renouvelées, étaient restés à l'état de théorie et de spéculation philosophique.

Ces idées et ces projets commencent à se réaliser vers *1815*, dans l'enseignement élémentaire et secondaire des filles, sous l'action féconde de l'initiative privée.

Dès *1806* et *1810*, Mme Campan, qui déjà avait fondé une institution à Saint-Germain, réglementa les classes dans les célèbres maisons de la Légion d'honneur d'Écouen et de Saint-Denis dont l'Empereur lui avait confié la direction.

Un peu plus tard, en 1811, Mmes La Maisonneuve et Sauvan ouvraient leurs maisons d'instruction à Paris et à Chaillot ; en 1816, MM. de Gerando, Lasteyrie, Jomart, etc., donnent leur concours éclairé à la Société pour l'Instruction élémentaire ; en 1818, cinq élèves de l'abbé Gaultier professaient leurs cours ; en 1817 et 1818 plusieurs maisons d'éducation, à Paris, recevaient les jeunes filles des classes élevées de la société, celles de Mmes Debré, Daubrée, Housset, etc., et, parmi les Congrégations, la maison du Sacré-Cœur s'installait, en 1820, à Paris, hôtel de Biron.

Bientôt ces établissements suscitèrent la formation d'un grand nombre de pensions et d'externats à Paris et en province ; comme le dit Octave Gréard, « ce que l'État ne faisait pas, l'industrie privée avait commencé à l'entreprendre, car les ordonnances de 1819 et 1820 n'étaient qu'une reconnaissance légale de l'enseignement secondaire des filles ». Ce mouvement d'extension devait, dans une certaine mesure, profiler aux études ; leurs cadres s'élargissent, leurs méthodes se discutent et s'appliquent.

Lévi Alvarès, qui débutait alors dans la carrière du professorat libre, fut un des promoteurs les plus ardents et les plus laborieux de ces progrès et de ces rénovations.

Les Cours d'Éducation Maternelle qu'il ouvre à Paris, rue de Seine, en 1820, prennent de suite avec précision une marque distinctive au milieu de ces institutions naissantes : Lévi Alvarès, le fondateur des cours, en est aussi le seul maître pour toute la durée des études ; il ne réunit ses élèves qu'une fois par semaine, pendant deux heures, pour chaque degré d'enseignement et, près de lui, sont les mères constamment associées à la direction instructive de leurs filles.

Ce dernier trait, cette collaboration touchante venant fortifier la vie intérieure, à ce moment, presqu'au lendemain des temps d'agitation qui l'avaient troublée, restera le caractère propre, la conception géniale de ce système où l'école enseigne le foyer et le foyer inspire et anime l'école.

Octave Gréard, dans son inoubliable Rapport sur l'Enseignement secondaire des filles, *consacre des pages élogieuses et charmantes aux Cours d'éducation maternelle et à leur fondateur, en opposant ces courageuses tentatives individuelles, pendant cette période, à l'inertie de l'État. Lévi avait donc tout à faire pour l'application de ses vues nouvelles. De 1820 à 1835, il crée un régime normal d'instruction pour les jeunes filles : des programmes encyclopédiques gradués ; une pédagogie rationnelle ; des ouvrages classiques sur un plan méthodique. Il trouvait là les points d'appui de son enseignement oral.*

Lévi Alvarès était un professeur incomparable. M. Compayré a dit : « Les professeurs sont un peu comme les acteurs ; ils emportent avec eux, dans la tombe, le meilleur de leur art. » Heureuses alors les anciennes élèves de Lévi Alvarès, restées après lui ses apôtres fidèles ! Elles peuvent encore aujourd'hui, évoquant un lointain passé, réveiller par le souvenir la parole amie qui charma, émut, passionna leur jeunesse. Quelle verve dans ses leçons entrainantes ! Comme il savait, dans ses Cours élémentaires, captiver, stimuler les jeunes esprits sans les laisser jamais passifs ! Sans cesse en action, il allait, la craie ou la baguette à la main, du tableau noir à la carte géographique, provoquant les réponses par d'habiles questions, explorant les esprits suivant la méthode de Socrate, s'appliquant à ouvrir les intelligences, à leur apprendre à apprendre plutôt qu'à charger la mémoire de notions trop hâtives.

Le ton de ses causeries instructives se haussait au niveau des Cours secondaires et supérieurs sans qu'il changeât ni sa manière, ni sa méthode. Son enseignement restait familier, actif, direct sur l'esprit des élèves, ayant avant tout le respect de leur personnalité qui s'affirmait et s'élevait avec les études sérieuses dont il abordait chaque spécialité d'un esprit libéral et tolérant, avec une érudition solide et variée, faisant comprendre surtout l'enchaînement de toutes les connaissances dans ses leçons qui prenaient alors un caractère plus synthétique, plus philosophique, sans jamais pourtant devenir une leçon de Sorbonne, sans imposer ni ses opinions, ni ses croyances, méritant par là la confiance et le respect.

L'instruction secondaire des filles trouvait donc, aux Cours d'Éducation maternelle, son développement suivant une direction logique et d'après un programme qui était nettement déterminé, il devançait même nos temps de progrès scolaires par l'importance qu'y prennent la grammaire, l'histoire, la littérature, la philosophie, les beaux-arts.

Et, pour le développement de ce programme, Lévi Alvarès publia une bibliothèque classique. Elle ne contient pas des livres de première main ; pourait-on les attendre d'un homme si absorbé par les obligations multiples d'une direction et d'un professorat ? Il faudrait plutôt s'étonner qu'au milieu de ces occupations et à une époque où les moyens de recherches scientifiques étaient encore insuffisants, Lévi ait produit tant d'ouvrages remarquables par l'originalité de la composition, la certitude des méthodes, l'ingéniosité des procédés. Ces livres et ces méthodes, adoptés bientôt par la plupart des éta-

*blissements d'instruction en France et à l'étranger, eurent,
depuis 1820, une influence prépondérante sur l'enseignement élémentaire et secondaire des filles dont, le plus souvent,
ils provoquent les heureuses réformes :*

La Mnémosyne *facilite dans les classes les exercices de
diction et de lecture à haute voix, si peu en usage encore de
nos jours;* les Omnibus du langage, le Nomenclateur, la
Grammaire normale, le Questionnaire grammatical et littéraire *donnent un développement nouveau aux études de
grammaire et de rhétorique;* les Esquisses littéraires *intro-
duisent dans les programmes l'étude des littératures étrangères; avant les* Études géographiques, *la* Géographie
racontée, *le* Tour du monde *la Géographie s'apprenait dans
des abrégés insignifiants que les élèves récitaient presque
toujours sans avoir un atlas sous les yeux; en 1820, l'enseignement de l'histoire était nul en France :* le Recueil des
tableaux analytiques, le Manuel des peuples, les Esquisses
historiques, l'Histoire générale, les Reines de France, les
Énigmes historiques *impriment pour la première fois, aux
études historiques une direction vraiment méthodique;* les
Notions sur les sciences et les arts, le Salon carré *ou*
Memento des écoles de peinture *servent de lecture préparatoire aux élèves des Cours secondaires et supérieurs qui sui-
vaient les conférences sur l'esthétique et l'histoire des beaux-
arts;* les Pourquoi et les Parce que, les Nouveaux éléments
des sciences *attirent l'attention des professeurs sur les études
scientifiques si négligées alors dans les classes.*

*Ainsi se continuait l'œuvre de Lévi Alvarès, rien jus-
qu'alors ne s'était organisé dans l'enseignement des femmes
qui fût à la fois si complet, si simple et si personnel.*

Sans doute, à ce moment, vers 1835, on ne pourrait pas dire encore des Cours d'Éducation maternelle ce qu'écrira plus tard un brillant élève de l'École Normale supérieure, M. Aron : « Il ne faut point laisser passer une occasion de rendre hommage à ces créations de l'initiative individuelle, surtout quand elles ont acquis, à force de durer et de se perfectionner le rang et en quelque sorte la dignité d'une institution nationale. » Mais, dès lors cependant, Lévi Alvarès suit en pleine activité la voie nouvelle qu'il a tracée, sa place est au premier rang des initiateurs de la pédagogie moderne et ses travaux ont reçu la double sanction de la critique et du succès ; succès éclatant qui aura, en 1836, au milieu de la discussion des lois sur l'instruction, son retentissement à la tribune de la Chambre des députés dans ces paroles de M. Bernard, de Rennes : « Je me hâte de dire, à l'honneur de notre pays et de notre époque, qu'un homme isolé, M. Lévi, avec ses seules ressources, sans autre appui que son talent et la conviction de l'excellence de son système, a fortement avancé la solution du problème de l'éducation des femmes. »

Haut et juste témoignage public d'estime et de reconnaissance rendu au Maître et au Novateur qui se voua sans relâche, pendant plus de cinquante années, à l'instruction de la jeunesse. Il semble même que Lévi ait tout prévu dans le domaine de l'éducation féminine. La devise de ses programmes et de son enseignement : « Ni trop, Ni trop peu », résume dans sa concision, les idées, les vœux et aussi les espérances des philosophes et des pédagogues les plus éclairés de notre temps sur la question du savoir qui convient aux femmes.

Il dit, en 1841, dans une allocution aux pères de famille

de ses Cours : « Nous pensons que l'instruction des jeunes personnes doit être, autant que possible, générale comme celle des hommes sans être la même ; qu'elle doit se centraliser sans nuire aux facultés spéciales, mais qu'il faut soulever avec prudence le rideau qui cache l'immense horizon des sciences et des arts. Ce n'est pas parce qu'on est instruit mais parce qu'on est mal instruit, que l'on est vicieux et ridicule. »

Octave Gréard s'exprime ainsi, en 1883 : « Il faut distinguer entre ce qu'il est possible de savoir et ce qu'il n'est pas permis d'ignorer. Ce que nous voudrions pour les femmes c'est un enseignement sobre, bien dépouillé pour ainsi dire, un enseignement de résultats et de conclusions qui mette avec exactitude les sentiments, les idées, les inventions, les découvertes, les grands gains de la civilisation en pleine lumière. »

De son côté, M. Etienne Lamy, de l'Académie française, dans un livre récent, La Femme de demain, écrit : « A l'exception des femmes, peu nombreuses, qui cherchent dans l'étude une carrière, et, aussitôt spécialisées par le métier, suivent les conditions et les chances de l'intellect masculin, les femmes ont cette originalité d'être attirées vers le savoir pour lui-même et sans aucun intérêt de gain. Par cela seul elles échappent à la nécessité qui impose son joug aux hommes. Elles ne sont pas condamnées à cette étude au microscope où elles gagneraient une familiarité superflue pour elles avec tous les détails d'une science et qui les laisserait ignorantes de tout le reste. Elles veulent, au contraire, se donner « des clartés de tout », elles prétendent acquérir des notions sur l'ensemble du savoir. Elles se groupent au centre des connaissances humaines, tandis que les hommes se dispersent à l'extrémité. Tandis qu'ils poussent toujours plus loin l'analyse, elles cherchent la synthèse. Tandis qu'ils deviendront plus techniques, elles deviendront plus intellectuelles. Elles se trouvent mieux placées pour voir les rapports qui unissent les diverses sciences et qui les subordonnent à la source commune et unique de vérité dont toutes descendent. Et nous semblons marcher vers un temps où les femmes deviendront les conservatrices des idées générales. »

Et ces sages esprits trouvent encore aujourd'hui le principe essentiel de l'éducation des femmes dans cette pensée qui inspira toujours le Fondateur des Cours d'Éducation maternelle :

C'est au sanctuaire de la famille seulement que la femme puisera, comme à une source vive, les forces religieuses, morales, intellectuelles qui doivent la diriger et la soutenir partout dans la vie.

Mars 1909.

T. L. A.

****

Ce livre contient les documents relatifs aux Cours d'Éducation maternelle et, particulièrement, de la page 146 à la page 281 les discours, les allocutions, les études par Lévi Alvarès sur des sujets divers de pédagogie, de morale et d'éducation.

BIOGRAPHIE

BIOGRAPHIE

D. Lévi Alvarès, le fondateur des « Cours d'Éducation Maternelle », est né à Bordeaux, le 7 octobre 1794, d'une famille ancienne et estimée. Appelé à Paris par un de ses oncles qui voulait s'occuper de son éducation, il fut, à l'âge de douze ans, envoyé à Choisy-le-Roi, dans l'institution de M. Pierre. C'était, à cette époque — vers 1806 — une des rares maisons d'enseignement libre, dignement tenues.

La direction en était toute paternelle et le programme de ses études dépassait de beaucoup les étroites limites où s'enfermait, le plus souvent, l'instruction des jeunes gens.

Les progrès du jeune Lévi furent rapides. Doué d'une intelligence ouverte prompte à tout s'assimiler, il s'appliqua avec ardeur et succès aux lettres, aux sciences, aux arts d'agrément. On reconnut bientôt chez lui une vocation décidée pour l'enseignement et, à dix-huit ans, il était répétiteur dans la maison même où il avait été élevé. Commencer la carrière difficile du professorat à l'âge où l'on est d'ordinaire encore sur les bancs de l'école, c'était beaucoup risquer : l'autorité et l'expérience lui manquaient nécessairement, ses élèves d'aujourd'hui étaient ses émules d'hier.

Il sut gagner leur confiance en les traitant en amis ; ses leçons devinrent des causeries familières, et le travail se fit en commun.

Cette intime et féconde collaboration du maître et des disciples, qui était à ce moment une nécessité, resta toujours le caractère essentiel et la force de l'enseignement Lévi Alvarès.

Son ingénieuse activité trouvait aussi à s'employer en dehors de la classe. Le directeur réunissait souvent les parents à l'occasion d'examens ou de distribution de prix : heureuse idée qui associe la famille à la vie de l'école.

Lévi était l'âme de ces fêtes. Il aimait la poésie, il tournait les vers avec facilité et esprit, et l'on applaudissait gaiement les couplets, les petites représentations scéniques qu'il se plaisait à improviser.

Du reste, l'exercice de ce noviciat et ces premières études préparaient Lévi à l'enseignement qu'il devait bientôt fonder, et auquel il devra sa célébrité.

Lévi se montrait attentif à tout ce qui pouvait hâter les progrès de l'instruction.

En Allemagne et en Suisse les doctrines de Rousseau s'étaient vite propagées. Basselow à Dessau, Pestalozzi à Yverdun, le père Girard à Fribourg, mettaient en pratique, dans leurs écoles, les principes du philosophe genevois. Dans notre pays, au contraire, les idées de l'*Émile* furent longtemps sans action sur les études et, à l'époque qui nous occupe, quelques institutions laïques seulement renouvelaient leurs méthodes. Le jeune Lévi s'était dès lors intéressé à ces tentatives scolaires ; il en fut momentanément détourné.

Atteint par la conscription, il dut rejoindre son régiment, le 10e de ligne, qui se trouvait en Italie. Ses talents d'écrivain et d'artiste lui adoucirent les rudes épreuves de la vie militaire : il faisait tour à tour des ordres du jour et des portraits ; et comme secrétaire du colonel Dubalin, il fit la campagne de 1814. Nommé défenseur officieux du 10e dans les Conseils de guerre, il mit à profit les études consciencieuses qu'il avait faites, et souvent, par son éloquence, il atténua la sévérité de la loi au profit des accusés.

De retour en France en 1815, et rendu à la vie privée, il se maria et il résolut d'embrasser la carrière de l'enseignement à laquelle l'avait préparé l'étude spéciale et sérieuse de la langue française, de la littérature, de l'histoire et de la géographie.

Il complétait ses études en suivant avec assiduité les cours du Collège de France et de la Sorbonne et en s'associant aux travaux des Sociétés qui s'organisaient alors pour les progrès de l'enseignement, telles que : la Société des Méthodes et la Société Grammaticale.

En travaillant à sa propre instruction, il avait conçu les premiers éléments de son système d'enseignement.

On doit se rappeler que, pendant les premières années de la Restauration, l'enseignement était donné sans méthode dans les collèges royaux et dans les institutions particulières ; mais n'essayant pas de modifier sous ce rapport l'instruction des jeunes gens, Lévi se voua à la régénération des études classiques des femmes, livrées alors à l'aveugle routine. Il commença par appliquer ses vues nouvelles dans des leçons particulières, et dans les principaux pensionnats de Paris, chez Mmes Daubré, Anglade, Villeneuve, Dumay, Renard, Leduc, Saint-Vincent, Dubois, Payen, Sainte-Marie, Descoriet, Leduc-Housset, Payn, et Barbe.

Par quels rudes chemins Lévi a-t-il dû passer ! Et que nous voudrions le suivre dans cette longue route de Choisy-le-Roi à Paris, à trois ou quatre heures du matin, exposé aux intempéries les plus pénibles.

Les difficultés ne firent qu'enflammer son zèle.

L'État venait, par ses décrets de 1819 et de 1820, d'organiser pour la première fois l'enseignement secondaire des filles.

C'est alors, en 1820, qu'il ouvrit ses « Cours d'Éducation Maternelle » dans un local peu vaste, rue de Seine, n° 32. La nouveauté de sa méthode, qui contrariait tout ce qui avait été fait jusque-là, ne lui attira d'abord que peu d'élèves, mais les progrès de son jeune auditoire lui trouvèrent des admirateurs. Il publia divers ouvrages qui eurent en peu de temps les honneurs de plusieurs éditions. Le nom de l'auteur acquit bientôt quelque célébrité, et le nombre de ses élèves s'accrut tellement qu'il fut obligé de changer de local, et de prendre celui de la rue de Lille, n° 17, où quatre cents mères de famille vinrent successivement lui confier leurs filles et les encourager de leur présence et de leur exemple.

Lévi crut n'avoir pas assez fait ; il fallait encourager les institutrices à se remettre sur les bancs, à étudier l'art d'enseigner. Pour cela le zélé professeur, en société avec M. Lourmand, ouvrit à l'Hôtel de Ville, le 2 juin 1833, un Cours Normal. Cinq cents institutrices vinrent tous les dimanches dans la salle Saint-Jean, à cette réunion de famille. Mais l'autorité ayant mis des entraves à la régénération que Lévi méditait, il ferma son Cours.

Sa méthode se propagea en France et à l'étranger, ajoutons qu'elle eut même une heureuse influence sur le développement des études universitaires.

En même temps, ses ouvrages classiques étaient suivis dans la plupart des institutions des deux sexes : c'était donc véritablement une révolution accomplie

dans l'éducation des femmes, et une voie nouvelle
ouverte à l'enseignement.

M. le professeur Meylan fut envoyé exprès d'Allemagne pour étudier la méthode ; le rapport qu'il publia
est un exposé complet de la méthode et de l'enseignement Lévi Alvarès.

En 1836, M. Bernard (de Rennes), conseiller à la
Cour de Cassation, député de la Loire-Inférieure, à
l'occasion du rapport de son collègue, M. Dubois (d'Angers) sur l'Instruction publique, appela l'attention de la
Chambre sur les Cours Lévi Alvarès, se faisant l'interprète de la reconnaissance des familles, et le 10 janvier 1837, Lévi reçut la croix de la Légion d'Honneur,
décernée sur la proposition de M. Guizot, ministre de
l'Instruction publique.

C'était la première croix donnée en France, et même
en Europe, à l'éducation des femmes ; aussi cette distinction nous semble légitimer ce mot charmant des
mères apprenant cette nomination : « Nous sommes
décorées ! »

N'était-ce pas, en effet, le dévouement de la mère-
institutrice que l'on encourageait et que l'on récompen-
sait dans la personne de M. Lévi, qui, ainsi que l'a dit
avec raison un écrivain célèbre, s'était fait « mère »
pour instruire les jeunes personnes.

La reine Marie-Amélie, la première « Mère du

Royaume », fit complimenter le professeur qu'elle honorait depuis longtemps de son auguste approbation.

Par le fait, ce professeur ne se recommandait pas seulement comme fondateur d'une méthode pédagogique, il savait enseigner : sa parole sympathique tenait en éveil l'attention de l'élève, il avait une promptitude infinie à tout saisir ; une faculté méthodique pour tirer quelque chose de précieux de tout ce qui s'offrait à lui, soit dans la conversation, soit dans la lecture. Il acceptait volontiers toutes les occasions d'instruire, et de satisfaire toutes les curiosités qu'il savait provoquer dans les jeunes esprits.

Et avec cela, une veine d'humeur douce et gaie, en causant, qui imprimait un mouvement agréable, et comme un courant à l'esprit, à l'âme, de ceux qui l'écoutaient.

Son exemple ne fut pas perdu, car un grand nombre d'institutrices distinguées se formèrent à ses leçons ; notamment : Mmes Gombault, Hamel, Gastellier, Saint-Aubin, Pelleport, Rodier, Dissard, Rinneberg, Ducos, Briosne, Pavie, Puissant, etc....

Plusieurs de ces dames ont organisé des cours en province, à l'instar de ceux de leur maître : Mlle Briosne, à Rouen, Mme Pelleport, à Bordeaux, Mlle Dissard, à Lyon.

Lévi Alvarès a élevé un monument digne de notre époque.

La fondation de ses Cours d'Éducation Maternelle, sa méthode rationnelle d'enseignement, ses ouvrages classiques composés sur un nouveau plan, lui assurent une place importante dans l'histoire de l'éducation des femmes en France.

Il est mort à Paris, le 16 juillet 1870.

M. Théodore Lévi Alvarès, son fils aîné, qui était depuis longtemps associé à son enseignement, lui a succédé comme directeur des « Cours d'Éducation Maternelle » ; il est chevalier de la Légion d'Honneur depuis 1884.

(Extrait des biographies : des Hommes utiles, de la Biographie des Contemporains, de la Galerie Histo-
rique et Critique du XIXe siècle, etc.....

LES COURS

D'ÉDUCATION MATERNELLE

LEUR CARACTÈRE — LEUR MÉTHODE

LES

COURS D'ÉDUCATION MATERNELLE

LEUR CARACTÈRE — LEUR MÉTHODE

Les *Cours d'Éducation Maternelle* ont été fondés en 1820 par D. Lévi Alvarès. Il les a dirigés jusqu'en 1868.

Son fils aîné, M. Théodore Lévi Alvarès, d'abord associé à l'enseignement des Cours, de 1841 à 1868, en a pris la direction de 1868 à 1891.

Durant cette période de soixante et onze ans, 1820-1891, le siège des Cours a été : de 1820 à 1833, rue de Seine, n° 33 : de 1833 à 1891, successivement rue de Lille, n° 17, et cité Trévise, n° 7.

A différentes époques, des succursales furent établies dans plusieurs quartiers de Paris : rue de Provence, sous le nom de Gynécée ; rue Richer, 74 ; rue du Bac, 49 : rue des Mathurins ; rue Lavoisier, 7.

En 1870 et 1871, les Cours continuèrent pendant le Siège de Paris. Ayant été interrompus du 18 mars au mois de juin 1871 pendant la Commune, la lettre suivante fut adressée à la reprise des études, aux mères de famille et aux élèves des Cours :

Mesdames, mes jeunes Amies,

Après les douloureux événements que nous venons de traverser et qui ont interrompu si longtemps nos chères causeries instructives, je m'empresse de vous envoyer mes plus affectueux souvenirs. Je vous serais très reconnaissant de vouloir bien me donner, le plus tôt possible, des nouvelles de vous et de votre famille.

Nos études reprendront *immédiatement*.

L'*Instruction des femmes* aura certainement une grande influence sur la réforme intellectuelle et morale qui se prépare et que le pays appelle de tous ses vœux. Hâtons-nous d'apporter à son développement et à ses progrès, le concours, modeste sans doute, mais sincère, dévoué, de notre bonne volonté et de notre courage.

Recevez, Mesdames, mes jeunes Amies, l'assurance de mon profond attachement.

THÉODORE LÉVI ALVARÈS FILS,
Directeur des Cours d'Éducation Maternelle.

Paris, 7, Cité Trévise, juin 1871.

Les Cours avaient lieu *une fois par semaine, pendant deux heures,* pour chaque degré des études classiques.

Ils étaient des vérifications hebdomadaires avec développement et éclaircissement, du travail que les jeunes personnes faisaient chez elles, d'après la *méthode* du professeur, et sous la direction de leurs mères et de leurs institutrices.

Après ces vérifications sur toutes les parties des études, les mères et les filles s'en retournaient munies d'indications nouvelles et de devoirs pour la séance suivante.

Les Cours avaient pour but :

1º De mettre en rapport continuel la mère et la fille ;

2º De donner une direction méthodique à l'éducation intérieure ;

3º De faire dépendre les progrès moraux et intellectuels de la fille, de la surveillance attentive de la mère.

L'enseignement donné aux Cours d'Éducation Maternelle, était l'application des principes et des procédés de la méthode pédagogique de leur fondateur, M. Lévi Alvarès.

Cette méthode s'appuie sur : *l'observation,* la *comparaison,* et le *jugement.*

Elle comprend une suite d'exercices écrits et parlés, dans l'ordre le plus conforme à la raison et le plus propre à faciliter la connaissance de telle science ou de tel art.

Elle dirige l'enseignement à tous les degrés, vers ce qui peut :

1º Développer et fortifier l'esprit des enfants, des adolescents, en portant leur attention sur les objets dont ils sont environnés, en les dirigeant constamment vers un but utile à eux et à leurs semblables.

2° Cultiver l'intelligence en suivant une voie qui mette l'élève en état de découvrir lui-même les règles, les motifs, les principes de ce qu'on lui enseigne. C'est-à-dire lui apprendre *à apprendre*. Et pour arriver à ce but, employer à tous les degrés de l'enseignement, la méthode *exploratire,* ou *socratique* (la maïeutique) : faire venir *à soi* l'esprit de l'élève (plutôt que d'aller à lui) par des questions adroites, enchaînées *logiquement ;* employer la classe, la leçon, non seulement à des *expositions,* à des développements, à des appréciations, des faits (ce qui donne à la leçon le caractère d'un cours de Sorbonne), mais surtout à former les esprits, à les *ouvrir,* à les stimuler, à leur donner l'habitude de la méthode, de l'examen, de se rendre compte. Et aussi à les forcer à s'exprimer clairement, correctement, selon leurs impressions, leurs sentiments, leurs pensées propres, personnelles. (Il y a là une préoccupation de la grammaire, de la logique, de la littérature même, qui se fait par le maître, à l'insu de l'élève.)

3° Conduire l'esprit de l'élève d'une chose *connue* à une chose *inconnue,* du simple au composé (association des idées), du concret à l'abstrait, par un travail d'induction que dirige habilement le maître, c'est former, *faire,* peu à peu, un esprit méthodique, philosophique, qui saura un jour, dans toute la vie active, quelle qu'elle soit, appliquer, suivre ces grands principes. C'est pour cela que les classes élémentaires devraient être confiées à des *Maîtres* d'un esprit supérieur !

4° Grandir les difficultés avec une progression telle, que l'enfant s'aperçoive à peine des degrés qu'il franchit, sans anticiper sur ses connaissances, ni lui supposer des idées qu'il n'a pas, qu'il ne peut avoir.

5° Éviter tout mécanisme, toute routine, en faisant connaître à l'élève le but ou la raison de tout ce dont on l'occupe, en lui présentant les *faits,* et en l'aidant à en chercher les causes.

6° Intéresser constamment l'enfant au travail qu'on attend de lui, en lui en faisant voir l'utilité pour son avenir.

Ainsi pour M. Lévi, la pensée maîtresse qui domine et inspire toute sa pédagogie, est celle-ci : la famille est le sanctuaire où doit grandir et s'élever moralement et intellectuellement la fille, jusqu'à son mariage, sous l'influence et la direction de la Mère.

Mais il fallait réaliser cette pensée, la mettre en pratique. Lévi Alvarès crée alors tout un mode particulier d'enseignement.

Tout d'abord, un seul maître pour toute la durée des études et une seule leçon de deux heures par semaine ; de là : pour le maître, unité dans l'enseignement, esprit de synthèse, idées générales. Pour l'élève, initiative, et personnalité dans le travail de préparation.

Pour M. Lévi, la base des études était la langue maternelle et l'histoire. Il résumait lui-même ses procédés dans cette formule d'éducation progressive : « Faits, comparaison des faits, conséquence morale ou philosophie des faits ; c'est-à-dire voir, comparer, juger : c'est la marche même de la nature. »

COURS PAR CORRESPONDANCE

Les Cours par correspondance avaient pour but de faire participer les jeunes personnes des départements et des pays étrangers, à l'enseignement des Cours d'Éducation Maternelle de Paris.

Les élèves *par correspondance* étaient classées, suivant leur âge et leur instruction, dans un des Cours de Paris. Après chaque Conférence, une des institutrices attachées aux Cours, était chargée de rédiger, sur les notes qu'elle avait prises, le résumé des développements donnés par le professeur, et de transcrire les devoirs indiqués pour l'entretien suivant. Ces rédactions et ces devoirs étaient communiqués, chaque semaine, aux jeunes correspondantes. Elles tenaient le professeur au courant de leurs travaux et recevaient les conseils qui leur étaient utiles par lettres spéciales.

Ce mode d'enseignement donnait aux études, ce qui leur manque toujours dans les éducations privées : un *plan*, une *méthode*, une unité ; il établissait d'heureux rapports intellectuels entre les jeunes filles de la province et celles de Paris.

INSTITUTRICES DES COURS LÉVI ALVARÈS

Plusieurs institutrices étaient attachées aux Cours comme répétitrices ; elles étaient appelées par les mères de famille, et dans des leçons particulières, elles préparaient les élèves à la leçon du maître. Elles expliquaient, elles développaient les devoirs donnés. Elles apportaient donc à la mère une collaboration précieuse.

Plusieurs d'entre elles furent désignées par Lévi Alvarès pour fonder en province un enseignement similaire à celui des Cours de Paris.

Citons quelques-unes de ces femmes dévouées, disciples de la Méthode :

Mlle AUGUSTINE GOMBAULT

Si les *Institutrices* capables sont rares, les institutrices dévouées le sont plus encore. Pourquoi cela ? C'est qu'il ne suffit pas, en acceptant la vie pénible de l'enseignement, de faire preuve de quelques connaissances spéciales plus ou moins étendues ; c'est qu'il faut une vocation énergique, luttant sans cesse avec les caprices ou les défauts de l'enfance, l'ingratitude ou l'exigence des familles, l'indifférence ou l'oubli de la société.

Où donc d'ailleurs tant de jeunes filles ont-elles fait le rude apprentissage de la pédagogie, pour courir en foule encombrer, chaque jour, la vaste salle où doit leur être délivré le parchemin qui les attache à la *glèbe* classique ?

Par quelles épreuves, par quelle initiation ont-elles passé avant d'entrer dans une carrière toute de sacrifices, d'abnégation et de travail continu et pénible ? — La plupart (et nous respectons cette inexorable nécessité, l'un des vices de notre système social sur les femmes). — la plupart se sont jetées, pour ainsi dire, à la tête des bancs d'une classe, parce qu'au foyer domestique leur existence était, hélas ! trop précaire, et qu'elles sont venues demander à l'instruction publique un noble allégement aux vicissitudes de la vie.

Honneur, sans doute, à leur dévouement filial qui mériterait une autre récompense et un avenir moins incertain, si d'autres carrières pouvaient s'ouvrir pour elles ; — mais ces fonctions qu'elles subissent sont importantes et graves : elles appartiennent exclusivement aux jeunes femmes de cœur et d'intelligence qui sont nées dans le sanctuaire, et se sont élevées dans la pratique des devoirs qu'elles enseigneront plus tard elles-mêmes ; — à celles qui ont écouté, compris, analysé la parole du maître ; se sont initiées aux méthodes de la grande et belle œuvre de l'éducation, et, de degré en degré, sont montées jusqu'à l'humble autel, d'où, à leur tour, elles peuvent faire descendre la manne qui nourrit à la fois l'âme et l'esprit.

Ainsi avait fait Mlle Augustine Gombault, dont le nom mérite d'être conservé dans les annales de l'enseignement, comme il le sera dans le souvenir des élèves qu'elle a formées et de ceux qui l'ont appréciée. — Née à Paris le 10 septembre 1807, morte le 30 juillet 1842, sa vie de trente-cinq ans, enfant, jeune personne, institutrice ; — fille, sœur, élève, amie, a été pleine de ces douces vertus qui commandent l'amitié, l'estime et le respect.

Nous l'avons suivie dans toutes les phases de son existence : dans sa maison, dans ses classes, dans le monde ; jamais sa bonté, son humeur égale, son amour pour le travail, nous dirons même son humilité, ne se sont démentis. Nous avons eu le bonheur et l'honneur de la diriger, depuis son bas âge, dans ses études intellectuelles, et nous pouvons dire que rarement nous avons vu unir plus de raison à plus d'aménité, plus de savoir à plus de modestie, plus de religion à plus de tolérance.

Ce sont ces éminentes qualités qu'elle a portées dans l'enseignement, et qui en avaient fait une institutrice complète dont nous pouvions à bon droit être fier, car elle avait compris toute la portée de nos vues dans *l'éducation maternelle ;* nous la pleurons aujourd'hui, nous la regretterons toujours. Puissent les jeunes personnes que nous formons, marcher sur les traces d'une femme aussi digne, et ennoblir comme elle, la haute mission que la société leur impose.

Mlle Augustine Gombault avait étudié, avec un succès qu'attesteraient des professeurs célèbres et spéciaux, la littérature anglaise et la littérature allemande ; elle s'était exercée, jeune encore, à la traduction latine, et, si nous ne craignions pas de divulguer un secret dont nous sommes seul confident, nous citerions quelques-unes de ses imitations poétiques de Virgile et d'Horace. Ses connaissances historiques, géographiques et grammaticales étaient très étendues, et il y avait peu d'auteurs anciens ou modernes qu'elle n'eût lus et analysés. Aussi ses leçons se ressentaient de cette variété de connaissances, sans qu'elle oubliât un seul instant la modestie qui accompagne toujours le savoir acquis par des recherches multipliées, des lectures sérieuses, que rend profitables une mûre réflexion.

Dans un salon, elle parlait avec réserve ; et dans son

intérieur elle avait ce langage du cœur que sa bonne mère appréciait tant ; — sa bonne mère ! Nous dirons, autre part, la vie de ces deux femmes qui ont vécu l'une pour l'autre, et qui se sont éteintes en même temps avec le calme et la résignation d'âmes chrétiennes. Nous demanderons ce que la fille aurait fait sans la mère, la mère sans la fille, si l'une d'elles avait survécu ? Elles sont parties ensemble pour être toujours heureuses !

Mlle Augustine Gombault a composé de charmantes poésies inédites : *Une Histoire Universelle* d'après nos *Énigmes historiques* et l'*Histoire de France*.

D. Lévi Alvarès.

Mlle DISSARD

Quelques mères de famille, anciennes élèves, qui habitaient Lyon, avaient prié Lévi Alvarès de former dans leur ville, sous son patronage, des cours pour l'instruction de leurs filles. Mlle Dissard fut choisie pour les fonder et les diriger en 1853.

Acceptant sans hésiter la mission que son Maître lui confiait Mlle Dissard quittait Paris et, jeune, sans autre appui que la sollicitude d'une mère dévouée qui voulut l'accompagner, elle s'engagea avec courage dans la voie difficile de l'enseignement.

Sans avoir à suivre ici les développements que prirent peu à peu les Cours de Lyon, disons seulement qu'un grand succès récompensa le dévouement, la persévérance, les talents de Mlle Dissard. Elle s'applique sans cesse à perfectionner l'œuvre d'instruction qu'elle a si heureusement fondée.

Dans des conférences récemment organisées, destinées aux institutrices, elle expose et étudie les doctrines de la pédagogie moderne en Allemagne surtout. Mlle Dissard travaille donc utilement au progrès de l'éducation des femmes.

Son souvenir restera au milieu des familles lyonnaises reconnaissantes et aussi dans les cours Lévi Alvarès qu'elle représente dignement et dont elle propage les méthodes avec le zèle fervent d'un apôtre.

Mlle Dissard a reçu les palmes académiques en 1896.

T. L. A.

Mlle BRIOSNE

Après avoir dirigé les études des jeunes filles dans plusieurs maisons d'éducation où Lévi Alvarès était professeur, et s'être initiée par des études sérieuses à sa Méthode, Mlle Briosne fut attachée aux Cours d'Éducation Maternelle. En collaboration avec M. Théodore Lévi Alvarès, elle fonda à Rouen, en 1863, des Cours qui eurent longtemps une grande réputation.

Mlle Briosne a reçu les palmes académiques en 1891.

Les cours de Rouen ont encore du succès sous la direction de Mlle Caron.

Mlle Briosne a laissé au milieu de nous un cher souvenir et comme la trace durable de son passage. Par la solidité de son instruction, l'élévation de son esprit et de son caractère, la dignité de sa vie, elle restera pour nous le modèle accompli de l'Institutrice privée, c'est-à-dire la femme associée à la sollicitude maternelle dans la direction morale et intellectuelle de la fille, fonction modeste mais qui est cependant une des forces de l'enseignement libre des femmes.

Les anciennes élèves de Mlle Briosne, aujourd'hui ses amies, l'entourent dans sa retraite d'une affection toute filiale.

T. L. A.

Mme PELLEPORT

Mme Pelleport suivit longtemps les Cours d'Éducation Maternelle, comme élève et comme institutrice : elle alla ensuite s'établir à Bordeaux, où, pendant près de dix ans, un grand nombre de jeunes filles, des meilleures familles, reçurent sa direction intellectuelle. On a d'elle un ouvrage estimé : *Histoire des Duchesses d'Orléans*.

Mlle DUCOS

Née à Bagnères-de-Bigorre vers 1835, Mlle Ducos fut placée de bonne heure à l'École normale de cette ville : elle y fit de très bonnes premières études sous la direction des religieuses de cette maison.

Venue à Paris pour compléter son instruction, elle suivit nos Cours d'abord pour en connaître la méthode, puis comme institutrice, lorsqu'elle fut chargée de diriger l'éducation de trois sœurs appartenant à l'une des familles les plus distinguées de la société parisienne.

Elle resta près d'elles jusqu'à leur mariage.

Quelques années plus tard les jeunes mères, restées ses amies, lui confiaient l'instruction de leurs filles.

Mlle Ducos leur réunit plusieurs enfants du même âge et forma chez elle, rue de Vienne, un cours selon notre méthode, qu'elle professa longtemps avec succès.

Nous venions souvent à ces réunions intimes, nous plaisant à réveiller, près de ces jeunes femmes, le cher passé de nos premières études.

La causerie se prolongeait avec Mlle Ducos. Elle aimait à lui donner un tour sérieux et quelquefois, à l'entendre aborder avec ardeur les questions d'histoire, de littérature ou de philosophie, on aurait pu craindre qu'elle se laissât entraîner trop loin de la sphère modeste où il convient de rester près des jeunes intelligences qu'on dirige.

Il n'en était rien.

Mlle Ducos ne cultivait les hautes études que pour mieux fortifier et élever son esprit au profit de son enseignement. Il s'adressait d'ailleurs souvent dans des leçons particulières, à des femmes désireuses de suivre le mouvement des lettres et des sciences par la lecture et l'analyse des livres du jour.

Au milieu de ces travaux qu'interrompaient à peine les vacances classiques, elle savait encore donner sa pensée à de chères préoccupations.

Ses parents, qu'elle avait appelés de province et qu'elle soutenait de ses faibles ressources, sa sœur, ancienne institutrice des Écoles de Paris, recevaient ses tendres soins sans qu'elle oubliât jamais ni les pauvres ni ses anciennes élèves qu'elle guidait de ses conseils.

Cependant cette activité excessive avait depuis longtemps altéré sa santé ; des crises cruelles épuisèrent ses forces et, au mois d'août 1901, elle nous fut enlevée !

Donnons à cette femme de bien et de savoir, si méritante durant sa carrière laborieuse, toujours si attachée à notre enseignement et à nous-mêmes, un souvenir fidèle d'affection, d'estime et de reconnaissance.

THÉODORE LÉVI ALVARÈS.

PLAN D'ÉTUDES DES COURS

PLAN D'ÉTUDES DES COURS

COURS PRÉPARATOIRE

(DE 7 A 8 ANS)

Histoire sainte.

PLAN D'ÉTUDES

HISTOIRE. — Sainte. — Échelle des peuples.

GRAMMAIRE. — Premières notions. — Petites dictées. — Exercices divers.

GÉOGRAPHIE. — Grandes divisions du globe.

LECTURE. — ÉCRITURE. — CHIFFRES. — CALCUL MENTAL.

RÉCITATION de fables et de fragments littéraires, avec développements et exercices intellectuels.

PETITES CAUSERIES sur toutes choses dans les Entretiens de l'Enfance.

STYLE. — Petites narrations parlées et écrites.

COURS ÉLÉMENTAIRE

1er DEGRÉ (DE 8 A 9 ANS)

Histoire ancienne d'Orient.

PLAN D'ÉTUDES

HISTOIRE. — Ancienne d'Orient. — Synchronismes de l'Histoire sainte et ancienne d'Orient. — Révision de l'échelle des peuples. — Exercices historiques.

GRAMMAIRE. — Éléments de Grammaire française. — Dictées
et exercices orthographiques jusqu'aux *Verbes irréguliers*. — Orthographe absolue.

GÉOGRAPHIE. — Éléments de Géographie jusqu'aux *Boussoles*. (*V. nos Premières Leçons de Géographie*.)

RÉCITATION de fables et de fragments littéraires, avec développements et exercices intellectuels.

PETITES CAUSERIES sur toutes choses, dans nos Entretiens
de l'Enfance, avec développements. — Lecture. —
Écriture. — Calcul élémentaire. — Éléments de
Dessin linéaire.

STYLE. — Petites narrations parlées, écrites. — Imitations.

2ᵉ DEGRÉ DE 9 A 10 ANS

Histoire grecque.

PLAN D'ÉTUDES

HISTOIRE. — Grecque. — Synchronismes d'Histoire sainte,
ancienne d'Orient et grecque. — Échelle des peuples
(revision). — Vicissitudes des peuples anciens. —
Exercices historiques. (*V. notre Manuel des Peuples*.)

GRAMMAIRE. — Éléments de Grammaire (suite et fin des
Premières leçons de Grammaire). — Exercices orthographiques et dictées. — Orthographe absolue.

GÉOGRAPHIE. — Éléments. Boussoles.

CALCUL. — Les quatre règles enseignées par la pratique. —
Dessin linéaire.

RÉCITATION de fables et de fragments littéraires avec développements et exercices intellectuels. — PREMIÈRES
NOTIONS sur toutes choses.

STYLE. — Narrations parlées et écrites. — Imitations.

3ᵉ DEGRÉ (DE 10 A 11 ANS

Histoire romaine.

PLAN D'ÉTUDES

HISTOIRE. — Romaine. — Synchronismes d'histoire sainte, ancienne d'Orient, grecque, romaine. — Revision des vicissitudes anciennes. — Vicissitudes de quelques peuples du moyen âge : les Français, les Anglais, etc. — Dates principales de l'histoire ancienne. — Rois de France et rois d'Angleterre. — Éléments de mythologie. — Exercices historiques.

GRAMMAIRE. — Grammaire française élémentaire avec questionnaire, exercices et dictées jusqu'à la syntaxe. — Exercices préparatoires de syntaxe. — Orthographe absolue.

RÉCITATION de fragments littéraires avec développements et exercices intellectuels.

GÉOGRAPHIE. — Généralités. — Tour du monde sans détails. — France : notions élémentaires.

LECTURE. — ÉCRITURE.

CALCUL. — Les quatre règles avec problèmes. — Système des poids et mesures.

DESSIN LINÉAIRE.

STYLE. — Imitations et sujets de style.

CAUSERIES sur toutes choses.

4ᵉ DEGRÉ (DE 11 A 12 ANS)

Histoire de France élémentaire.

PLAN D'ÉTUDES

HISTOIRE. — France élémentaire. — Vicissitudes des peuples du moyen âge (suite et fin). — Revision de l'histoire ancienne. — Exercices historiques. — Chronologie : grandes dates du moyen âge. — Avénements des rois de France et d'Angleterre.

GRAMMAIRE. — Syntaxes avec questions, exercices et dictées. — Orthographe absolue.

GÉOGRAPHIE. — Études diverses dans le Tour du Monde. — États d'Europe. — France : Bassins, Départements.

RÉCITATION de fragments littéraires avec développements et exercices intellectuels.

NOTIONS DIVERSES SUR LES SCIENCES NATURELLES. — Premières notions avec développements.

STYLE. — Sujets. — Imitations. — Lecture. — Écriture.

CALCUL. — Problèmes.

DESSIN LINÉAIRE.

COURS SECONDAIRE

1er DEGRÉ (DE 12 A 13 ANS)

Histoire de France développée et Histoire générale.

PLAN D'ÉTUDES

HISTOIRE. — France avec développements jusqu'à Hugues-Capet. — Résumé d'histoire du moyen âge, jusqu'à 987. — Histoire d'Angleterre : lectures et tableaux généalogiques. — Histoire générale jusqu'au Ve siècle avant Jésus-Christ.

GRAMMAIRE ÉLÉMENTAIRE. — Syntaxe avec exercices et questionnaires jusqu'au verbe. — Dictées. — Orthographe absolue. — Dictées quotidiennes.

Littérature. — Fragments littéraires avec développements et exercices intellectuels. — Style. — Analyse des lectures.

Géographie. — Généralités. — Tour du monde avec détails jusqu'en *Espagne*. — États d'Asie et d'Afrique. — Géographie ancienne et du moyen âge. — France élémentaire : revision.

Sciences naturelles. — Généralités. — Cosmographie. — Inventions et découvertes. — Éléments d'arithmétique.

2e DEGRÉ (DE 13 A 14 ANS)

Histoire de France développée et Histoire générale (suite).

PLAN D'ÉTUDES

Histoire. — France développée de Hugues-Capet à Louis XI (1461). — Résumé d'histoire du moyen âge et moderne jusqu'à 1461. — Histoire générale du ve siècle avant Jésus-Christ au 1er siècle avant Jésus-Christ.

Grammaire élémentaire. — Syntaxe avec exercices et questionnaire (suite et fin). — Orthographe absolue.

Littérature. — Résumé de la littérature grecque. — Fragments littéraires avec développements. — Art poétique de Boileau, Ch. i et Ch. ii. — Style. — Analyse des lectures. — Littérature française jusqu'au xve siècle.

Géographie. — Généralités. — Tour du monde avec détails jusqu'en Asie. — États d'Amérique et Océanie. — France développée : — physique, — politique : provinces, départements, productions, industrie, commerce, histoire. — Géographie ancienne et du moyen âge.

SCIENCES. — Éléments d'arithmétique. — Sciences naturelles : généralités. — Physique élémentaire. — Inventions et découvertes.

3e DEGRÉ (DE 14 A 15 ANS)

Histoire de France développée et Histoire générale
(suite).

PLAN D'ETUDES

HISTOIRE. — Histoire de France de Louis XI (1461) à Henri IV (1589. — Résumé d'histoire moderne jusqu'en 1589. — Histoire d'Angleterre comparée à l'histoire de France jusqu'en 1589. — Histoire générale du 1er siècle avant J.-C. au Ve siècle après J.-C.

GRAMMAIRE développée et dictées justifiées. — Locutions vicieuses. — Orthographe absolue.

LITTÉRATURE. — Résumé de la Littérature latine. — Littérature française jusqu'au XVIIe siècle. — Art poétique de Boileau, Chant II (suite et fin), Chant III. — Style. — Analyse des lectures.

GÉOGRAPHIE. — Généralités. — Tour du monde avec détails : revision de l'Europe. — France développée (suite et fin).

SCIENCES. — Arithmétique. — Éléments de Géométrie — Sciences naturelles : généralités. — Zoologie élémentaire. — Inventions et découvertes.

4ᵉ DEGRÉ DE 15 A 16 ANS

Histoire de France développée et Histoire générale
(suite).

PLAN D'ÉTUDES

HISTOIRE. — Histoire de France de 1589 à 1715. — Résumé
de l'histoire moderne jusqu'en 1715. — Histoire
d'Angleterre comparée à l'histoire de France jusqu'en
1715. — *Histoire générale* du vᵉ siècle au xviᵉ siècle
et géographie historique.

GRAMMAIRE développée, et dictées justifiées. — Étude des
synonymes. — Omnibus du langage. (*V. le Cata-*
logue.) — Orthographe absolue.

LITTÉRATURE. — Littérature ancienne : revision de la littérature grecque et latine. — Littérature française :
étude du xviiᵉ siècle. — Corneille et Racine (choix
des tragédies). — Art poétique, Chant IV. — Théorie
littéraire. — Style. — Analyse des Lectures.

GÉOGRAPHIE. — Généralités. — Tour du Monde, avec
détails : revision de l'Asie, de l'Afrique, de l'Amérique et de l'Océanie. Géographie historique. Con-
trées d'Europe, avec développements. — Revision.
Histoire des Voyages.

SCIENCES. — Arithmétique. — Éléments de Géométrie. —
Sciences naturelles : généralités. — Zoologie et Bota-
nique élémentaires. — Inventions et Découvertes
jusqu'au xviᵉ siècle après J.-C.

COURS SUPÉRIEUR

^{er} DEGRÉ (DE 16 A 17 ANS)

Histoire de France développée et Histoire générale
(suite).

PLAN D'ÉTUDES

HISTOIRE. — Histoire de France de 1715 à 1815. — Résumé d'histoire moderne jusqu'en 1815. — Histoire d'Angleterre comparée à l'histoire de France jusqu'en 1815. — Histoire générale du XVIe au XIXe siècle. — Géographie historique.

GRAMMAIRE. — Grammaire générale.

LITTÉRATURE. — Littérature française, XVIIIe siècle et jusqu'en 1815. — Analyse des principaux ouvrages classiques anciens et modernes. — Théorie littéraire, exposition des règles de rhétorique et études diverses sur la littérature ancienne et étrangère, et sur les beaux-arts. — Style. — Analyse des lectures. — Lecture à haute voix.

GÉOGRAPHIE. — Histoire de la Géographie jusqu'au XIXe siècle. — Histoire des voyages. — Étude développée de la géographie physique. — Revision de la géographie politique.

ARITHMÉTIQUE. — Éléments de géométrie.

SCIENCES NATURELLES. — Généralités. — Éléments de minéralogie, de géologie et de chimie. — Inventions et découvertes jusqu'au XIXe siècle.

PHILOSOPHIE. — Éléments de morale.

Histoire de France et Histoire générale
(suite).

PLAN D'ÉTUDES

HISTOIRE contemporaine de 1789 à nos jours. — Étude d'Histoire générale. — Histoire et Littérature étrangères.

LITTÉRATURE. BEAUX-ARTS. PHILOSOPHIE. — Littérature française de 1789 à nos jours. — Études de littérature générale et de littérature étrangère. — Histoire des Beaux-Arts. — Éléments de morale. — Éléments de Législation usuelle. — Histoire de la Philosophie. — Analyse des principaux ouvrages anciens et modernes (suite). — Style. — Analyse des Lectures.

GRAMMAIRE. — Grammaire comparée.

GÉOGRAPHIE. — Géographie générale. — Analyse des Voyages récents. — Études géographiques au point de vue des races, des langues, des productions (animaux, végétaux, minéraux).

SCIENCES. — Sciences naturelles : revision avec développement de la Cosmographie, de la Physique, de la Chimie et de l'Histoire naturelle. — Inventions et Découvertes jusqu'à nos jours. — Revision de l'Arithmétique et de la Géométrie.

Voir pour l'application et le développement de notre Plan d'études le Catalogue de nos ouvrages.

CAUSERIES LITTÉRAIRES

Sur les actualités de la Littérature et des Arts, pour
les Jeunes Personnes et les Dames.

COURS SPÉCIAUX

Pour la Préparation aux Examens de l'Hôtel de Ville
(Brevet du 2ᵉ et du 1ᵉʳ ordre.

EXPOSÉ ET APPRÉCIATION DE LA MÉTHODE

RAPPORTS

DISCOURS, ARTICLES, LETTRES

FRAGMENT

D'UN

DISCOURS DE M. BERNARD, DE RENNES

DÉPUTÉ DE LA LOIRE-INFÉRIEURE

PRONONCÉ EN 1836

Appelant l'attention de la Chambre des Députés, sur la Méthode et l'Enseignement de Lévi Alvarès Père, à l'occasion du rapport de M. Dubois d'Angers, sur l'Instruction publique et sur la question de l'éducation des Femmes.

Vous aurez remarqué, en lisant l'excellent travail de l'honorable rapporteur de votre Commission, qu'il termine la discussion sur l'instruction primaire en exprimant un vœu déjà plusieurs fois formé par les Chambres, et qui appelle l'attention de l'administration sur

l'importante question de l'éducation des femmes. C'est
là, Messieurs, un sujet bien digne, en effet, des méditations d'un Ministre de l'Instruction publique ; et cependant, par je ne sais quel oubli d'un si grave intérêt,
l'éducation des femmes n'a jamais occupé sérieusement
le législateur en France.

A peine trouve-t-on dans une ou deux ordonnances
quelques dispositions éparses sur cet objet. On semble
avoir méconnu cette vérité que, dans les trois situations de sa vie, comme fille, comme épouse, comme
mère, la femme exerce une immense influence sur
l'homme et par lui sur l'ordre social.

Cet oubli témoigne, il faut le dire, d'un dédain, d'une
insouciance qui peuvent se concevoir chez les nations
musulmanes façonnées à l'idée de l'esclavage des
femmes, mais qui deviendraient coupables de la part
d'un peuple chrétien et libre.

C'est le christianisme qui a institué la liberté de la
femme, et pour que cette liberté réponde à son origine
religieuse, il faut qu'elle soit éclairée. La servitude et
l'ignorance marchent ensemble : mais la liberté, pour
porter ses fruits, exige l'instruction.

Et qu'on ne dise pas que l'instruction est suffisante
quand elle a doté la femme de quelques talents agréables. Laissons cette idée arriérée à d'autres temps. La
femme a reçu de Dieu l'intelligence, elle doit en user. Ce

serait vraiment une étrange erreur lorsque la puissance des idées nouvelles change la face de toute chose et appelle les hommes à une vie plus grave et plus austère, de condamner nos filles à rester encore frivoles et étrangères aux intérêts réels de la société. Persuadons-nous bien, au contraire, qu'il ne manque à la femme, pour compléter son existence, et conséquemment la nôtre, qu'une éducation plus forte et plus sévère.

A Dieu ne plaise qu'il faille l'initier aux sciences transcendantes qui dessècheraient son esprit, qui resteront toujours dans le domaine exclusif de l'homme ; mais que du moins elle reçoive une instruction raisonnée et solide, une instruction fondée sur les bases de la religion et de la morale, une instruction, enfin, qui lui fasse comprendre sa mission : qui lui apprenne qu'en passant de la maison paternelle à la maison conjugale, elle marche à une association avec des droits et des devoirs sérieux qui engagent sa responsabilité envers son époux, envers sa famille, envers la société.

Tel est le but : reste le moyen de l'atteindre. A mon avis, l'honorable rapporteur de votre Commission semble l'avoir indiqué lorsqu'il a dit que *c'est la mère qui imprime a l'enfant les premières idées et les habitudes les plus puissantes, comme elle commande les premières, les plus tendres et les plus durables affections.*

Oui, Messieurs, l'éducation maternelle ! le secret est

là. Sans la mère, sans sa puissante intervention, l'éducation de la fille restera toujours incomplète. Trouver une méthode où cette bienveillante action de la mère sur la fille puisse recevoir son application, une méthode qui les mette en rapports continuels, qui associe leurs pensées, et qui fasse dépendre les progrès de l'une de la surveillance attentive de l'autre, voilà le problème à résoudre, et je me hâte de dire, à l'honneur de notre pays et de notre époque, qu'un homme isolé, M. Lévi, avec ses seules ressources, sans autre appui que son talent et la conviction de l'excellence de son système, a fortement avancé la solution de ce problème.

Cette méthode est connue de plusieurs de nos honorables collègues, qui confient leurs femmes et leurs filles (car chez lui elles sont inséparables) au digne professeur auquel, pour mon compte, je suis heureux de donner ce témoignage public de gratitude et d'estime.

Ce n'est pas ici le moment d'entrer dans les détails de sa méthode. Ils trouveront mieux leur place dans la discussion de la loi sur l'instruction secondaire. Tout ce que je puis dire, quant à présent, et à cet égard de nombreux et honorables témoins viendraient à l'appui du mien, c'est que le système que je signale est digne de la sollicitude de M. le Ministre de l'Instruction publique, et que si, comme nous l'espérons, ce Ministre exauce le vœu de notre Commission en instituant une enquête sur tout ce qui concerne l'éducation des femmes, il voudra bien diriger les investigations de son administration sur le mode particulier que je viens d'indiquer [1].

M. le Ministre de l'Instruction publique. — Je dirai seulement pour satisfaire à la juste sollicitude de l'honorable préopinant, qu'une ordonnance sur les écoles des filles se prépare en ce moment, et qu'elle ne tardera probablement pas à paraître.

1. Après cet éloge public. M. Lévi reçut, en 1837, pendant le règne de Louis-Philippe et sous le ministère de M. Guizot, la première croix d'honneur donnée, en France, à l'éducation maternelle.

LES COURS D'ÉDUCATION

A L'USAGE DES JEUNES FILLES DU MONDE

COURS D'ÉDUCATION MATERNELLE LÉVI ALVARÈS 1820)

Extrait du Rapport de l'Enseignement secondaire des Filles
Par Oct. GRÉARD (1883 [1].

A côté des pensionnats de jeunes filles s'étaient ouverts des externats d'un régime particulier, ce que l'on a appelé depuis des *Cours* et auxquels l'opinion avait donné, à cette époque, le nom de *Cours d'éducation à l'usage des jeunes filles du monde.*

L'institution (de ces Cours) remonte à la Restauration, plus haut même, car la fondation de l'abbé Gaultier date de 1786 et il l'avait reprise dès les premières années de l'Empire ; mais c'est en 1815 qu'il lui avait donné sa constitution véritable. A sa mort, en 1818, quelques-uns de ses anciens élèves, MM. Blignières, Demoyencourt, Ducrost de Sixt, Leclerc aîné, Picard, etc., avaient entrepris de continuer sa méthode... Deux

1. Chez Delalain.

ans après (1820), M. Lévi Alvarès avait ouvert ses *Cours d'Éducation Maternelle* et son succès avait aussitôt provoqué d'autres créations ; aujourd'hui encore, bien des souvenirs de famille sont attachés aux noms de MM. Réaume, Ménechet, Colart, Prat, Cortambert... Chacun de ces Cours avait sa physionomie propre.

A voir les choses du dehors rien de moins comparable que la simplicité patriarcale des classes où les élèves de l'abbé Gaultier s'attachaient à reproduire avec une sorte de piété filiale les traditions du maître et le mouvement de celui que M. Lévi remplissait et animait de sa verve. Voici comment, vers 1840, un témoin, bien placé, décrivait les Cours de l'abbé Gaultier : « Les Cours n'ont lieu que six mois de l'année, un seul jour par semaine, le samedi, en présence des parents. La première heure de la leçon est consacrée à l'histoire, la deuxième à la langue française, la troisième à la géographie, la cosmographie et l'arithmétique. Le local où les Cours sont établis se compose de neuf salles disposées circulairement pour chaque division, où chaque faculté est à la même heure simultanément enseignée. Les leçons consistent surtout en interrogations de la part des professeurs et en réponses de la part des élèves, sur les matières étudiées, pendant la semaine, dans l'intérieur des familles, d'après la marche indiquée le samedi précédent.

« Chaque bonne réponse est récompensée d'un jeton. »

De cette description on peut rapprocher le portrait de M. Lévi tracé par une de ses élèves :

« Il est là au bout de la longue table verte ; ses disciples sont réunies autour de lui et les mères, attentives et souriantes, un crayon dans la main, un cahier sur les genoux, s'apprêtent à prendre leur part du travail commun. Il n'y a point ici de curieux, point d'oisifs indifférents ; le professeur, les mères, les enfants, tous ne font qu'une famille ; il y a entre eux union, entente, solidarité et l'œuvre qu'ils accomplissent est une œuvre collective, où chacun, selon ses moyens, est appelé à fournir son contingent.

« Les devoirs sont examinés, les cahiers ont passé sous l'œil vigilant du maître. Il a achevé sa revue ; tous les regards sont tournés vers lui. Que va-t-il faire ? Croyez-vous qu'il va monter sur une tribune et faire étalage de sa science sans s'inquiéter si son auditoire le comprend ? Point du tout, ce n'est pas là sa manière ; il va, nouveau Socrate, interroger ses disciples, et, par une suite de questions habilement dirigées, faire jaillir des esprits la vérité. »

La collaboration des mères distinguait particulièrement l'éducation des Cours. A la claustration plus ou moins rigoureuse de l'internat, qui détend les liens de

la famille, on opposait la liberté du Cours, qui les res-
serre, qui permet à la mère de suivre les travaux de la
jeune fille, l'y intéresse, l'y associe. On cherchait tout
à la fois dans ce concours un honneur et un appui ; on ne
préparait pas aux examens, on dédaignait même les
brevets ; on entendait ne dépendre que de la famille
et ne reconnaître d'autre contrôle que le sien.

Par une irrégularité qu'explique l'inconsistance des
règlements, tous ces Cours avaient pu s'ouvrir sans
qu'on demandât au directeur aucune autre justification
que les garanties d'ordre public. Point de condition
d'examen, ni de grade universitaire ou de brevet. Deux
inspecteurs d'Académie s'étant présentés dans une
maison renommée entre toutes[1], un jour de distribution de prix, on les accueillit avec une déférence mar-
quée, mais en leur faisant observer que cet hommage
s'adressait aux pères de famille et non aux délégués de
l'Université, qui n'avaient rien à voir dans la maison.
Après avoir donné au journal fondé sous ses auspices,
le nom de l'*Institutrice,* M. Lévi avait habilement
changé ce titre en celui de la *Mère institutrice.* En
1836, lorsque M. Guizot lui avait décerné la décoration
de la Légion d'Honneur — récompense toujours rare,
plus rare que jamais à cette époque dans l'enseigne-

---

1. Cours de M. Lévi Alvares, séance du 7 août 1841. Les deux inspecteurs étaient MM. Ragon et Théry, v. p. 58.

ment libre — les mères s'étaient écriées : « Nous
sommes décorées. » Le mot avait fait fortune. Ce
puissant et délicat patronage ajoutait aux gloires du
moment un éclat de plus ; on était prêt, s'il l'eût fallu,
à s'en faire un rempart.

. . . .

M. Lévi, qui n'a jamais redouté le grand jour des
responsabilités, s'était fait le chef d'une sorte de mouvement pédagogique. Ses amis répétaient volontiers,
sans s'exposer de sa part à être contredits, qu'il
avait appliqué la méthode du Père Girard dix ans
avant lui. Comme le Père Girard, comme Pestalozzi,
M. Lévi avait sa méthode. La base des études était
pour le Père Girard la langue maternelle, pour Pestalozzi l'arithmétique ; pour M. Lévi, c'était la langue
maternelle et l'histoire. De la langue maternelle, il faisait le fond ; de l'histoire, le moyen et comme le véhi-
cule que lui fournissaient les éléments du travail sur la
langue. Ainsi entendait-il ce qu'il appelait « l'unité
de l'enseignement ». Quant aux procédés qu'il appli-
quait à ce système, il les résumait lui-même dans cette
formule d'éducation progressive : « Faits, comparaison
des faits, conséquence morale ou philosophie des faits ;
c'est-à-dire voir, comparer, juger : c'est la marche
même de la nature. »

RAPPORT DE M. LE PROFESSEUR MEYLAN

ENVOYÉ D'ALLEMAGNE POUR ÉTUDIER LA MÉTHODE

Après avoir été témoin des remarquables résultats obtenus par M. Lévi, j'ai désiré connaître la voie qu'il a suivie pour y arriver. J'ai assisté pendant quelques semaines aux leçons du Cours élémentaire, données à de jeunes demoiselles de douze ans. C'est là que j'ai trouvé la véritable explication de ce que j'avais vu et entendu aux Cours supérieurs. On croira peut-être que M. Lévi suit une méthode difficile à concevoir, à la portée seulement des intelligences d'élite. Il n'en est rien. Si quelque chose surprend dans sa méthode, c'est son extrême simplicité. C'est là surtout qu'il s'identifie avec l'enfance et lui parle la langue qu'elle entend. Aussi, ses élèves sont-elles heureuses de répondre aux nombreuses questions qui leur sont adressées. Le travail ainsi devient un plaisir.

Je ne puis entrer dans les détails d'une méthode complète, d'un système d'éducation parfaitement lié, je m'attacherai seulement à en saisir le principe.

La langue maternelle est la base de tout l'enseignement de M. Lévi. Il emprunte à l'histoire les matériaux dont il a besoin pour l'étude de la langue ; il exige que les faits soient bien étudiés ; il les fait raconter, puis analyser. Il ne permet pas que la mémoire de ses élèves se charge de mots vides de sens. Chaque mot doit être parfaitement compris. L'origine et les principales circonstances de la vie de chaque personnage, ainsi que l'époque où il a vécu, sont indiquées avec soin. La géographie est rattachée à l'histoire ; en sorte que les lieux et les villes célèbres, ainsi que les événements prennent leur véritable place dans l'esprit des enfants. Les exercices de calcul sont aussi utilisés pour cette importante étude : c'est ainsi que les dates et les généalogies se gravent imperturbablement dans la mémoire.

M. Lévi veut que l'intelligence travaille, qu'elle s'approprie tout ce qui est en contact avec elle ; mais il exige en même temps que la mémoire retienne ce que l'intelligence a saisi, et cela, par de nombreux exercices, par de fréquentes répétitions. Il évite ainsi deux écueils contre lesquels bien des professeurs ont échoué. Le premier consiste dans la paresse naturelle de l'esprit ; la mémoire seule s'encombre ; l'enfant devient une machine plutôt qu'un être intelligent. Le second écueil est l'excès contraire. On donne trop d'explications à l'enfant sans exiger qu'il les grave dans sa mémoire. Son intelligence exercée saisit facilement ; mais comme il néglige la mémorisation, les notions qu'il possède demeurent confuses dans son esprit. Faire comprendre et apprendre, telle est, je ne dirai pas la pensée, car c'est celle de tous les professeurs, mais la pratique constante de M. Lévi.

Si j'ai bien compris, toutes les notions sont rattachées à l'histoire ; l'histoire est au service de la langue : la langue à son tour est appliquée au développement de l'esprit et du cœur. C'est la pensée même de M. Girard, mais je dois ajouter que lorsque son cours de langue française a paru, M. Lévi avait déjà élevé deux générations.

Je sens que mon analyse est trop imparfaite pour donner une juste idée des leçons de M. Lévi. Je voudrais le montrer au milieu de ses élèves, comme un ami, les captivant par ses explications, les intéressant à la leçon, en leur ménageant un rôle. Ce n'est pas l'intelligence seule qui est cultivée, c'est aussi le sentiment, la conscience, le goût du beau, l'âme tout entière. Il les appelle à rendre compte de leurs impressions, à exprimer leur sympathie ou leur aversion pour les personnages qui font le sujet de leur étude. Elles doivent porter des jugements sur la moralité des actes, sur les motifs de leurs auteurs. C'est ainsi que leur sens moral se développe et se purifie ; c'est ainsi que l'histoire est

rendue à sa destination et qu'elle atteint le but qu'on
doit toujours se proposer en l'étudiant.

La tendance de l'éducation donnée par M. Lévi est
morale et religieuse : nous l'en félicitons sincèrement,
et nous nous en réjouissons. Sans doute, il n'est pas
appelé à enseigner les dogmes de la religion, mais cela
n'empêche pas que l'esprit du christianisme ne pénètre
son enseignement. M. Lévi a compris qu'une éducation
irreligieuse n'est pas une éducation, mais seulement un
développement de l'intelligence, de l'imagination et de
la mémoire. Mais le cœur, de quoi se nourrit-il ? N'est-il
pas le foyer de la vie ? n'est-ce pas l'état du cœur qui
détermine la valeur morale d'une personne ? Une éducation d'où la pensée chrétienne est bannie, laisse mourir
d'inanition la plus noble partie de notre être, la source
de toutes les grandes actions comme de toute vraie
jouissance.

Le plaisir avec lequel ces jeunes filles assistent aux
leçons, et le contentement qui éclate sur leurs visages,
sont de sûrs garants du savoir du professeur et de
l'excellence de sa méthode. Je me suis senti humilié,
je l'avoue, de la supériorité de cette habile pédagogie. Mais lorsqu'on est animé d'un désir sincère
de se rendre utile à la jeunesse, on fait taire l'amour-
propre, et l'on s'estime heureux de pouvoir profiter
des directions et de l'exemple d'un homme aussi dis-

tingué par ses talents que par sa vieille expérience.

C'est bien là cette méthode explorative recommandée par les philosophes de l'antiquité. L'enseignement doit toujours être vivant, captiver les enfants et développer à la fois toutes leurs facultés. Les questions seront claires, précises ; elles sauront surtout provoquer des réponses détaillées. Il faut que l'élève ait fréquemment l'occasion de parler, de développer ses idées. Or, toutes ces qualités se rencontrent à un haut degré dans l'enseignement de M. Lévi. Aussi, croyons-nous de notre devoir d'engager MM. les professeurs à faire une visite à ses Cours. L'accueil bienveillant que nous y avons reçu, nous autorise à leur dire qu'ils seront les bienvenus.

ALLOCUTION AUX PÈRES DE FAMILLE

*Dans la réunion générale de ses Cours d'Éducation Maternelle
à laquelle assistaient
des Inspecteurs et des Professeurs de l'Université[1]
le 7 août 1841.*

ÉDUCATION DE LA FEMME.

MÉTHODE D'INSTRUCTION ET D'ÉDUCATION.

MESSIEURS,

C'est aujourd'hui le vingtième anniversaire de nos Cours d'Éducation Maternelle. Pour la vingtième fois, je suis entouré de ce que la société a de plus noble, de plus sacré, de plus digne : de mères, de jeunes filles et d'hommes éminents qui comprennent toute l'influence de l'éducation des femmes sur le caractère d'une nation.

En voyant réunies, dans le même lieu et près l'une de l'autre, l'enfant qui commence à peine sa vie morale et intellectuelle, et la jeune femme, devenue mère, qui propage au sein de sa nouvelle famille l'enseignement

1. MM. Ragon et Théry.

qu'elle a puisé auprès de nous, qu'il me soit permis d'admirer avec bonheur et avec émotion, les deux fleurs extrêmes de cette guirlande vivante qui se développe sous vos yeux attendris, et de me dire avec conscience, si ce n'est avec orgueil : *Je n'ai pas perdu mes journées.*

Grâce à vous, Messieurs, grâce surtout à ce bon sens public qui protège et respecte tout ce qui porte le cachet d'un intérêt général, j'ai pu me livrer avec dévouement à la mission délicate que je m'étais imposée. Depuis vingt ans nous avons éprouvé bien des obstacles politiques ; des luttes intestines ont affligé notre pays ; tout a changé ou s'est modifié autour de nous...., nos modestes conférences se sont continuées avec calme ; elles ont grandi successivement ; elles se sont améliorées sous le patronage bienveillant de l'opinion publique et d'un gouvernement qui sait encourager les pensées utiles... Peut-être, à notre insu, des autans indiscrets ont-ils soufflé autour de notre sanctuaire maternel ; peut-être quelques orages ont-ils grondé sur nos têtes : nous n'avons rien entendu ; nos conversations instructives ont continué avec la même ferveur que ces cantiques sortis d'une chapelle élevée à la Madone, et que n'interrompent pas les vagues écumantes.

Chaque année, Messieurs, dans cette modeste réunion, j'ai eu l'honneur de vous signaler l'état de l'instruction des femmes ; vous en avez constaté les progrès :

progrès heureux, qui, d'abord circonscrits dans la
famille, se sont peu à peu introduits dans les institutions
publiques, dans les examens des institutrices, dans nos
salons même ; progrès moraux et intellectuels, qui,
partis de l'enseignement libre des jeunes filles, ont
peut-être donné une nouvelle impulsion aux études
élémentaires des jeunes gens ; progrès enfin qu'avait
signalés un Député orateur, à la tribune nationale, dans
une éloquente mais trop flatteuse improvisation, en
dirigeant sur nos Cours l'attention éclairée du Ministre
de l'Instruction publique [1]. Cet appel a été entendu et
nous lui devons au milieu de nos familles, la présence
de deux hommes que les lettres et l'enseignement citent
avec éloge et reconnaissance [2].

C'est un hommage rendu au dévouement des mères,
une récompense donnée au zèle des jeunes filles, un
bonheur que nous n'osions espérer pour nous, une
sanction précieuse au but où tendent tous les hommes
de bien.

Ainsi, Messieurs, l'utilité de l'instruction des femmes
n'est plus en question ; personne ne méconnaît plus ces
vérités :

Que, dans les trois situations de la vie, comme fille,
comme épouse, comme mère, la femme exerce une

1. Bernard, de Rennes.
2. MM. Ragon et Théry.

immense influence sur l'homme, et par lui sur l'ordre social :

Que la mère imprime à l'enfant les premières idées, les habitudes les plus puissantes ;

Que l'instruction d'un père de famille ne profite qu'à lui seul, et que celle d'une mère est reproductive dans la personne de ses enfants ;

Qu'instruire la fille par la mère et la mère par la fille, les mettre toutes les deux et à chaque instant en communication, quand l'une et l'autre ont été sagement dirigées, c'est ouvrir une école de morale au sein de chaque famille, c'est centraliser, c'est fortifier tous les liens du foyer domestique ;

Qu'enfin, si depuis trente ans l'instruction des jeunes filles dans les classes ouvrières avait été en France, comme elle l'est en Allemagne et en Angleterre, l'objet de l'attention du législateur, nous n'aurions pas près de onze millions d'individus qui ne savent ni lire ni écrire.

Nos salles d'asile et nos écoles élémentaires, Messieurs, ne laisseront bientôt plus rien à désirer sous ce rapport, car la sollicitude du gouvernement s'étend déjà, dans nos communes, sur les filles comme sur les garçons.

Il n'en est pas de même de l'*enseignement secondaire* auquel appartiennent les jeunes personnes des classes intermédiaires et supérieures de la société : on délibère encore ; c'est cependant notre spécialité, à nous, qui dirigeons les mères de famille dans l'éducation de leurs enfants. Là, se trouvent les difficultés, les avantages et les abus. Je n'aborderai pas cette haute question qui occupe aujourd'hui les députés de la nation.

J'ai eu l'honneur de vous soumettre, les années précédentes, le fruit d'une expérience de vingt années d'enseignement ; les praticiens n'ont qu'une vie laborieuse à offrir ; ce ne sont que des ouvriers, mais ces ouvriers n'ont pas toujours été inutiles aux artistes : on ne doit pas dédaigner leur tribut, quelque faible qu'il puisse être.

Vous avez reconnu avec moi, Messieurs, que, dans les études, tout doit représenter ce qui se passe dans la vie et sous nos yeux ; qu'il faut que l'instruction des femmes soit, par conséquent, en rapport avec notre état social. Vous avez avoué que, dans leur éducation, c'est moins le bonheur de leur existence que l'utilité de leur mission qu'il faut considérer ; qu'il ne s'agit pas de leur adresser toujours *le madrigal du poète,* mais la pensée du législateur.

Leur rôle n'est pas, avons-nous dit, aussi futile qu'il était autrefois ; il est grand, il est glorieux, quoique tout d'intérieur, de pacification et d'abnégation. C'est un saint rôle, car il impose des sacrifices journaliers ; ne lui en donnons pas d'autres, Messieurs, il en coûterait trop à la société, si nous les élevions au point de vue *pastoral*.

Répétons souvent à la jeune fille ce que sa famille, sa patrie, le monde attend d'elle ; qu'elle apprenne le catéchisme de ses devoirs comme femme ; et que, de sa mémoire, ces préceptes, bien dirigés et fortifiés par la pratique de la mère, passent dans son esprit et dans son cœur. C'est ainsi, Messieurs, que nous aurons cette tranquillité intérieure à laquelle nous aspirons tous.

Je voulais aujourd'hui, Messieurs, vous entretenir de la marche que je suis dans nos Cours, des moyens que j'emploie pour guider les mères de famille dans les études *élémentaires, secondaires* et *supérieures* de leurs enfants ; mais, vous le savez, un professeur doit être avant tout un homme d'action, et j'avouerai franchement que je suis embarrassé dans l'explication d'une méthode qui ne vit que de mouvement.

J'aimerais mieux me trouver avec vous sur le champ de bataille pédagogique, et faire manœuvrer intellectuellement mon aimable petite armée. Nous ferons bien quelques exercices, mais ce ne sera qu'un tableau privé de ses couleurs. D'ailleurs, que vous dirai-je de nouveau ? les théories ne nous ont pas manqué, Dieu

merci, depuis Aristote ; c'est nous qui avons manqué
aux théories ; car, il faut bien le dire : nous sommes
encore dans l'enfance de ce que j'appelle *l'enseignement en action*. Pardonnez-moi donc, Messieurs, si
ces indications vous paraissent insuffisantes ; pour les
compléter, je vous donne rendez-vous, dans cette même
enceinte, à la reprise de nos Cours ; vous y serez bien
accueillis.

En méditant sur les devoirs et la destinée de la
femme, je me suis demandé d'abord quel est l'objet
exclusif de son instruction, et le but que se proposent
les familles en nous confiant la direction intellectuelle
de leurs enfants.

Est-ce d'en faire des grammairiens, des géographes,
des historiens, des littérateurs ? Elles n'ont certes pas
cette dangereuse et vaine ambition, et cependant
elles leur font étudier la Grammaire, la Géographie,
l'Histoire, la Littérature. Que doit donc être l'instruction de la femme ? Elle doit être relative à elle-
même et à sa destination, c'est-à-dire à la famille et à
la société.

Il faut lui enseigner ce qui doit, en raison et en loi,
lui être enseigné ; car c'est d'elle que dépendent les
mœurs, les goûts, le bonheur même des hommes. Formons de bonne heure son jugement ; habituons-la à réfléchir, pour qu'elle trouve en elle-même des ressources

contre l'erreur, l'ennui, le désœuvrement. *Jeune fille,* que tout en elle soit en harmonie : raison, docilité, retenue, modestie, bienséance, grâce extérieure même ; *compagne* de l'homme, qu'elle fasse honneur à son mari, le comprenne, le conseille au besoin, le rende heureux en un mot ; *mère,* qu'elle sache guider ses enfants, leur parler, dans tous les temps et dans toutes les circonstances, un langage propre à leur inspirer cette estime et ce respect qui doivent toujours être inséparables de l'amour filial.

Remarquez *que nous ne demandons* pas des femmes *fortes,* des femmes *savantes,* mais des femmes qui, naturellement aimables, bonnes, soient, de plus, raisonnables et instruites, morales et vertueuses par principe et par conviction. L'instruction, sagement dirigée, n'exclut en aucune manière les qualités du cœur, elle les rend plus énergiques au contraire ; la mère d'Henri IV, Jeanne d'Albret, en fut-elle moins *femme* dans l'acception rigoureuse du mot, parce que, comme le remarque d'Aubigné, « elle avait l'âme entière aux choses fortes, « l'esprit puissant aux grandes affaires, et le cœur invin- « cible aux grandes adversités » ? Nous pensons donc que l'instruction des jeunes personnes doit être, autant que possible, *générale,* comme celle des hommes, sans être la même ; qu'elle doit se centraliser, sans nuire aux facultés spéciales ; mais qu'il faut soulever avec prudence le rideau qui cache l'immense horizon des sciences et des arts, et prendre *cette devise* de nos *Cours : Ni trop* ni trop *peu.*

Ce n'est pas parce qu'on est instruit, mais parce qu'on est mal instruit, que l'on est vicieux et ridicule. Et *Molière,* que l'on cite toujours à l'occasion de l'abus de cette instruction des femmes, a dit en profond moraliste :

> Je consens qu'une femme ait des clartés de tout :
> Mais je ne lui veux point la passion choquante
> De devenir savante afin d'être savante,
> Et je veux que, souvent aux questions qu'on fait,
> Elle sache ignorer les choses qu'elle sait.

Ne soyez donc pas étonnés, Messieurs, si, tout à l'heure, en causant avec vous, nos jeunes personnes ne répondent pas à toutes vos questions ; elles suivent le précepte si sage de Molière, ce peintre des femmes comme des hommes.

Simplifions donc ces idées : elles se réduisent toutes à ceci :

Éclairer la raison des jeunes filles, parce qu'une *raison éclairée* suppose nécessairement des idées assez étendues, un jugement droit, l'habitude de la réflexion ; qu'elle préserve de toute erreur, et qu'elle apprend à tous que, pour être heureux, il faut nécessairement remplir ses devoirs ; voilà, je crois, le résultat désirable *de l'éducation des femmes ;* ce sera le bonheur de leur vie intérieure, parce que le but de la morale et de la religion, c'est le bonheur dans le bien. Ainsi, Messieurs, posons bien nos jalons : *éclairer la raison, généraliser les études, rapporter toutes ces études à une spécialité,* voilà les trois points essentiels de l'enseignement donné aux jeunes personnes. Mais comment faire naître la *raison* ? comment la développer ? comment passer par toutes les phases de l'enfance et de la jeunesse ? comment parler à chacun son langage ? c'est le problème de tous ceux qui se consacrent à l'enseignement ; c'est le problème que je me posais il y a vingt ans ; nous serons longtemps encore sans le résoudre. Je cherchai alors autour de moi et ne trouvai rien qui pût me satisfaire. D'un côté, des hommes ne s'occupant que de mémoire locale faisaient réciter des mots ; c'était traiter les enfants en automates : *la raison éclairée n'était pas là.*

D'un autre côté, des savants profondément pénétrés, non de leurs fonctions, mais de leurs discours élaborés, qu'ils prononçaient avec l'emphase de l'école. Ils parlaient, parlaient toujours sans s'inquiéter leurs doctes théories étaient, je ne dis pas comprises, mais seulement écoutées... *ce n'était pas encore là la raison éclairée.*

Que saurait l'enfant, me disais-je, si les leçons étaient

d'éloquents discours ? que saurait l'enfant, s'il répétait ce qu'il n'aurait jamais trouvé ? Il *apprendrait* son professeur, *apprendrait les pensées* de son professeur ; il ne serait jamais lui, n'aurait ni *vérité* ni *naturel*. Ainsi se copient les hommes, lorsqu'ils se sont copiés étant enfants. C'était il y a vingt ans, Messieurs ; en est-il encore ainsi dans nos écoles, dans nos collèges ! Et, s'il en est ainsi, les professeurs, qui tous ont fait preuve de savoir dans de brillants concours, sont-ils justiciables d'un tel enseignement ? A Dieu ne plaise que je le pense ! et d'ailleurs il ne s'agit ici que de l'état de l'instruction des jeunes filles en 1820. — Je me renferme dans ma spécialité.

Je cherchai donc chez les morts, puisque les vivants ne me donnaient pas la solution désirable. J'étudiai Rousseau et son *Émile ;* Fénelon et son *Éducation des filles ;* Victorin de Feltre et sa *Maison Joyeuse du XVe siècle.* Pour celui qui veut embrasser le noble sacerdoce du professorat et le remplir avec cette conscience que ne comprennent pas et dont se rient peut-être les hommes superficiels, se frayer une voie nouvelle au milieu de mille voies tortueuses et battues, c'est chose difficile, Messieurs ; et vous le savez mieux que moi, vous, dont les recherches scientifiques et littéraires ont agrandi le monde intellectuel. — Je ne me décourageai pas : je remontai les âges et j'interrogeai *ces amis du bon* et du *beau,* ces philosophes de l'antiquité auxquels il faut toujours revenir parce qu'ils ont popularisé *une morale* épurée par l'Évangile. Les *Entretiens de Socrate* m'attachèrent bientôt exclusivement : je les lus et relus d'abord avec dévouement et par devoir, puis avec admiration et par délices ; comme Diogène, j'avais cherché un homme ; plus heureux que lui, je l'avais trouvé.

Oui, ce pédagogue par excellence (permettez-moi de rendre à ce mot toute sa dignité méconnue), cet ami modeste qui fait produire les esprits à l'aide d'une aimable *ironie ;* ce professeur qui *instruit* ceux qui s'attachent à lui sans rien leur *apprendre ;* qui n'enseigne pas, affublé de la toge doctorale, les règles de la grammaire, les figures de rhétorique, la philosophie de l'histoire, et qui cependant forme à la fois des grammairiens, des littérateurs, des philosophes ; cet ignorant de profession qui donne des hommes à l'humanité, c'est *Socrate ;* ce système, cette méthode, qui presse, qui active l'intelligence, qui s'insinue dans les esprits par des questions adroites et ingénieuses, les excite et en fait jaillir des pensées justes et précieuses, c'est l'art d'*interroger* et de faire répondre, c'est la véritable *Pédagogie.*

Ainsi, mon rôle, tout d'activité, d'exploration, m'était tracé : j'avais foi dans la mission à laquelle je me croyais appelé ; je me sentais toute la vocation, toute l'ardeur de l'apostolat ; je m'étais préparé par des études spéciales. identifié autant que possible avec les connaissances sérieuses ou légères que doivent acquérir les femmes. Je n'étais pas contraint dans les chaînes universitaires. rendues aujourd'hui moins lourdes et plus polies par les mains du temps et des circonstances : enfin, j'étais époux et père, deux titres que je crois essentiels à tout professeur de jeunes filles. Je fis quelques essais ; ils m'ont soutenu jusqu'ici avec le concours précieux des mères : et, si je suis loin encore, Messieurs, d'avoir résolu le problème de l'éducation des femmes, du moins on n'accusera ni mes bonnes intentions, ni ma persévérance, ni mon amour pour le bien. Quand vous apportez au monument qu'on élève à l'instruction publique des *pierres admirablement travaillées,* moi, de l'humble asile où je me renferme, je vous offre le tribut de mon grain de sable, qui, s'agglomérant à d'autres grains, ne restera pas, je l'espère, sans un utile emploi.

Voilà notre rôle d'*explorateurs* dans nos *Cours d'Éducation Maternelle,* dont il ne faut pas oublier le caractère et le but. Ce ne sont, je l'ai dit, que des *vérifications hebdomadaires* du travail des jeunes personnes.

Les mères nous présentent le fruit des modestes recherches de leurs enfants qu'elles ont guidées dans leur intérieur ; nous les exerçons à bien faire et à bien dire dans les facultés qu'elles ont étudiées : nous faisons quelques explications qui sont aussitôt consignées dans un livre particulier : procédé nouveau qui aura des imitateurs, nous l'espérons. Jusqu'à la première communion, en faisant le *Bulletin moral,* nous aidons la mère à l'encouragement du bien, à la répression du mal..... Des conseils sur les langues étrangères et sur les arts d'agrément sont donnés par des hommes spéciaux qui, dirigés dans nos principes d'unité, concourent au même but, en convergeant vers le même centre. Puis les mères et les filles s'en retournent paisibles, munies d'indications nouvelles pour la semaine suivante. Voilà tout, Messieurs, connaissez-vous rien de plus simple, de plus touchant, de plus moral, de plus utile, je dirai même de plus politique, que ce concours maternel et filial, que ces causeries instructives ?

Notre direction dans les études des jeunes filles se divise en quatre parties :

1° *Les cours préparatoires* pour les enfants de six à huit ans, confiés à une de nos élèves devenue institutrice après de brillants examens. 2° *Les cours élémentaires,* de huit à douze ans, jusqu'à la première communion. 3° *Les cours secondaires,* de douze à seize ans. 4° *Les cours supérieurs,* de seize à vingt ans, à la sortie de nos conférences, qui n'a souvent lieu qu'à l'époque du mariage. — A ce dernier *cours* appartiennent

les jeunes personnes qui se destinent à l'enseignement. Je vous épargnerai, Messieurs, la nomenclature
des facultés qui se rapportent à chaque cours ; je dirai
seulement que toutes rentrent dans ces trois catégories :
Langue maternelle, Cosmographie, Histoire ; chacune
se divise en *mémoire locale* ou connaissance textuelle
du *fait,* et en *développement intellectuel* ou appréciation
du *fait.* Depuis la partie *graphique* des mots jusqu'à la
combinaison la plus élevée, pour nous, des pensées,
c'est toujours le même système : le *signe* et la *chose,* la
chose et le *signe,* tour à tour et simultanément ; en d'autres termes (et je puis sans pédantisme les prononcer
ici), l'*analyse* et la *synthèse.* Voilà l'ensemble de notre
mode d'instruction, dont les exercices se développent
graduellement avec l'âge et l'intelligence de la jeune fille.

Mais, *penser, parler, écrire,* sont les trois opérations
de l'*esprit ;* elles sont tellement unies entre elles que la
seconde n'existerait pas sans la première, ni la troisième
sans la seconde ; car l'écriture est à la parole ce que la
parole est à la pensée. Ce sont ces trois opérations qu'il
faut diriger successivement ; et comme les objets qui
entourent l'enfant ne sont pas toujours accessibles à son
esprit, et que d'ailleurs ils n'offrent pas l'*unité* désirable, nous avons pris l'*histoire,* c'est-à-dire le récit des
faits passés, pour la base de nos exercices intellectuels.
La première chose, c'est d'amener les jeunes filles à se

former des idées sur des événements connus ; elles analysent d'abord les *faits* de l'*histoire ancienne,* de l'his*toire de France* et d'*Angleterre,* en les éclairant du flambeau de la Géographie, de la Chronologie et des généalogies ; elles vivent avec les personnages qui jouent un rôle dans ces faits, *jugent* dans leur sagesse enfantine les sentiments qui les font agir, portent leur attention sur les *sujets* qui les rappellent ; et, en se livrant à cette étude *synthétique* et *analytique,* elles trouvent elles-mêmes des alliances de mots, de nouvelles expressions, mettent de la clarté et de l'extension dans leurs idées auparavant confuses et limitées, et, enfin, augmentent chaque jour *leur dictionnaire* si restreint à leur âge. *Cette gymnastique intellectuelle* forme leur esprit ainsi que leur cœur : car elles n'apprennent pas une sèche nomenclature, elles font un cours de morale et de philosophie à leur portée. Notre prudence *maternelle* a soin de ne leur donner que la nourriture qu'elles peuvent recevoir.

Après les études élémentaires, les jeunes filles entrent dans une voie nouvelle. La première communion est pour nous un acte important qui termine heureusement l'enfance. C'est à la raison qu'il faut parler. L'étude de l'*histoire,* avec tous ses développements ; celle de la *géographie,* avec sa partie morale ; l'*histoire naturelle,* dans ses rapports domestiques ; *toutes les sciences,* en général, qui dépendent de *notre sexe* et qui, en fortifiant notre esprit, ennoblissent notre âme, concourent au même but : à *l'acquisition sérieuse de notre langue maternelle.*

Nous n'avons garde, Messieurs, d'oublier les admirables modèles de notre littérature ; nous les étudions avec le respect qu'ils méritent ; et comme nous savons que la *théorie* n'est rien sans l'exemple, au lieu d'une explication métaphysique, nous leur faisons entendre des passages qui élèvent leur âme et forment leur goût. Alors, sans commentaire aucun, tout s'explique à l'esprit et au sentiment par l'entremise de l'oreille ; comme devant ces belles statues de l'antiquité, tout, par l'entremise des yeux, réveille en nous ce type de *beauté* qui réside au fond de notre âme. La beauté dans le style est comme la beauté dans les arts.

Dans notre admiration pour les écrivains du xviiᵉ siècle, nous ne sacrifions pas ceux qui honorent notre époque par des productions remarquables. Sans pouvoir les apprécier, Messieurs, nous connaissons vos travaux : les noms de Guizot, de Michelet, d'Augustin Thierry, d'Arago, de Lamartine, de Chateaubriand, de Villemain, ne retentissent pas vainement à nos oreilles ; nous jetons même quelquefois les yeux sur ces pages qui seront immortelles, et nous balbutions les beaux vers que la postérité redira avec enthousiasme.

Voici une observation que nous soumettons, Messieurs, à votre perspicacité : nos jeunes personnes, bien que nous les reprenions, refusent naïvement le *titre* de *monsieur* à nos *poètes* contemporains, et le conservent à nos *savants ;* — elles disent : M. Guizot et Lamartine. Nous laissons à votre sagacité la solution de ce problème littéraire.

Revenons à l'*unité* dans notre enseignement supérieur des jeunes filles. Plus la sphère des connaissances s'agrandit, plus les rapports de l'une à l'autre nous frappent. Nous voyons s'effacer peu à peu les limites artificielles qui les séparent, et le domaine de la pensée paraît *un* comme le théâtre magnifique de la nature. Rien ne s'enseigne collectivement, sans doute ; mais toutes nos études spéciales, toutes les sciences, tous les arts même que nous cultivons, apportent *leur tribut* à l'harmonie générale ; et de ce concours bien entendu la *pensée* doit sortir plus forte et l'*expression* plus nette, plus précise et aussi plus riche et plus pittoresque.

Ainsi, Messieurs, je voudrais avoir été bien compris. Le nombre des facultés que nous avons fait mouvoir, permettez-moi l'expression, doit contribuer puissamment, d'un côté, à éclairer la raison :

Avant donc que d'écrire, apprenez à penser ;

de l'autre, à connaître (autant qu'il nous l'est permis) les

principes et les délicatesses de notre idiome national,
suivant le précepte de Boileau :

> Surtout qu'en vos écrits la langue révérée,
> Dans vos plus grands excès, vous soit toujours sacrée.

Je cite Boileau, Messieurs, parce que nos jeunes
personnes en font une étude particulière. Cet exercice
littéraire est, nous croyons, un des plus utiles de notre
sytème. Les principes du style, les genres de littérature
sont exposés dans l'*Art poétique* avec une netteté, une
correction, un bonheur d'expression, surtout avec une
logique lucide tellement remarquable, qu'on ne saurait
trop enrichir la mémoire intellectuelle de la jeunesse
des vers de ce *poème* qui a fait dire à un célèbre litté-
rateur que Boileau avait *du génie à force de raison*.

Toutes nos études aboutissent donc, Messieurs, *à la
grammaire* dans toute l'extension du terme, et dans le
sens surtout que lui donnaient les anciens, *la science du
langage*. Et j'appuie sur ces mots, Messieurs, parce
qu'il est temps de rendre à la *grammaire* toute sa
dignité, et de ne pas laisser croire aux enfants, plus ou
moins grands, qu'ils savent la *grammaire* ou la *langue
française,* quand ils ont appris par cœur la nomenclature des parties du discours, ou les principes de l'*orthographe,* qui ne s'acquièrent que par une répétition
fréquente et *méthodique*.

Et si, suivant la définition de l'école, *la grammaire est l'art de parler et d'écrire correctement,* arrivés, par une gradation naturelle, au but de notre voyage intellectuel, nous devons *parler* et *écrire* assez convenablement.

En d'autres termes, plus appropriés à notre destination, on doit s'apercevoir à notre *conversation* et à notre *style* si notre éducation a été sagement dirigée. La conversation, chez les Français, est une sorte de plaisir national qui l'emporte sur tous les autres ; c'est le plus grand attrait, le principal lien de la société ; c'est un art qui a ses règles, sa méthode, et auquel il faut initier les jeunes personnes, afin qu'elles sachent *parler* et se *taire* à propos ; qu'elles causent naturellement, modestement, plutôt pour faire briller les autres (et c'est un secret difficile) que pour briller elles-mêmes ; qu'elles n'apportent, dans les salons, ni ce babil importun, pour dire des *bagatelles sonores,* ni cette affectation et ce pédantisme, fléaux de la conversation. Qu'elles étudient, et dans ses pensées et dans ses actions, et dans ses causeries, et dans son *style* surtout, cette femme, cette mère illustre du xviie siècle si bien appréciée par une autre femme, une autre mère non moins illustre de notre époque ; qu'elles lisent et relisent mille fois, sans les imiter servilement, ces admirables lettres de Mme de Sévigné : de Mme de Sévigné,

pour nous le type de la mère française, et dont
M⁽ᵐᵉ⁾ *Amable Tastu,* qui s'identifiait avec elle, a dit avec
bonheur :

« Cette mère sut gouverner sagement sa personne
« et sa fortune, parce que ses brillantes facultés repo-
« saient sur une base solide, une connaissance précoce
« des affaires de la vie, une instruction réelle et sé-
« rieuse, et une piété aussi sincère qu'éclairée. »

Voilà ce que nous faisons, Messieurs : c'est bien peu,
nous le savons ; notre lot n'est pas aussi riche que le
vôtre ; nous nous en contentons cependant.

Nous longeons avec crainte les côtes d'une mer où
vous voguez à pleines voiles. A vous la gloire, mais les
périls ; à nous l'obscurité, mais le calme.

Si un jour, malheureusement pour leur repos, quelques-unes de nos jeunes amies, par devoir de position
ou pour remplir dignement de longues heures de loisir,
se voyaient contraintes de sortir de la sphère silen-
cieuse où les renferment les convenances sociales et de
rendre publiques les inspirations de leur esprit et de
leur cœur, croyez-le bien, Messieurs, elles ne les
emploieraient qu'au bonheur de l'enfance, et leur
imagination écrirait sous la dictée de leur bon sens.

M. LÉVI ALVARÈS

Au milieu de la légion de grands esprits, depuis plus d'un siècle, levés pour ramener la pédagogie à ses véritables principes, M. Lévi Alvarès, dont les cours ont duré de 1820 à 1870, mérite une place, et, peut-être, la première, parmi les initiateurs de la France à la pédagogie naturelle.

Divinateur, ou imitateur de Pestalozzi, d'instinct il a mis en pratique les principes fondamentaux du Vincent de Paul de l'éducation.

Aux femmes, et spécialement à celles de la classe élevée, il a consacré son génie. Et pourquoi n'auraient-elles pas droit, tout autant que les enfants du peuple, à un développement particulier de leur esprit ? C'est lui seul, qui a associé directement, activement, les mères à l'éducation intellectuelle de leurs filles ; jusqu'alors on avait abdiqué en faveur des pensionnats, ce rôle intransmissible.

Qui n'a pas assisté à ces cours nommés, si justement, *d'éducation maternelle ;* qui n'a pas vu les mères, le

crayon à la main, recueillir scrupuleusement les
pensées, les moyens, les méthodes, coulant à flots des
lèvres du professeur, puis cultiver, pendant la semaine,
cette semence féconde, et revenir ensuite entendre les
réponses, et juger du fruit de leurs efforts, ne peut
avoir l'idée de cette vivante collaboration. Jamais
pareil concours n'avait existé, et quelle richesse pour la
vie de la famille, occupée, tout entière, au développement de celle qui doit être, à son tour, l'éducatrice de
ses enfants.

Ce que Pestalozzi avait posé en loi, M. Lévi le
réalisait, et avec quelle verve, quel brio ; d'autres l'ont
dit avant nous, mais peut-être n'a-t-on pas assez péné-
tré, assez mis en relief, ce qu'il y avait de génial dans
cette innovation.

L'identité d'inspiration entre M. Lévi et Pestalozzi,
est-elle une influence ou une éclosion simultanée et
providentielle, de deux idées mères, dans deux âmes
privilégiées ? La comparaison entre l'époque des tra-
ductions françaises du maître suisse, et l'ouverture des
cours d'éducation maternelle, répondra à cette question. La seconde traduction, par Mme de Guimps, parut
à Genève en 1826, les cours Lévi commencent à Paris,
en 1820. Quant à une première traduction, faite à
Berlin en 1783, il ne semble pas qu'elle soit parvenue
jusqu'à nous.

La seconde création de M. Lévi Alvarès est le retour à l'enseignement dialogué : l'échange entre le maître et l'élève, sa causerie directe, l'expression de la pensée personnelle qui permet de voir l'effet des choses étudiées sur l'esprit lui-même, livré à sa propre activité.

La méthode Socratique, substituée à l'enseignement du livre, à la réponse morte, à ces paroles imprimées, où l'élève n'a d'autre rôle que celui de phonographe : voilà une nouvelle sympathique rencontre entre les deux pédagogues. Loin, ces expositions longues et serrées qui, si éloquentes qu'elles soient, laissent ignorer à l'orateur, la lumière qu'elles ont apportée ; mais la question imprévue, la réponse prompte et sincère, toutes choses que les théories pédagogiques actuelles ont plus vantées qu'exécutées, et qui étaient alors lettre close pour la France.

On avait bien déjà procédé par questions et réponses ; mais les questions étaient prévues, la réponse for-mulée d'avance et confiée à la mémoire. Développer aujourd'hui cette méthode serait presque une redite ; mais alors, quelle surprise, devant une pareille audace, quelle brèche, dans l'enseignement routinier de 1820 ! Quand il aura été vaincu, jusque dans la plus humble des écoles de France, il ne sera que juste de remonter à celui qui a porté les premiers coups à cette vieille

Bastille, encore debout cependant, dans la patrie de
Descartes, de Montaigne, de Rabelais. Lorsque les
bienfaits sont devenus coutume, il semble qu'ils n'aient
coûté aucun effort, et qu'ils n'ont eu d'autre peine que
celle de naître : l'argument de Colomb n'a pas encore
supprimé tous les aveugles et tous les ingrats. Si donc,
le génie des novateurs est longtemps méconnu, le rôle
de M. Lévi n'en est pas moins inoubliable. Ses ouvrages
ont achevé ce qu'il a fait pour le groupement des
connaissances, ce qu'on a nommé, depuis, l'enseignement concentrique ; ses *Esquisses historiques,* en 1852,
à leur quarantième édition, ont été portées au bout du
monde ; mais son titre le plus méritoire restera toujours les deux points que j'ai essayé d'esquisser :
l'action des mères, l'action spontanée de l'enfant. Dans
l'avenir, ils ne seront plus nouveaux, mais quelque
chose de plus utile et de plus glorieux : ils seront
généralisés.

Mlle Dissard.

QUELQUES LETTRES

ADRESSÉES

A M. THÉODORE LÉVI ALVARÈS FILS

A LA MORT

DE M. LÉVI ALVARÈS PÈRE

ET QUELQUES ARTICLES NÉCROLOGIQUES

AOUT 1870

I

CHER MONSIEUR,

Nous l'avons donc perdu celui qui fut le guide, le soutien, l'ami de notre jeunesse ! il n'est plus, mais son souvenir est vivant, et nous qui sommes son ouvrage, nous ses élèves, ses enfants, nous lui conservons pieusement sa place dans nos cœurs reconnaissants. N'est-ce pas que mille voix vous ont déjà dit, avec toute l'éloquence du sentiment et de la vérité, combien il fut aimé et combien il est regretté ? Et moi aussi, je viens, humble abeille de la ruche, apporter mon tribut d'hommages et de filiale gratitude à la mémoire de notre cher et vénéré maitre ; je viens causer de lui avec vous, doucement, familièrement, comme il voulait que l'on causât ; s'entretenir des absents, n'est-ce pas les rappeler auprès de soi, n'est-ce pas les faire revivre et recréer, pour ainsi dire, le passé, dans ce qu'il a de plus cher et de plus doux ?

Éclairer l'intelligence, orner l'esprit, fortifier et redresser la volonté, encourager les nobles aspirations du cœur, telle fut la mission que se proposa toute sa vie cet ami du bien, qui ne sépara jamais la morale de la science, et qui fut autant apôtre que professeur. D'autres, plus compétents, analyseront sa méthode ; ils diront quelle révolution il accomplit dans l'éducation des femmes et comment, avec ses seules forces, il secoua les vieilles routines, triompha des préjugés et ouvrit à l'enseignement une voie nouvelle où l'ont suivi tous ceux qui, sincèrement, ont voulu le progrès. Laissons aux doctes pédagogues le soin d'examiner ces hautes questions et contentons-nous d'assister par le souvenir, à l'une des leçons qui, pour nous, furent toujours de véritables fêtes de l'esprit.

Le voici au bout de la longue table verte ; ses élèves sont réunies autour de lui et leurs mères, attentives et souriantes, un crayon dans la main, un cahier sur les genoux, s'apprêtent à prendre leur part du travail commun. Il n'y a point ici de curieux, point d'oisifs indifférents : le professeur, les mères, les enfants, tous ne font qu'une famille ; il y a entre eux, union, entente, solidarité, et l'œuvre qu'ils accomplissent est une œuvre collective où chacun, selon ses moyens, est appelé à fournir son contingent. Les devoirs sont examinés, les cahiers ont passé sous l'œil vigilant du maître qui tient, avec tant de raison, à ce que la perfection de la forme réponde à la solidité du fond, et qui veut que la femme sache *écrire* aussi bien que penser. Le professeur est à son poste, tous les regards sont tournés vers lui, que va-t-il faire ? Croyez-vous qu'il va monter sur une tribune et faire étalage de sa science, sans s'inquiéter si son auditoire le comprend ? Point du tout, ce n'est pas là sa manière, il va, nouveau Socrate, interroger ses disciples, et, par une suite de questions habilement dirigées, faire jaillir des esprits la vérité. Il sait que l'intelligence ne s'approprie que ce qui a subi en elle, par le raisonnement, un patient travail d'assimilation, et qu'apprendre ce n'est pas bourrer servilement sa mémoire, c'est mettre en œuvre toutes ses facultés pour s'instruire soi-même sous sa direction.

Les études de la semaine sont passées en revue ; des explications nouvelles jaillissent comme d'elles-mêmes du texte de la leçon et s'ajoutent aux notions déjà acquises ; toutes les connaissances s'enchaînent sans effort et concourent à un but commun : la géographie aide à l'intelligence de l'histoire, la littérature, expression de la société dans tous les âges et sous toutes les latitudes,

s'explique par l'étude des lieux et des faits, des climats
et des révolutions politiques ou sociales : les beaux-arts
donnent la main aux lettres, leurs nobles sœurs ; les
sciences, dans les limites qui conviennent à l'éducation
bien entendue des femmes, nous initient aux merveilles
de la création et nous apprennent à en glorifier l'auteur ; questions et réponses se pressent, les esprits,
habilement maniés, s'échauffent et s'assouplissent, les
cerveaux produisent, les idées jaillissent, l'élève apprend
à penser, à parler et le but du professeur est atteint.
Voyez-vous comme son regard s'illumine, comme son
accent est convaincu : il a cessé d'interroger, le voilà
qui parle et nous sommes suspendues à ses lèvres... Ah !
c'est qu'il dit de belles et bonnes choses, de ces choses
qui sont intelligence et vérité, morale et poésie ; pour
lui, l'érudition, la science, ne sont point de stériles abstractions, et quand il déroule à nos yeux les tableaux
animés de l'histoire, ou qu'il nous aide à comprendre, à
goûter les merveilleuses productions du génie, nous
vivons, nous pensons, nous sentons avec lui. Son expérience nous instruit, son jugement forme le nôtre ; dans
ses leçons, rien ne trahit l'effort, le pédantisme ; il dit
avec simplicité les choses les plus sublimes, il nous
instruit, comme font nos mères, par la persuasion, par
la douceur, car il s'est fait mère ou ... Il s'est fait
femme, pour mieux trouver le chemin de nos cœurs. Il

ne tient pas à faire de nous des savantes et des précieuses ; arrière l'affectation, la sotte vanité, le mesquin
désir de paraître ; ce qu'il veut, c'est former des femmes
qui connaissent, qui comprennent leurs devoirs et qui,
filles, épouses et mères soient à la hauteur de leur
mission dans la famille et dans la société.

Mais l'heure a passé, l'aiguille impitoyable a marché
trop vite au gré de nos désirs ; Monsieur Lévi se lève
et, pendant qu'à chacune de nos mères il dit une bonne
parole ou donne un sage conseil, nous prenons joyeuse-
ment nos ébats. Quelques minutes sont bientôt écou-
lées... « A vos places, à vos places, mes enfants », dit
une voix amie, et le petit troupeau docile se réunit à
l'appel du pasteur. « Vite les compositions, Mademoiselle Marie, Mademoiselle Jeanne, les cahiers ? » On
se fait bien un peu tirer l'oreille et la voix tremble en
lisant, car les jeunes auteurs sont timides, naturellement, mais le professeur encourage, et s'il reprend, s'il
corrige, il est bien rare qu'il ne trouve pas quelque
chose à louer. Et puis, avec le temps et par des exercices répétés, la raison s'éclaire, l'imagination se nourrit,
le style s'épure et nous qui, longtemps, avons suivi les
cours et qui nous sommes réjouie des succès de nos
compagnes, nous savons que Monsieur Lévi entendit
plus d'une fois de remarquables compositions.

Parlerai-je des dictées que notre malin professeur

émaillait à plaisir de difficultés et où il s'ingéniait à nous
tendre des pièges, pour que nous eussions l'honneur de
ne pas y tomber ? C'était une lutte, mais comme il était
heureux d'être vaincu ! Comme il prenait plaisir à nous
faire justifier par le raisonnement, les règles, en appa-
rence, si bizarres, de la grammaire ! Comme il savait,
à ce propos, s'élever à de hautes considérations, et,
passant de l'analyse à la synthèse, du mot à l'idée, de
la lettre à l'esprit, généraliser la science du langage
et nous en montrer les ressorts, nous en faire pénétrer
les secrets !

Parfois, pour nous récompenser, quand il était bien
content de nous, il lisait... Il lisait quelque page de nos
prosateurs ou de nos poètes, quelque fragment de nos
auteurs modernes, et c'était fête de l'entendre, car de sa
voix mélodieuse et souple, douce, vibrante, émue, tour
à tour, il charmait l'oreille et faisait battre le cœur !

Puis les devoirs étaient donnés, avec toutes les indications nécessaires pour qu'ils fussent bien compris et
bien faits ; le professeur avait pour chacune de ses
élèves un encouragement, un mot amical, et l'on se
séparait, munies de notions nouvelles et pleines d'ardeur pour le travail, car le plus précieux talent du
maître était d'inspirer à ses disciples le goût de l'étude
et le désir du bien : chaque cours était un pas dans la
voie du progrès intellectuel et moral.

Je voudrais rappeler ce temps, mille fois regretté, où Monsieur Lévi eut la bonne pensée de convier ses élèves des cours supérieurs et les jeunes mères de famille, à ces mémorables réunions du jeudi qu'il appela modestement du nom de *Causeries*. Rien de plus charmant que ces séances où l'esprit, la verve, la gaieté de l'homme du monde, prêtaient leur concours au savoir et à la parole entraînante du professeur. Sciences, lettres, beaux-arts, actualités politiques et littéraires, tout avait place à son tour dans ces conférences familières où le maître savait sans effort :

Passer du grave au doux, du plaisant au sévère.

et où l'enseignement était distribué sous sa forme la plus attrayante et la plus persuasive, sans manquer pour cela de sérieux et de solidité. Monsieur Lévi causait et causait bien ; nul mieux que lui ne sut, dans notre siècle positif, conserver et répandre ces bonnes traditions du passé qui faisaient de la conversation, un art, de l'esprit, une puissance ; honneur à ceux qui résistent au torrent du siècle et qui, par leurs conseils et par leurs exemples, maintiennent haut et ferme la bannière de l'intelligence et le sceptre, trop souvent bafoué, de l'idéal et du beau !

Monsieur Lévi aimait et encourageait les arts ; il voulait que la femme cultivât ces talents d'agrément qui sont un repos après les études sérieuses, une ressource contre l'ennui et un charme dans la société; qui de nous n'a entendu de sa bouche la biographie des artistes célèbres et l'appréciation de leurs œuvres, qui de nous n'a visité, sous son intelligente direction, ces musées que nos conservateurs s'estimaient heureux de lui ouvrir! Les causeries finissaient presque toujours par une courte séance musicale où chacune à son tour, apportait modestement sa part de bonne volonté et de talent; on faisait de son mieux et souvent l'on fit bien. et plus d'une fois, nous vîmes une larme de plaisir briller dans le regard attendri du professeur ou de l'ami.

L'ami! Oh! oui, c'est bien ainsi qu'il faut nommer celui qui fut le génie bienfaisant de notre jeunesse et qui, dans toutes les circonstances importantes de notre vie, fut toujours prêt à nous entourer de son affection et à nous aider de ses conseils. Qui pourra dire combien il fut triste de nos douleurs, heureux de nos joies! Il nous suivait au milieu des épreuves et sa paternelle sollicitude nous aidait à les traverser; si nous nous éloignions, sa pensée nous accompagnait dans les plus lointains pays; si nous revenions, il nous ouvrait ses bras avec un empressement plein de bonté; il nous appelait à ses cours, il nous accueillait dans son salon; sa porte et son cœur ne nous étaient jamais fermés. Qu'il était joyeux et fier lorsqu'il voyait réunies autour de lui,

plusieurs générations d'élèves, et qu'il nous montrait
avec un légitime orgueil les petits-enfants de ses
enfants ! Et depuis la petite-fille jusqu'à la grand'mère
aux cheveux déjà blanchis, tout le monde le vénérait,
tout le monde l'aimait ; pour toutes il avait une bonne
parole, un doux sourire ; il encourageait, il consolait, il
réchauffait les âmes, il touchait les cœurs, parce qu'il
était lui-même tout cœur et tout dévoûment.

Il voulait le bien, il le fit ; nombre d'esprits impar-
tiaux et de cœurs reconnaissants sont là pour en témoigner. Élever la femme et par la femme, régénérer la
famille et relever le niveau moral des sociétés, tel fut le
but qu'il se proposa et qu'il poursuivit avec toute la
fermeté de l'homme convaincu, tout le zèle de l'homme
dévoué. Que d'obstacles ne lui furent pas suscités ! Les
préjugés, en foule, se dressèrent contre lui et la malveil-
lance ne lui épargna ni les critiques envieuses ni les
embûches adroitement déguisées. Mais, fort de ses
bonnes intentions, armé d'une foi vaillante et inébranlable, il marcha, avec la ferveur d'un apôtre, à la
conquête des intelligences ; il n'y avait point de méthode,
il créa sa *méthode* si juste, si simple, si conforme aux
règles de la logique, si en rapport avec les besoins
sociaux ; il n'y avait point ou presque point de bons
livres d'éducation, il n'épargna ni ses recherches, ni ses
veilles, et fit ces livres excellents dont je n'ai pas besoin

de faire l'éloge, puisqu'ils sont dans toutes les mains ; les mères ne voulaient point, ne savaient point être les institutrices de leurs filles, il créa une génération de mères intelligentes et instruites qui donnèrent une généreuse impulsion et dont l'exemple est maintenant si généralement suivi.

O filles qui demeurez au foyer de la famille et qui grandissez heureuses sous l'aile maternelle, rendez hommage à celui à qui vous devez cet inestimable bienfait! Mères qui vous dévouez à la noble tâche d'élever vous-mêmes vos filles, et qui trouvez dans l'accomplissement de ce saint devoir, les plus douces et les plus pures satisfactions, aimez, vénérez, bénissez le nom du vaillant athlète qui combattit pour ouvrir le chemin et qui, avec soin, avec tendresse, en arracha les épines, en adoucit les aspérités ! Votre reconnaissance, votre amour, seront sa couronne ; il a cueilli sur sa route la réputation, la gloire, mais ce n'est pas là ce qu'il estime le plus ; ce qu'il veut, avant tout, c'est que nous soyons de vraies femmes, dignes de ce beau nom, des femmes instruites et sérieuses, capables de comprendre nos devoirs, d'élever nos enfants et de remplir dans la société notre mission civilisatrice ; ce qu'il demande, c'est que le bon grain qu'il a semé produise des fruits abondants et que son œuvre soit continuée avec talent, avec succès.

Nous savons, cher Monsieur, nous qui vous connaissons et vous apprécions, que ce vœu sera largement rempli; l'esprit du père revit dans le fils et les cours sont plus nombreux, plus suivis que jamais; vos charmantes élèves sont les dignes émules de leurs aînées, et nous applaudissons de tout notre cœur à leurs succès; c'est pour nous un bonheur de les voir, de les entendre, il est si bon de retrouver les douces émotions du passé et de remonter, sur l'aile du souvenir, le flot rapide du temps.

C'est, sans doute, pour cela, cher Monsieur, que je me suis laissé aller à vous écrire si longuement; ce n'est plus une lettre que je vous envoie, c'est un volume; en serai-je moins bien accueillie? J'espère que non, car s'il m'est doux de rappeler le passé, si mon cœur trouve un souverain plaisir à retracer, sous tous ses aspects, le portrait du meilleur des maîtres, c'est aussi du meilleur des pères qu'il est question, et vous ne pourrez trop m'en vouloir d'aimer trop à parler de lui.

Veuillez donc recevoir avec indulgence, et pour le mérite de l'intention, ces quelques pages sorties de mon cœur, elles viennent d'une âme qui vous est toute dévouée.

Eudoxie Douay.

II

Creil, 6 août 1870.

Mon cher Ami,

Je veux me délivrer, auprès de vous, d'un poids qui oppresse ma conscience depuis le jour où j'ai dit mentalement à votre digne père un dernier adieu.

A la fin des funérailles, j'ai eu un moment l'intention de prononcer tout haut cet adieu ; mon cœur m'y poussait. Certes, pour remplir, ce qui était, à mon avis, un devoir de justice et d'amitié, j'aurais surmonté mon émotion. Mais après l'éloquent discours du pasteur, en présence de la désolation de la famille, je me suis contenu, et j'ai gardé pour moi ce qui allait s'échapper de mes lèvres.

Maintenant mon silence me pèse, et je me le reproche. Pour m'acquitter de l'hommage que je dois à une chère mémoire, je vous donne par écrit, toutes les pensées qui me sont survenues dans cette douloureuse circonstance.

On ne pourrait rendre de la vie et des travaux de votre père un compte plus fidèle qu'on ne l'a fait. A propos d'un sujet qui prêtait à de longs discours, il a fallu néanmoins, en face d'un cercueil, se borner et laisser aux assistants le soin de suppléer en eux-mêmes ce qui était nécessairement omis, mais il m'en a coûté de me taire, quand j'avais si grande envie de parler, non pas seulement au nom de tous les amis, mais au nom des pères et des mères de famille, au nom de la multitude des élèves qui conservent à votre père une éternelle gratitude.

Si j'avais alors élevé la voix, j'aurais dit :

L'homme que nous pleurons aujourd'hui, et dont la mort, en dépit de l'âge, nous semble trop tôt venue, parce que chez lui la pratique du bien faisait oublier cet âge, un tel homme laisse derrière lui un sillon de lumière qui fera briller son nom entre les noms qui, de nos jours, ont été les plus distingués. Son beau caractère, la tournure originale de son esprit, l'aptitude singulière qu'il a mise au service de l'enseignement public et privé, en ont fait un personnage à part. J'en atteste ceux qui l'ont suivi dans sa carrière, ceux qui ont admiré sa prodigieuse habileté à communiquer son savoir, j'en atteste cette foule de jeunes filles, de jeunes épouses, de jeunes mères empressées de recevoir, à ses leçons, l'aliment intellectuel et moral qu'il distribuait.

Où pouvait-on trouver un guide plus sûr et plus bienveillant, un maître plus accompli ? C'était par de longues études, par des expériences et des comparaisons multipliées, qu'il s'était créé une méthode, dont son fils est maintenant l'héritier, et qui est devenue presque universell, puisque les livres qui l'exposent ont été traduits dans toutes les langues européennes. Avant que le père Girard eût appliqué l'idiome maternel à la grammaire, M. Lévi en avait fait la base de toutes les études. Plus tard, il y adjoignit l'histoire, d'où il tirait les déductions morales, qui donnaient à ses narrations un relief toujours saisissant. Sous quelles formes ingénieuses il avait l'art de présenter les faits, de les rapprocher, de les opposer, afin de les imprimer dans le souvenir et d'en éclairer les conséquences ! Quelles combinaisons savantes il imaginait pour mieux pénétrer les âmes !

A son esprit se joignait un cœur, qui palpitait pour le bien et le beau, qui ne voulait pas d'une science aride et inféconde. « De vagues connaissances, a dit Bacon, obscurcissent la vue de Dieu ; un savoir plus complet y ramène. » Et M. Lévi, qui mesurait la portée de ces mots si justes et si profonds, prétendait que ses élèves ne devaient être instruites que pour devenir meilleures ; que les filles qui venaient lui demander les notions les plus variées, devaient sortir de ses mains munies de ces forces de la raison, de ces inclinations généreuses, qui font de la femme la mère de toute civilisation.

La Femme ! Qui a su, mieux que M. Lévi, la comprendre et la conseiller ? Sans doute, bien des institutrices ont le talent de communication qui éclaire et

attendrit ; sans doute leur salutaire influence prédis-
pose aux vertus dont elles donnent l'exemple. Mais soit
faute d'un je ne sais quoi d'inspiré que ne donne pas le
travail, soit par toute autre cause, elles auront toujours
beaucoup de peine à obtenir les mêmes succès que cet
instituteur, qui alliait à l'autorité d'un père les plus
exquises délicatesses de l'amour maternel. Aussi ses
élèves se regardaient comme ses enfants ; elles le con-
templaient avec des regards, avec un respect empreints
de la plus vive tendresse filiale.

Legouvé a célébré le mérite des femmes, qui surgit
en quelque temps que ce soit, en quelque situation
qu'elles occupent. M. Lévi a eu l'ambition, manifestée
auparavant par nul autre, de faire apprécier, de faire
accepter par les femmes elles-mêmes, les conditions de
ce mérite, en leur apprenant comment il s'acquiert,
comment elles le doivent augmenter et généraliser.
Autrefois on ne se rendait pas compte des procédés à
appliquer, pour que les traditions de la famille accrus-
sent le patrimoine des vertus cultivées autour du foyer.
Les mères, par ignorance ou par défiance d'elles-
mêmes, osaient à peine mettre la main à l'éducation de
leurs filles. Elles se croyaient suffisamment quittes
envers le devoir quand elles les avaient placées sous la
tutelle de sages institutrices. M. Lévi a proclamé et
prouvé que la première des institutrices, la plus néces-

saire à une jeune fille, est sa mère, lorsque celle-ci ne recule devant aucun effort, devant aucun genre de dévouement. Et il a persuadé les femmes de son temps, et ces femmes lui ont fait cortège, et maintenant, l'impulsion une fois donnée, toute mère, dont rien ne gênera la liberté, élèvera elle-même sa fille, en bénissant le puissant initiateur qui a ouvert la route.

Pour constater l'ascendant qu'il exerçait, rappellerai-je les réunions annuelles, où l'heureux professeur invitait les jeunes émules à venir recevoir la sanction de leurs travaux, que la rivalité ne rendait jamais ni douteuse ni contestable? Combien il me souvient avec douceur de ces jours de fête, auxquels j'ai quelquefois pris part, quand j'étais chargé d'exposer aux mères attentives la valeur des pages offertes par les élèves à un jugement impartial! Que de perles dans ces essais, pleins de poésie et de science, où les auteurs avaient mêlé aux idées transmises les fruits de leurs propres méditations!

Excellent homme, que vous avez fait de bien aux âmes dociles à votre zèle ; que de jouissances vous avez procurées aux confrères, un moment vos collaborateurs!

Ah! si quelques épines se sont rencontrées sous vos pas ; si des opinions légères se sont égarées sur vos efforts, les générations de femmes élevées par vos soins défendent et protègent votre mémoire. Vos livres à la main, elles répèteront longtemps à leurs enfants combien votre enseignement satisfaisait leur studieuse curiosité et leurs bons instincts ; quel accord vous établissiez entre les prescriptions de la famille et les obligations du travail ; comment vous expliquiez la vie en racontant les épreuves du passé.

Poète et philosophe, vous donniez à l'austère vérité une forme attrayante et gracieuse. Jamais vos charmants disciples ne s'éloignaient de vous, sans répondre à vos sages et bienveillants encouragements par de fortes résolutions, par des sourires de contentement, par des larmes d'attendrissement pour vos conseils.

Hélas! d'autres larmes, mais bien amères, s'échapperont maintenant de leurs yeux. Le rappel des heures passées à vous entendre, s'unissant à la douleur de votre perte, élèveront dans les cœurs qui vous sont acquis de pénibles émotions, témoignages renouvelés de leurs sentiments.

Et certainement, ces témoignages auraient éclaté au grand jour, dans le moment où nous avons confié vos restes à la terre, si un délai plus long avait permis de porter plus loin l'annonce de votre fin.

Oui, je n'en doute pas, vos obsèques auraient eu un aspect inusité. On y aurait vu, au milieu de vos admirateurs et de vos amis, mais en plus grand nombre,

vos filles d'adoption, reconnaissantes et désolées, rapporter sur votre tombe ces fleurs dont, aux époques de
joie et de triomphe, au temps de vos paternelles et
poétiques libéralités, vous avez chargé leurs mains et
couronné leurs têtes.

E. LOUBENS,
Ancien chef d'Institution.

III

CHER MONSIEUR,

La perte de votre honoré père vous laisse un éternel
regret. C'est en effet, un grand deuil de famille où se
confondent avec les parents et les amis ces générations
de jeunes filles qu'il a enseignées, formées à la vie du
cœur et de l'esprit. Ah! que votre regret puise quelque
adoucissement dans ces expressions unanimes de tristesse, de reconnaissance et de vénération. Ce sont là
des fleurs et des couronnes que le temps ne flétrit ni ne
dessèche, et qui honorent une tombe.

Je sens que ces témoignages vrais et si touchants ont
une éloquence qui ne saurait passer dans le style. Permettez donc que je m'entretienne familièrement avec
vous de celui qui fut, dans la plus pure acception des
mots, un père, un instituteur, un ami. C'est un souvenir

simple et intime d'affection et d'estime que je veux donner à sa mémoire, vous priant de le joindre à ces mille témoignages du cœur dont vous êtes le digne et légitime héritier.

M. Lévi Alvarès se survit dans ses travaux et dans son enseignement. L'éducation maternelle a été la pensée de sa vie. C'était un noble but que de restituer à la famille sa coopération active et morale à l'œuvre si délicate de l'instruction des enfants. Il avait compris ce que la famille, ce que la société avaient à attendre d'une communauté intime d'idées et de sentiments entre la mère et l'être enseigné. Il ne restait plus au maître qu'à se placer entre l'une et l'autre, comme une force motrice qui communique le secret d'instruire et l'influence de moraliser. Et ce n'est point là un système, comme quelques-uns l'ont prétendu. Il n'y a ici ni combinaison ni art. Le principe sur lequel se fonde l'éducation maternelle, est indiqué par la nature elle-même. Dieu a fait la mère la nourrice physique et morale de la créature à qui elle donne le jour. Ne faut-il pas des causes tout anormales pour que la tendresse maternelle se déshérite de cette prérogative? Elle impose, il est vrai, quelques sacrifices; et ce sont ces sacrifices que demandait l'auteur de l'*Émile* aux femmes du XVIIIe siècle, en leur mettant sous les yeux les tristes effets de l'abandon des vertus domestiques.

M. Lévi, à notre époque, s'est placé à un autre point de vue qui n'est ni moins délicat ni moins important, il a proclamé indispensable le concours des mères et de la famille en matière d'éducation et rendu ainsi à l'instruction des enfants sa base véritable. Je l'entends encore dans quelques entretiens intimes développer les germes féconds de belles pensées chrétiennes et sociales. Et alors ce n'était pas du cœur seulement que lui venait l'inspiration, c'était aussi de la raison, principe de tout axiome, soit logique, soit moral. Ses yeux étaient parlants, et sa parole autorisée, vive et toujours mesurée, vous conquérait bientôt à son idée et à son but. Nous pouvons dire que peu d'hommes ont été doués, comme M. Lévi, de la conception rationnelle du bien, du vrai et du beau. Personne n'ignore donc avec quel mouvement sympathique fut accueillie des mères de famille, cette réhabilitation de la femme au point de vue de l'éducation. Les premières, elles devaient sentir les précieux avantages qui en résulteraient pour les enfants et pour elles-mêmes. Que de dévouement c'était leur demander, mais quelle source de tendres sollicitudes, de pures émotions, c'était ouvrir à leur maternel amour !

Ce fut un fait remarquable que la création des cours de M. Lévi. On s'y pressa, non pour écouter le professeur comme à l'Athénée, mais pour jouir du plaisir

d'entendre ses élèves lire, raconter, rapprocher, juger
les événements de l'histoire, les œuvres littéraires,
improviser, prendre des notes, communiquant, chacune à leur tour, leurs propres observations sur la leçon
donnée. Jamais exercices scolastiques n'avaient encore
paru aussi intéressants, ni rien offert de si animé,
d'aussi propre à développer le jugement, à captiver
l'esprit des élèves. On publiait que M. Lévi avait rendu
à la société un immense service en popularisant un mode
d'enseignement simple et naturel. Le plus bel éloge
que sa modestie lui permit d'accomplir, c'était la conscience d'avoir ouvert à l'enthousiasme des femmes une
voie nouvelle. L'État en décida autrement, et sur le
rapport de M. Guizot, M. Lévi fut nommé chevalier de
la Légion d'honneur. « *Nous sommes décorés,* s'écria
une mère en cette circonstance! » mot heureux, qui
rehaussait le prix d'une distinction non moins due au
professeur qu'à l'Éducation maternelle.

Ce mode d'enseignement s'introduisit de Paris dans
la Province. Il y trouva des éléments de succès moins
nombreux et moins hâtifs. Mais nos grandes villes s'af-
franchissent des chaînes de la routine, et, à l'instar de
Paris, elles ouvrirent des cours où l'évidence du progrès éclaira bientôt les mères de famille. Rien ne jus-
tifia mieux la supériorité du mode ou de la méthode
dont M. Lévi est le créateur; méthode éminemment

logique, qui de la partie graphique des mots va jusqu'à
la combinaison élevée des pensées, des signes à la
chose, de l'analyse à la synthèse. M. Lévi avait pour la
mettre en pratique une organisation à part. Quel professeur connut, comme lui, l'art ingénieux et fécond
de faire jaillir des jeunes cerveaux des étincelles de
pensée ; de tenir en haleine pendant des heures, un
auditoire d'enfants sans les fatiguer ; d'exciter leur
gaîté, leur émotion, à son gré : d'avoir un langage pour
chaque intelligence, une vibration pour chaque corde ?
Ah ! M. Lévi était vraiment professeur ; il était de plus
bon père de famille, homme excellent et dévoué. Il puisait les procédés de son enseignement dans chacun de
ces titres ; ce qui inspirait sa raison, sa pensée, sa
parole, c'était son cœur.

Le temps me manque pour parler des ouvrages qu'il
laisse dans le domaine de l'*éducation maternelle*. Il les
considérait lui-même comme des répertoires méthodiques, propres à faciliter les recherches, à diriger
ses élèves dans les études. Une de leurs immortelles
qualités, c'est d'être clairs ; l'ordre les rend deux fois
utiles.

En finissant, je reporte vers vous ma pensée. Votre
bien-aimé père s'était plu à l'idée de revivre en vous,
et, depuis de longues années déjà, il vous avait appelé à
la participation de ses travaux. Il sentait qu'il arriverait

insensiblement à cette époque de la vie où l'homme actif et laborieux n'a plus qu'à prononcer le mot d'Horace, *salve senescentum*. Vous avez reçu de sa bouche ce mot suprême, et c'est en vos mains qu'il a déposé les précieuses traditions de l'*éducation maternelle*. Nous sommes heureux de les y retrouver avec le même esprit élevé de sympathie et de bienveillance. C'est pour vous une garantie auprès des familles; c'est une consolation pour ceux qui ont connu, aimé votre père, et qui honorent sa mémoire d'un sincère et profond regret.

PORNIN.

Revue et Gazette musicale de Paris du 24 juillet 1870 :

M. D. LÉVI ALVARÈS.

Une personnalité des plus caractérisées de notre époque et dont l'influence salutaire s'est fait sentir sur nos mœurs en relevant l'éducation de la femme à sa véritable hauteur, vient de s'éteindre après avoir rempli une longue, laborieuse et honorable carrière.

Qui de nous n'a connu et rencontré M. Lévi Alvarès, cet homme petit de taille, mais grand d'idées, au visage ouvert et sympathique, au regard vif et pénétrant, à la parole chaleureuse et entraînante, qui, le premier, eut

la pensée de créer des cours d'éducation pour les jeunes
filles : cours qui ont eu tant d'imitateurs.

C'était surtout des jeunes filles du monde que M. Lévi
Alvarès s'était institué le pilote moral. Le nombre de
ses élèves est incalculable et tous nous avons une mère,
une sœur, une femme, une fille dont il était le professeur et l'ami. Aussi sa perte va-t-elle faire un grand
vide, quoique son fils ait su, depuis quelques années
déjà, continuer, avec le même succès, les traditions
paternelles. Il laisse de nombreux ouvrages d'éducation,
tous plus estimés les uns que les autres, et ses travaux
justement élevés et appréciés lui avaient fait obtenir,
depuis longtemps, le grade de chevalier dans la Légion
d'honneur. Simple, serviable et dévoué à l'excès, homme
de bien en même temps qu'homme d'étude, il s'était
fait comme une grande famille de la société parisienne
et, quand il arrivait dans un lieu public, ceux qui ne le
connaissaient pas devaient se demander quel était ce
personnage auquel tout le monde souriait et vers lequel
toutes les mains se tendaient.

Son nom est désormais impérissable, car il reste attaché à une grande chose : l'émancipation morale de la
femme par l'instruction, dont il avait su, grâce à un
programme plein de tact, faire un charme de plus, et
non l'épouvantail que portent avec elles, les bas bleus
et les femmes savantes.

PAUL BERNARD.

L'Illustration du 3o juillet 1870 :

M. D. LÉVI ALVARÈS.

L'enseignement des femmes vient de perdre un de ses représentants les plus anciens et les plus dignes : M. D. Lévi Alvarès est mort, il y a quelques jours, à l'âge de soixante-seize ans. Son professorat, sa méthode pédagogique, ses ouvrages classiques, lui avaient acquis une réputation méritée. Mais le principal titre de M. Lévi Alvarès à la reconnaissance publique, c'est d'avoir été le promoteur ardent et convaincu de l'éducation des femmes à notre époque.

En 1821, M. Lévi contribuait déjà activement à résoudre ce grand problème. Il avait compris que, pour préparer la femme à jouer son rôle dans la famille, le mieux était de ne l'en pas faire sortir. Rattacher par un lien intime l'éducation au foyer domestique ; instruire la fille par la mère et la mère par la fille ; former des *mères-institutrices,* tels étaient les principes sur lesquels reposait l'enseignement que M. Lévi inaugurait et auquel M. Bernard de Rennes, rendait, en 1836, un éclatant hommage à la tribune de la Chambre des députés, lorsqu'il disait :

« Trouver une méthode où cette bienveillante action

« de la mère sur la fille puisse recevoir son application;
« une méthode qui les mette en rapports continuels,
« qui associe leurs pensées, et qui fasse dépendre les
« progrès de l'une de la surveillance attentive de
« l'autre; voilà le problème à résoudre et je me hâte
« de dire, à l'honneur de notre pays et de notre
« époque, qu'un homme isolé, M. Lévi, avec ses seules
« ressources, sans autre appui que son talent et la
« conviction de l'excellence de son système, a forte-
« ment avancé la solution de ce problème. »

C'est ainsi que M. Lévi fonda les cours d'*Éducation
maternelle* que pendant quarante ans il a dirigés et
qu'il laisse après lui à son fils, comme une institution
qui lui survit. D'autres hommes ont attiré sur leur nom
une publicité plus bruyante, mais il n'en est aucun dont
le souvenir soit plus chèrement gardé dans une foule
de familles, et dont la perte touche plus de cœurs
justement reconnaissants.

EMMANUEL DAVID.

———

L'Univers illustré du 3o juillet 187o :

Un tribut de regrets est dû encore à une autre existence plus modeste mais que des services rendus au
pays, une âme et un esprit d'élite mis au service d'une

généreuse idée, recommandent au souvenir de la génération actuelle.

M. D. Lévi Alvarès était né à Bordeaux en 1794. Après avoir passé quelque temps sous les drapeaux, il fonda en 1820 les *Cours d'Éducation maternelle* qu'on peut considérer comme le premier grand centre d'éducation laïque créé pour les femmes. Instruire la femme, élever chez elle le niveau de l'instruction, la préparer par une éducation morale et intellectuelle, par des études savamment graduées, à remplir ses devoirs de fille, d'épouse et de mère, telle fut la mission à laquelle se consacra cet homme de bien. Pendant la longue carrière qu'il lui fut donné de parcourir, il ne cessa d'y consacrer toute son énergie, tantôt par des leçons orales qu'ont écoutées successivement des milliers d'auditrices, tantôt par la publication de ses livres d'instruction, dont plusieurs ont atteint jusqu'à cinquante éditions.

Pour entreprendre une telle œuvre, il faut avoir le cœur haut placé et pour l'accomplir avec le succès qu'elle a obtenu, un esprit supérieur.

Le nom de Lévi Alvarès ne sera pas perdu pour la postérité, qui l'inscrira dans la galerie des hommes utiles entre Lhomond et Pestalozzi.

GÉRÔME.

DISCOURS DE M. PORNIN

SÉANCE, AU HAVRE, 18 AOUT 1849

EXPOSÉ DE LA MÉTHODE D. LÉVI ALVARÈS

M. Pornin, un des professeurs les plus capables de faire des Cours à l'instar de ceux de M. Lévi, et qui, au Havre, a eu un succès mérité, s'exprime ainsi :

Parler d'éducation maternelle et de l'instruction des femmes, c'est rappeler le dévouement de M. Lévi Alvarès, les bienfaits et les progrès de sa méthode. L'excellence en est démontrée, chaque année, par le succès, à Paris comme dans les départements : tant il est vrai que de jeunes intelligences peuvent devenir partout souples et fertiles sous une culture simple et habilement dirigée !

Il y a dans ces résultats une grave question d'avenir pour l'éducation publique ; ne craignons pas de les répandre et de les divulguer. Dans la Grèce, on décernait un prix à l'ouvrage jugé le plus utile et le plus national ; dans nos temps modernes, la récompense est l'estime et la reconnaissance publiques ; — et la méthode de M. Lévi a mérité l'honneur de cette double couronne.

Mais c'est au point de vue de la famille, et de l'éducation considérée dans ses rapports avec la société, que ces résultats, surtout, doivent être appréciés : nous serons heureux d'amener ainsi les esprits à nous trouver vrai dans nos éloges et sage dans nos espérances. Or, nous le demandons : ces résultats qui étonnent, ne sont-ils pas implicitement la critique la mieux fondée du mode qui régit encore l'éducation de nos écoles ? Ne rappellent-ils pas au plus saint des devoirs les mères en général, car quelques-unes encore abandonnent au hasard des méthodes l'éducation de leurs filles ; d'autres, moins osées, ajournent le moment de la commencer, ou, par un scrupule que nous respectons, ne savent à qui confier ce soin délicat ?

Le *Cours d'Éducation Maternelle* vient répondre et suffire à tout : il participe à la fois de l'éducation publique et de l'éducation privée ; il possède les avantages, sans avoir les inconvénients de l'une et de l'autre ; il est le moyen terme que le judicieux Quintilien conseillait aux dames romaines de son temps ; l'école pratique qu'avait adoptée pour ses fils la vertueuse Cornélie. Rattacher par un lien intime l'éducation à la famille, c'est lui rendre son caractère véritable. Et, en effet, si nous remontons le cours des affections humaines, nous trouvons l'éducation et la famille étroitement nouées l'une à l'autre. Elles constituent le principe primordial

de la tutelle ; et, ici, qu'est-ce que la tutelle, sinon cette
autorité bienveillante que nous tenons de Dieu lui-même,
pour diriger, pour instruire les êtres à qui nous donnons
la vie. Abdiquer une aussi belle prérogative, c'est renon-
cer à ce délicieux amour de nous-mêmes que la nature
reverse sur l'image dans laquelle nous devons revivre
un jour. Aussi, sera-ce pour M. Lévi un éternel
honneur d'avoir puissamment contribué à raviver ce
salutaire principe, et prouver que le plus sûr moyen
d'enseigner et de moraliser, est, sans effacer l'autorité
du maître, d'en communiquer le secret et l'influence à
la mère de famille.

Ce qui d'abord recommande cette pensée à l'estime
et à la confiance, c'est qu'elle est éminemment chrétienne. Le sentiment de la famille est la seconde âme
de l'humanité ; il a, comme la foi, son principe dans le
ciel ; comme elle, il se perpétue par la tradition aussi
bien que par la reconnaissance et l'amour. La famille !
elle n'est ni dans la fortune, ni dans les abstractions du
philosophe, elle est dans la communauté des souvenirs,
dans la participation aux mêmes droits, dans l'accomplissement des mêmes devoirs. Elle a pour s'abriter le
même ciel ; elle a pour prier, le même Dieu. C'est le
centre de nos affections et de nos espérances, de nos
joies et de nos peines. C'est la source de nos émotions.
La famille ! c'est tout ensemble ce qui donne, ce qui

multiplie, ce qui alimente la vie, l'amour, l'héroïsme et
le dévouement. Laissons s'affaiblir le sentiment de la
famille, l'harmonie de la société se trouble ; les mœurs
publiques s'altèrent ; l'esprit national s'énerve ; suppri-
mons-la, il n'y a plus ni lois, ni religion, ni patrie.

Ce sentiment si respectable, et si outrageusement
attaqué de nos jours, est ancien comme le monde. Sous
quelles suaves images il apparaît dans la tente des premiers pasteurs, dans la tribu hospitalière, aux vallées
d'Hébron, aux fontaines de Nachor ! Chez nous, le
moyen âge en offre quelques doux reflets ; on le respire
naïf et pur dans la chaumière de l'humble fille de Vau-
couleurs ! Pour le raviver et le conserver parmi nous,
entourons donc de sollicitudes et de soins la première
éducation du berceau. Or, à qui Dieu, dans son admirable prévoyance, l'a-t-il confiée ; qui a t-il chargé de
révéler à l'enfant les sensations, les idées, la conscience
et la foi, ces quatre ordres d'enseignement qui constituent tout notre être ? Avons-nous été puiser loin d'une
mère aimante et dévouée, ces notions élémentaires si
touchantes, si positives ? Non. La nature nous a indiqué
elle-même, dans celle qui nous donna la vie, notre
instituteur ; nous ne l'avons pas cherché, nous l'avons
reconnu, nous l'avons senti de nous-mêmes, par
instinct, dans ses douces étreintes, sous ses tendres
baisers, dans le charme et l'autorité de sa parole.

Chrétienne et sociale, la pensée de notre méthode est encore rationnelle. M. Lévi a judicieusement présumé que la femme, qui puisait sa science dans l'affection et le devoir, qui était si heureusement douée pour nous enseigner, enfants, quels sont nos rapports avec les objets extérieurs ; comment l'idée se transmet par la parole ; quelle est la mesure du juste et de l'injuste, saurait assez, et pourrait, surtout, apprendre assez, pour cultiver des intelligences plus développées. Ne demandons pas comment cette réhabilitation de la femme, au point de vue de l'éducation, fut accueillie des mères de famille. Les femmes ont un sentiment naturel d'appréciation. Chez elles, l'impression est vive, mais l'idée est nette, le jugement sûr : ce qui fait que dans les arts ou les travaux de l'esprit, quand elles s'y appliquent, elles sont rarement médiocres. Elles aperçurent d'un coup d'œil les avantages de la méthode qui leur était offerte ; elles en furent pénétrées pour leurs enfants autant que pour elles-mêmes ; leur cœur y surprit une source de tendres sollicitudes, de pieux devoirs, et ces émotions de jeunesse dont la mémoire ne se perd jamais, comme l'écrivait si heureusement une d'entre elles, et qui vibrent toujours fraîches et délicieuses dans le cœur même le plus usé [1].

1. Mme Dupin.

Mais tout devoir impose un sacrifice, tout dévouement une privation. Que peut coûter celle de quelques heures de distractions perdues, de plaisirs oubliés, dès qu'il s'agit de doter une jeune âme de qualités et de vertus, parure la plus précieuse de la femme, enfant, épouse et mère? Non, si la nature parle, aucune mère ne consentira, sous un prétexte frivole, à abdiquer sa plus belle prérogative, celle de se faire elle-même l'institutrice de sa fille, au prix de son repos, de son goût pour le monde, de toutes les satisfactions même que peuvent offrir d'enivrant l'amour-propre et le succès. Contrairement au poète anglais [1], nous dirons donc : qu'unir la sagesse et l'amour, ne surpasse pas le pouvoir de l'homme. Et la mère, que des exigences de position obligeraient à un douloureux abandon de sa fille, ne saurait avoir trop de prudence dans le choix de la femme qui la suppléera, car la responsabilité est grande, autant pour celle qui confie ce précieux dépôt, que pour celle qui le reçoit. C'est dans cette prévision que, à côté de ses *Cours-modèles,* M. Lévi demande un *Cours normal* d'institutrices, car, dans la pensée du savant et modeste professeur, tout a été compris et réalisé.

Il n'y a rien de difficile ni d'austère dans cette vie d'études. La leçon est un délassement : c'est la pensée

____

1. Shakespeare

de Platon mise en pratique : « Rien n'entre par force
dans l'esprit, mais tout y entre au moyen du plaisir :
l'éducation de l'enfant doit être une espèce de jeu, si on
veut la rendre utile. » Ainsi, nous assistons à une réunion de famille, où le travail règle les conditions d'ordre
et d'attention ; où la modestie règne ; d'où la prétention
est bannie ; où l'autorité de celui qui enseigne, moins
magistrale que paternelle, ne nuit pas à celui qui
apprend[1] ; où l'instruction a toujours pour objet, absolu
ou relatif, le bien, le bon et l'honnête, en d'autres
termes, l'acquisition des *bonnes actions,* des *bonnes
pensées,* des *bonnes paroles.* Un des traits de la leçon
échappe-t-il à l'attention ou à la sagacité de l'enfant ?
il le retrouve à l'instant même dans la mémoire de sa
mère.

Voilà comme rien, dans notre méthode d'enseignement, ne se perd pour l'intelligence, l'imagination et
le cœur, c'est un cours *permanent d'émulation sans
rivalité,* où toutes les facultés sont tenues éveillées, et
prennent, sans fatigue, un substantiel aliment ; c'est
un enseignement mutuel, simultané, où la mère tient le
milieu entre l'enfant et le maître. On n'y donne rien à
la mémoire qui n'ait été compris par l'intelligence. On

---

1. *L'autorité de celui qui enseigne, nuit souvent à celui qui apprend :*
Obest plerumque tis qui discere volunt, auctoritas corum qui docent.
Cic. de Nat. deorum.

procède toujours d'une chose connue à une chose *inconnue, du simple au composé*. L'enfant étend ainsi, par
degrés, l'horizon de ce vaste champ ; il découvre, peu
à peu, avec sa petite intelligence, le but et la raison des
phénomènes, des événements qu'il rencontre. Le trésor
qu'il amasse lui est acquis pour toujours, car, « on ne
possède jamais mieux que ce que l'on a trouvé soi-
même [1] ». *Notre méthode est ainsi toute d'exploration*,
telle que la prescrivaient Socrate et les écoles de
l'antiquité.

Ce sont là quelques-uns des avantages qui recommandent les Cours d'Éducation Maternelle. Mais qu'il y
a loin, pour l'intérêt, de l'*exposé* rapide que nous en
faisons, à la *pratique* et à la mise en action ! Il y a ici
toute la différence entre un fait raconté et un fait vu des
yeux. Il faut avoir assisté à ces petits tournois littéraires de l'enfance, pour s'en faire une juste idée, et en
apprécier tous les bons résultats.

Quels sont donc les caractères qui distinguent particulièrement cette méthode ? — Elle n'est point une
abstraction. C'est un ensemble dans lequel tout s'enchaîne, et qui est partout égal et soutenu ; c'est une
convergence dans laquelle des rayons, partis de différents points, tendent, en se rapprochant, à se réunir en

1. Bacon.

un seul ; c'est une *synthèse rigoureuse*, qui va toujours du principe aux conséquences. On aurait peine à croire que, dans une simple phrase de quelques lignes, l'enfant trouve un ensemble de notions, qui, successivement développées, forment une instruction complète : *Lecture à haute voix, Grammaire, Style, Morale, Littérature, Histoire, Géographie, Astronomie, Physique élémentaire, Histoire naturelle, Calcul...* Et que l'on ne s'imagine pas que ses jeunes facultés ne peuvent y suffire ; elles embrassent tout aisément, progressivement, jour par jour, mois par mois, année par année, toujours par l'attention, jamais par l'habitude. — Il apprend de lui-même à *Voir,* à connaître par les yeux ; un peu plus tard, à *Comparer,* c'est-à-dire à saisir tous les rapports par la similitude, ou la dissimilitude et enfin à *Juger,* c'est-à-dire à décider d'après ce qu'il a vu et comparé.

Ces trois fonctions de l'intelligence correspondent ainsi distinctement aux trois Cours de la Méthode, et constituent pour nous, trois âges de l'enfance.

Dans le premier âge, c'est le sens qui s'exerce. (*Cours préparatoires de six à huit ans.*)

Dans le second âge, c'est la rectitude et la droiture de l'esprit qui se développent. (*Cours élémentaires de huit à douze ans.*)

Dans le troisième âge, c'est la raison qui se détermine,

la droiture de l'âme qui se perfectionne. (*Cours secondaires de douze à seize ans.*)

Les Cours supérieurs complètent l'instruction, et
s'adressent surtout aux personnes qui se préparent
ou se livrent à l'enseignement.

Il résulte de cette division de temps et d'études que
rien ne se heurte dans l'application, rien ne se précipite
ni ne s'embarrasse.

Chaque âge, ou chaque cours, a sa mesure, sa
limite : tout est proportionné aux forces. Nous n'ap-
pellerons pas cela de la science, nous dirons que
c'est du discernement.

Une autre remarque à faire et digne d'attention, c'est
qu'ici les connaissances acquises par l'enfant sont à lui,
lui appartiennent en propre. Elles ne sont pas, comme
dans quelques méthodes, le produit exercé de la
mémoire : elles seraient confuses et fugitives; elles
ne sont pas le résultat d'impressions systématiquement
communiquées ; elles auraient de l'éclat sans avoir
de solidité. Non ; nos jeunes filles n'apprennent à se
vêtir d'aucune parure d'emprunt; elles *parlent* comme
elles sentent : elles écrivent comme elles *pensent ;* mais,
avant de parler et d'écrire, elles apprennent à sentir
et à penser. Elles ne nous représenteront pas saint
Louis sous la figure de Sésostris ; Valentine de Milan
enveloppée du même deuil que l'*inconsolable* Calypso ;

elles ne sont pas accoutumées à réduire froidement à
des types les sentiments et les caractères. Savoir toujours être soi, en morale comme en littérature, c'est une
qualité inappréciable : c'est l'indice d'un cœur droit,
d'un esprit juste. Combien on sent là encore l'heureuse
influence de l'Éducation Maternelle ! Elle fait à l'enfance
un commandement de la modestie, de la simplicité, et,
nous éprouvons du bonheur à dire, que le commandement est observé. Nous en donnerons ici pour preuve,
ce court extrait d'un Rapport de M. le comte de
Trogoff :

« Les harmonies, dit-il, sont variées suivant la
nature des génies qui les produisent. La lyre de Sapho
n'a pas les mêmes sons que la lyre d'Homère ; le clavier
où sainte Cécile a chanté les louanges de Dieu, ne
vibre pas comme la voix du prophète Isaïe.

« Cette vérité semble parfaitement avoir été comprise
par les élèves dont les essais ont passé sous nos yeux...
Loin de vouloir gravir les sommets les plus escarpés,
ces demoiselles ont modestement suivi les routes qui
conviennent à leur marche légère, leurs esquisses naïves
sont de véritables confidences qui ne visent pas au delà
de notre cercle de famille : leurs images, puisées aux
sources délicates du cœur, n'ont pas ce tour ambitieux
où se trahit pompeusement le désir de briller.

« Il y a longtemps qu'on a dit avec raison : « Le style,

c'est l'homme ! » Or, en écoutant les fragments des compositions dont je vais vous rendre compte, vous pourrez en quelque sorte juger l'âme des jeunes auteurs dans le miroir poétique de leurs pensées. »

Cette honorable et sincère affirmation nous servira encore à une autre fin : à prouver que rien n'est moins fondé que la crainte de voir sortir un jour des Cours d'Éducation *maternelle* des femmes *savantes,* dans la méchante acception du mot. La méthode se pratique sans étiquette, sans pédantisme, comme dans le cercle de la famille ; *c'est moins la science que l'on y cultive que ces principes* généraux, ces maximes tutélaires, dont l'application se retrouve à chaque pas dans la vie, et qui deviennent plus tard la base de toutes nos pensées, et la sauvegarde de toutes nos actions. Ce n'est pas la coquetterie du langage que l'on y professe, c'est le goût, et la grâce, sa compagne naturelle, que l'on y acquiert, car le goût, épuré par les notions d'ordre, cette source unique et féconde du vrai beau, donne de la simplicité à notre maintien, de l'élégance à notre extérieur, de la justesse à notre esprit, de la modération à nos senti-ments. C'est la parole même du Maître que nous repro-duisons ici. N'attachons donc pas plus d'importance qu'il ne faut, à un préjugé qui voudrait perpétuer dans la femme enseignée le type du bel esprit du xviie siècle. Grâce à Dieu, l'école de l'hôtel de Rambouillet n'existe plus, et c'est d'elle que Molière a voulu se venger en écrivant les *Femmes savantes, création un peu froide,* disons-le en passant. car elle repose sur un ridicule spécial, restreint à un certain nombre. Il n'a rien moins fallu qu'un tour de force inouï pour trouver là l'ampleur d'une grande comédie. Laissons donc enfin un peu tranquilles même les femmes qui écrivent, aujourd'hui qu'elles écrivent si bien : et sans avoir la prétention de faire de nos filles des publicistes comme Mme Marie de l'Epinay, ou des poètes de l'habileté de Mme Anaïs Ségalas, ou de la noblesse de Mme Louise Colet, revendiquons pour elles la part qui leur revient dans tous les progrès intellectuels de notre époque. C'est parce que l'on est *mal* instruit, que l'on est vicieux et ridicule[1]. — Nous ne perdons pas de vue cette vérité, elle va droit à l'adresse de ces esprits malheureux, qui prétendent borner l'éducation des femmes aux notions élémentaires de la vie de ménage, et la réduire, comme Arnolphe, à cette syntaxe abrégée : *Prier Dieu, aimer, coudre et filer.* On comprend qu'Arnolphe eût été fort mal à l'aise avec une épouse formée sur le modèle de Mme de Sévigné : mais les Arnolphes deviennent assez rares de nos jours, et pas un père qui ne serait fier d'entendre dire de sa fille : « Cette mère sut sagement gouverner sa personne

---

1. M. Lévi, *Allocution aux Pères de Famille.*

et sa fortune, parce que ses brillantes facultés repo-
saient sur une base solide, une connaissance précoce des
affaires de la vie, une instruction réelle et sérieuse, et
une piété aussi sincère qu'éclairée[1]. » C'est là le but que
nous poursuivons de tous nos efforts, pour l'éducation
de nos jeunes filles, et leurs mères nous secondent si
puissamment dans les devoirs de cette sainte mission,
que c'est à elles qu'en revient l'honneur. Notre satisfaction la plus douce, et qui nous appartienne, c'est de voir
ces jeunes plantes grandir, et promettre des fruits qui
mûriront un jour sous les rayons de leur tendresse.

Ah ! si nous pénétrons dans la vie intime de la
famille, au retour de ces heures d'études, toujours si bien
remplies pour l'esprit et pour le cœur, nous y respirons
le contentement et la joie. C'est que le travail a apparu
sous l'image du plaisir ; c'est que dans l'instituteur on
a senti la direction paternelle d'un ami sincère ; c'est
que, chez l'enfant, il y a eu affection, estime et
confiance. — Ne cherchons pas ailleurs les ressources
ingénieuses de la Méthode. Tout le secret de nos
modestes succès est dans ces trois mots : Affection,
Estime et Confiance.

Notre mode est donc sans prestige ; il est simple et
un. Aussi, quelle influence heureuse exerce, simultané-

[1] Mme Amabl. Tastu.

ment, sur le caractère, sur les manières, sur le langage,
cette instruction de famille, reçue et transmise ! Quelle
association touchante de pensées et de sentiments, elle
établit entre la fille et la mère ! Elles semblent ainsi
vivre l'une par l'autre ; ce sont deux âmes qui se réflè-
tent, deux natures, dont la meilleure sert de modèle à
l'autre. La conversation du foyer domestique ne s'in-
génie plus à trouver un frivole aliment ; l'enseignement
du Cours y trouve sa place ; il y jette des souvenirs, des
aperçus, des jugements, des émotions ; et, comme
cet enseignement a toute l'efficacité d'un sentiment, il
a la toute-puissance de la nature [1].

Nous n'avons fait que montrer du doigt les avantages
généraux de cette judicieuse pédagogie ; ils en attes-
tent suffisamment la supériorité ; ils justifient l'incomparable succès dont elle jouit partout au sein des
familles. Et ce n'est pas exclusivement à l'instruction
des femmes qu'elle est applicable ; elle assure à l'éducation des jeunes gens des résultats plus étendus encore
dans la pratique, car ici la sphère s'élargit, l'érudition
devient une nécessité, une obligation.

Nous insisterons sur ce point, aujourd'hui que les
systèmes d'instruction vont s'essayer, se développer
librement à la faveur de la loi nouvelle. La méthode de

1. Lamartine.

M. Lévi s'adapte parfaitement à l'enseignement universitaire ; l'expérience en a été faite sous la direction d'un professeur de l'Académie de Paris, pour les garçons de sept à douze ans. Le succès n'est plus une espérance : M. Lévi a également bien compris l'homme dans l'enfant. Si sa méthode se modifie ici, ou plutôt s'étend pour l'instruction, elle conserve entière sa force morale pour l'éducation : précieuse garantie pour les familles !

Faire comprendre et apprendre ; rattacher tout à l'histoire, et mettre l'histoire au service de la langue ; cultiver l'âme par l'esprit, par le sentiment, la conscience et le goût du beau : c'est ainsi que nous résumerons la pensée pratique des *Cours-modèles* de M. Lévi.

Le but n'est pas moins facile à indiquer : c'est l'harmonie dans la famille et dans la société.

L'éducation maternelle, voilà le moyen !

Ainsi, ce que l'on considérait comme une inextricable difficulté, comme un problème insoluble, n'est plus, aujourd'hui, à l'état de question. L'éducation est devenue une seconde création[1]. L'attention du législateur s'est émue, et nous avons éprouvé du bonheur à entendre tomber de la tribune française ces judicieuses paroles[2] :

---

1. Mme Lebassu-d'Helf.

2. M. Bernard (de Rennes), conseiller à la Cour de cassation, membre de la *Chambre des Députés*, 1836.

« La femme a reçu de Dieu l'intelligence ; elle doit en user. Ce serait vraiment une étrange erreur, lorsque la puissance des idées nouvelles change la face de toute chose et appelle les hommes à une vie plus grave et plus austère, de condamner nos filles à rester encore frivoles et étrangères aux intérêts réels de la société. Persuadons-nous bien, au contraire, qu'il ne manque à la femme, pour compléter son existence, et conséquemment la nôtre, qu'une éducation plus forte et plus sévère.

« A Dieu ne plaise qu'il faille l'initier aux sciences transcendantes qui dessècheraient son esprit... Mais que du moins elle reçoive une instruction variée et solide, fondée sur les bases de la religion et de la morale, qui lui fasse comprendre sa mission, qui lui apprenne qu'en passant de la maison paternelle à la maison conjugale, elle marche à une association avec des droits et des devoirs, droits et devoirs sérieux, qui engagent sa responsabilité envers son époux, envers sa famille, envers la société.

« ..... Oui, Messieurs, l'éducation maternelle ! le secret est là. Sans la mère, sans sa puissante intervention, l'éducation de la fille restera toujours incomplète. Trouver une méthode où cette bienveillante action de la mère sur la fille puisse recevoir son application, une méthode qui les mette en rapports continuels, qui associe leurs pensées, et qui fasse dépendre les progrès de l'une de la surveillance attentive de l'autre, voilà le problème à résoudre, et je me hâte de dire, à l'honneur de notre pays et de notre époque, qu'un homme isolé, M. Lévi, avec ses seules ressources, sans autre appui que son talent et la conviction de l'excellence de son système, a fortement avancé la solution de ce problème.

« ..... Ce n'est pas ici le moment d'entrer dans les détails de sa méthode. Ils trouveront mieux leur place dans la discussion de la loi sur l'instruction secondaire. Tout ce que je puis dire, quant à présent, et à cet égard de nombreux et honorables témoignages viendraient à l'appui du mien, c'est que le système que je signale est digne de la sollicitude de M. le Ministre de l'Instruction publique..... »

A cet éloge mérité, qui a tous les caractères d'un hommage public, que pourrions-nous ajouter? Tous les hommes amis de leur pays attendent beaucoup de l'éducation des femmes, au point de vue des mœurs, de la civilisation et de l'humanité. Elle seule peut ramener au sanctuaire de la famille le bonheur et les douces vertus qui en étaient exilées, ou le préserver de l'invasion de ces doctrines perverses qui répandent, partout où elles passent, le poison et l'incendie. En aucun temps, la jeune génération ne réclama de la famille plus de

soins, plus de vigilance. L'insecte, dit Shakespeare,
ronge les plus belles roses du printemps, souvent même
avant qu'elles n'aient eu le temps d'épanouir ; c'est au
matin de la vie, à l'heure des douces rosées, que les
souffles contagieux sont les plus fréquents. Que les
femmes apportent donc leur tribut à la commune
famille. Appelées au partage du bonheur de l'homme,
elles le sont au progrès de son intelligence. Et, pour
compléter le langage de M. Lévi, ajoutons en termi-
nant : « Une éducation solide, une instruction sagement dirigée, une religion douce et tolérante, les disposeront à ce dévouement, à ce courage dont elles ont
tant besoin dans les différentes épreuves de la vie. »

RAYMOND PORNIN,
Professeur d'histoire et de littérature.

UN PROSPECTUS DES COURS

(1840)

Dans cette époque de transition entre un passé orageux et un avenir tranquille, s'il est bien préparé ; dans
cette réorganisation politique, morale et intellectuelle
qui s'opère sous nos yeux, il est urgent de s'occuper
sérieusement de l'éducation des femmes ; seules, par
leur salutaire influence, elles peuvent diriger vers le bien
la génération nouvelle. Les femmes comprennent aujourd'hui la dignité de leurs fonctions, l'importance de
leurs devoirs ; l'étude des arts et des sciences ne leur
fait pas oublier les modestes occupations qui leur sont
propres ; elles ne cherchent pas à sortir des limites que
leur ont tracées les convenances sociales ; elles savent
que chez une femme le pédantisme, cet inévitable fléau
du foyer domestique, serait une anomalie affligeante
dans nos mœurs. Depuis vingt ans que nous nous
sommes voué spécialement à l'éducation des femmes,
nous avons été à même d'apprécier la beauté de leur

âme, l'aptitude de leur intelligence, le dévouement de leur amour maternel.

« L'avenir d'un enfant, a dit un grand homme, a toujours été l'ouvrage de sa mère. » Pensée profonde, bien digne d'occuper les législateurs de tous les pays, et en particulier tous les pères de famille !

Cette pensée nous a dirigé, elle a constamment soutenu notre courage dans une carrière toute nouvelle et qu'aujourd'hui la faveur publique nous a faite si douce et si honorable. Notre exemple portera des fruits, nous l'espérons, et nous nous estimerons heureux d'avoir donné la première impulsion.

Élevons donc les femmes pour leur bonheur et pour le nôtre. Affermissons leur raison ; développons leur entendement. Qu'elles se servent de leurs facultés mentales contre les faiblesses du cœur, contre les égarements de l'imagination, contre l'ennui, le désœuvrement, la vieillesse et le malheur ; que les hommes trouvent auprès d'elles de pures jouissances dans leur bien-être, des consolations dans leurs adversités, des conseils dans leurs entreprises, des soins assidus dans leurs souffrances. Et quels moyens devons-nous employer pour atteindre ce but ? La religion, la morale et une instruction en rapport avec la noble mission de mères qu'elles auront un jour à remplir ! Mais il est plus difficile qu'on ne le pense de diriger avec succès et simultanément le cœur, la raison et l'esprit des jeunes personnes. Il faut, en père de famille, étudier leurs dispositions naturelles, leur caractère mobile, jusqu'à leur propre constitution, et quittant la robe doctorale, savoir cacher le professeur sous les traits de l'ami. Dans les entretiens instructifs être clair et simple, ne donner à l'intelligence que ce qu'elle doit et peut recevoir, l'enrichir, et non la surcharger, développer à la fois la mémoire et le raisonnement, sans employer ces termes scientifiques qui sèchent l'imagination, causer et non pérorer, faire marcher les faits avant les définitions, la pratique avant la théorie, animer les leçons pour activer l'entendement, soulever graduellement, et avec prudence, le rideau qui cache l'immense horizon des connaissances humaines, prendre pour devise *ni trop ni trop peu ;* former enfin le cœur, éclairer l'esprit, fortifier le corps, voilà, ce nous semble, les principaux articles du code destiné à l'éducation morale, intellectuelle et physique des jeunes personnes.

C'est la route que nous nous sommes tracée dans nos *Cours Méthodiques*.

D. Lévi Alvarès.

RAPPORT

A SON EXCELLENCE M. LE MINISTRE DE L'INSTRUCTION PUBLIQUE

ET DES CULTES [1]

(12 juillet 1859

Monsieur le Ministre,

M. Lévi Alvarès a fondé, il y a bientôt quarante ans, des cours qu'il a appelés avec raison *Cours d'éducation maternelle*. Il s'y est proposé d'instruire les jeunes filles sous les yeux de leurs mères, et d'apprendre aux mères elles-mêmes à diriger et à compléter l'éducation de leurs filles.

L'Œuvre était éminemment utile, M. Lévi y a parfaitement réussi. Ses cours ouverts en 1820, n'ont pas cessé de réunir de nombreuses élèves, parmi lesquelles se sont formées et se forment encore des femmes aussi distinguées par la solidité de leur mérite que par la variété de leurs connaissances et l'agrément de leur esprit.

---

1. M. Rouland.

M. Lévi a exposé sa méthode dans divers ouvrages qui en présentent aussi l'application ; à vrai dire, il instruit sans enseigner ; ses leçons sont d'agréables causeries où l'on peut beaucoup apprendre, rien qu'en se donnant le plaisir d'écouter.

C'est un spectacle plein d'intérêt que de voir ces jeunes filles, qui n'ont rien perdu de l'aimable vivacité de leur âge, se serrer en cercle autour de la parole amie qui, sans efforts, sans apprêt, avec une aisance familière, explique et interroge tour à tour et promène son auditoire attentif dans tous les pays de la science et de l'art.

A l'entour sont les mères, les sœurs, les institutrices, qui complètent les notes et les souvenirs des élèves par leurs propres notes et leurs propres souvenirs. Plus d'une fois le résumé de la leçon, apporté à la leçon suivante, est l'œuvre de toute la maison.

Mais le principal mérite de M. Lévi, en même temps que le fruit le plus doux de ses soins, c'est la confiance qu'il sait inspirer à ses élèves et leur sincère affection pour lui ; en cela, surtout, son système d'Education mérite bien le titre de *maternel,* et ces sentiments n'ont pas des impressions passagères. Dans le monde, mères de famille aux plus hauts rangs quelquefois de la société, ces jeunes filles gardent toujours pour M. Lévi le même cœur. Elles le consultent sur les actes importants

de leur vie, si lui-même, dans sa bienveillance empressée,
n'est pas allé au-devant ; il éclaire, soutient, fortifie ; il
a sa part dans ce qu'il leur arrive de plus heureux !

Une vie si active et si bien remplie, ne pouvait rester
ignorée du gouvernement, et le gouvernement, de son
côté, ne pouvait demeurer indifférent à de tels services.
En 1837, M. Lévi fut décoré de la Légion d'Honneur :
les circonstances de sa nomination furent remarquables.

M. Dubois, de la Loire-Inférieure, venait de faire à
la Chambre des députés un rapport sur l'instruction
primaire ; il avait parlé de l'éducation des femmes. A ce
propos, M. Bernard (de Rennes), conseiller à la cour
de cassation, monta à la tribune, et rendit un éclatant
hommage à M. Lévi. Après avoir signalé l'importance
et les difficultés de l'éducation maternelle, il continua
ainsi : « Voilà le problème à résoudre ; je me hâte de le
« dire, à l'honneur de notre pays et de notre époque,
« qu'un homme isolé, M. Lévi, avec ses seules res-
« sources, sans autre appui que son talent et la convic-
« tion de l'excellence de son système, a fortement
« avancé la solution de ce problème. » (Voir la suite dans
le *Moniteur* de 1836.)

Ces paroles furent vivement applaudies ; plusieurs
députés des plus importants, parmi lesquels MM. Guizot, Bignon, Boulay de la Meurthe, Dumon, Barthe,

Béranger, etc., adressent une pétition collective à M. Pelet de la Lozère, alors ministre de l'instruction publique.

Dans l'intervalle, M. Guizot arriva lui-même au ministère, et ce fut sur son rapport que M. Lévi fut décoré le 10 janvier 1837. Il y a de cela bientôt vingt-deux ans ; M. Lévi est dans sa soixante-cinquième année. Le temps, loin d'attiédir son zèle, n'a fait qu'ajouter à ses succès. Cette longue carrière, de près de quarante années, ne mérite-t-elle pas aujourd'hui une autre récompense ? N'est-il pas digne du gouvernement de l'Empereur, en particulier du chef éminent de l'Instruction publique, de montrer par un éclatant témoignage qu'en France, il y a toujours la même sollicitude pour ces grands intérêts, la même sympathie pour ceux qui s'y dévouent ? Nous l'avons pensé, Monsieur le Ministre ; chevalier depuis 1837, M. Lévi nous a paru avoir tous les droits désirables à un grade plus élevé dans la Légion d'honneur. C'est cette pensée que nous prenons la liberté de soumettre à Votre Excellence, en la priant de l'accueillir avec bonté.

Nous sommes de Votre Excellence, Monsieur le Ministre, les très humbles serviteurs.

Signé : Nicias Gaillard, *président de chambre à la Cour de Cassation ;* E. de Parieu, *vice-*

président du Conseil d'État, de l'Institut ;
BÉRANGER, *président à la Cour de Cassation ;*
FOUCHER LE PELLETIER, *député de la Seine,*
membre du Conseil général ; HALEVY, *secré-*
taire perpétuel de l'académie des Beaux-
Arts, etc., etc.

Le 12 juillet 1859.

———

Attendons pour le juger que le nouvel enseignement universitaire ait porté ses fruits. Quant à nous, depuis vingt-cinq ans que nous nous livrons à l'éducation, nous avons toujours accueilli avec reconnaissance tout ce qui protège et rehausse l'Instruction des femmes et nous sommes d'autant mieux disposés à continuer, en ce moment, nos sympathies que M. le ministre de l'Instruction publique nous semble consacrer, en l'adoptant et en la développant, l'œuvre commencée il y a cinquante années à Paris, par des cours libres destinés aux jeunes filles et à la tête desquels on a placé tout récemment, ceux qu'a fondés mon père en 1820. (Voir la *Revue des cours littéraires,* rédigée par M. Eugène Yung, sous le nom d'*Education maternelle.*)

Les Directeurs de ces cours sont heureux et fiers, à

bon droit, de voir l'Université entrer dans la voie qu'ils
ont si laborieusement tracée. Mais qu'il nous soit permis de revendiquer pour eux l'honneur d'avoir les premiers donné l'impulsion à l'enseignement secondaire
des filles que l'Université veut propager et patronner
aujourd'hui.

Pour notre part, notre enseignement s'est toujours
élevé, par une gradation méthodique et sérieuse, des
premiers éléments aux études secondaires, en nous
éclairant des programmes universitaires et des ouvrages
classiques qu'ils prescrivent ou recommandent.

Les résultats des récapitulations régulières que subissent nos jeunes filles en présence de leur famille et des
amis de l'instruction des femmes, le succès qu'obtiennent tous les ans les élèves de nos cours supérieurs dans
les examens de l'Hôtel-de-Ville de Paris, et des académies départementales, témoignent d'études variées,
élevées et solides.

Nous nous gardons bien toutefois de dépasser le but:
ni trop ni trop peu, c'est la devise de nos cours, on le
sait. Cette juste mesure qu'il fauts avoir donner au développement de l'intelligence de la jeune fille, demande
une grande expérience et ce sera, il ne faut pas se le
dissimuler, la partie la plus délicate de la nouvelle tâche
des professeurs de l'Université. L'esprit des jeunes filles
demande une toute autre pédagogie que celle qu'on

emploie pour les jeunes gens, on en conviendra. Les savants professeurs chargés des cours secondaires de la Sorbonne ne l'oublieront pas et déjà M. Duruy, comme pour le leur rappeler, a placé près d'eux, l'habile et honorable directrice des Salles d'Asile qui représente si dignement dans la nouvelle association, l'instruction des femmes [1].

Pour nous, nous dirons avec M. Bernard de Rennes, qui attirait l'attention de la Chambre des députés, en 1836, sur la méthode du Fondateur de nos cours :

« A Dieu ne plaise qu'il faille initier la femme aux sciences transcendantes qui dessècheraient son esprit, et qui resteront toujours dans le domaine exclusif de l'homme ; mais que du moins elle reçoive une instruction raisonnée et solide, une instruction fondée sur les bases de la religion et de la morale, une instruction enfin, qui lui fasse comprendre sa mission ; qui lui apprenne qu'en passant de la maison paternelle à la maison conjugale, elle marche à une association avec des droits et des devoirs, droits et devoirs sérieux qui engagent sa responsabilité envers son époux, envers sa famille, envers la société [2]. »

Nous le demanderons, avec quelque orgueil, aux *mères*

1. Mme Pape-Carpentier chargée du Cours d'Économie domestique.
2. Voir le *Moniteur* de 1836, à l'occasion du rapport de M. Dubois, député de la Loire-Inférieure, sur l'Instruction publique.

qui nous confient leurs enfants, aux *Institutrices* que
nous avons élevées et qui nous secondent, aux *élèves*
même qui répondent si bien à notre sollicitude et qui
seront, un jour, les missionnaires de notre méthode,
n'est-ce pas là le programme et le but de nos conférences instructives ?

THÉODORE LÉVI ALVARÈS FILS.

LES COURS D'ÉDUCATION MATERNELLE

Petite Presse, 27 janvier 1868 :

Au moment où des cours s'organisent dans toute la France pour l'enseignement des femmes, il m'a semblé intéressant et juste de présenter aux lecteurs de la *Petite Presse* un homme qui, depuis quarante-cinq ans, s'est voué tout entier à l'éducation des jeunes filles. Cet homme aussi modeste que distingué est M. Lévi Alvarès.

Aujourd'hui M. Lévi a soixante-quatorze ans.

Il s'est retiré de l'enseignement. Mais son fils aîné, M. Théodore Lévi Alvarès a hérité de sa méthode et continue ses cours avec le même dévouement, avec le même succès.

En écoutant son fils parlant aux enfants dont il a lui-même élevé les mères, Lévi peut croire s'entendre lui-même, et je crois que la continuation de son œuvre par un fils digne de lui est le juste couronnement de cette belle carrière.

M. Théodore Lévi, fils, compte déjà vingt-cinq ans de professorat, j'allais dire d'apostolat... pédagogique.

J'ai eu le plaisir d'assister aux cours d'éducation maternelle et de voir une foule de jeunes filles se presser, attentives et zélées, autour de M. Théodore Lévi, j'ai entendu sa parole claire et nette, familièrement éloquente, promenant le jeune auditoire dans tous les pays de la science et de l'art.

Parfois il s'arrête brusquement et c'est à l'élève de continuer elle-même son chemin.

M. Lévi possède le grand art d'interroger, de faire comprendre, de faire répondre. Rien de confus ou d'inexpliqué. On voit, on sent ; on a compris, on sait. L'esprit est sans cesse tenu en éveil ; c'est une fortifiante gymnastique intellectuelle et comme un *enseignement en action*.

Ce n'est plus une école, c'est un foyer ; ce n'est plus une leçon, c'est une causerie générale et féconde : ce n'est plus une classe, c'est un cercle patriarcal, instructif, familier, intime.

Si l'on veut bien se rendre compte de l'importance de ces cours d'éducation maternelle, on n'a qu'à songer à la triple influence que comme fille, comme épouse, comme mère, la femme exerce sur la famille et par la famille sur la société.

FULBERT-DUMONTHEIL.

LES COURS A VERSAILLES

EN 1871

———

M. Th. Lévi Alvarès qui résidait pendant les vacances à Versailles fut prié d'y organiser des Cours. Le journal le *Libéral de Seine-et-Oise*, en annonça l'ouverture dans l'article suivant :

5 novembre 1871.

M. Théodore Lévi Alvarès, qui habite, on le sait, Versailles, a eu l'heureuse idée d'ouvrir dans notre ville des cours *pour l'éducation des jeunes personnes*. Louer un enseignement et une méthode qui se recommandent par cinquante années de succès serait chose assurément superflue. Mais dans un pays de routine, comme est la France, où d'ordinaire on abandonne à l'Etat le soin de tout faire, il ne faut point laisser passer une occasion de rendre hommage à ces créations de l'initiative individuelle, surtout quand elles ont acquis, à force de durer et de se perfectionner, le rang et en quelque sorte la dignité d'une institution nationale.

Non que les cours Lévi Alvarès aient à se réclamer,

aujourd'hui plus qu'à leur origine, du patronage de l'Etat ! Ils n'auraient que faire d'être l'objet d'une déclaration d'utilité publique. Il y a plus : la plupart des cours de jeunes filles institués, à très louable intention, par l'Etat, dans quatre-vingts villes de France, ont succombé en peu de temps, hélas ! aux vices d'une organisation défectueuse. Ils renaîtront, nous l'espérons bien. En attendant, les cours de M. Lévi Alvarès, eux, sont toujours là ; ils sont aujourd'hui ce qu'ils étaient hier, sauf les améliorations que chaque jour amène avec lui : les voilà qui *colonisent* un peu par toute la France; tant il y avait de justesse et de vitalité dans la conception première qui a présidé au développement de cette méthode « d'éducation maternelle » où la mère collabore avec le maître, où l'école enseigne le foyer et le foyer maintient l'école dans ces traditions de l'esprit domestique qui doivent se mêler, dans l'éducation comme dans la vie, à toutes les pensées de la femme !

Que les cours de M. Lévi Alvarès fils soient donc les bienvenus dans Versailles capitale.

A ARON.

L'ENSEIGNEMENT DES FEMMES EN FRANCE

Par le Dr WYCHGRAM

PROFESSEUR A L'ÉCOLE SUPÉRIEURE DE JEUNES FILLES DE LEIPZIG [1]

En 1820, M. Lévi Alvarès fonda ses Cours d'éducation maternelle qui arrivèrent peu à peu à une véritable
célébrité. Les mères assistaient aux cours. La personnalité de M. Lévi Alvarès, au jugement et au témoignage
des Contemporains, exerçait une impression extraordi-
naire et saisissante. C'est ce que confirme M. Gréard
dans son rapport sur l'enseignement secondaire en
France. Le succès de ces Cours fut immense. Leur fondateur reçut la croix de la Légion d'honneur, proposée
par M. Guizot, et cela au milieu des applaudissements
de la presse et des familles.

1. 1886, Librairie Georges Reichardt, p. 63.

ART D'ENSEIGNER

DE LA LEÇON

DANS L'ENSEIGNEMENT ÉLÉMENTAIRE ET SECONDAIRE

(1834)

L'art d'enseigner n'est pas aussi facile qu'on le pense ordinairement ; celui ou celle qui entrerait *forcément* dans la carrière professorale, n'obtiendrait jamais de succès. Nous ne parlons pas seulement de la variété et de la solidité des connaissances nécessaires ; sous ce premier point de vue, peu de professeurs et moins encore d'institutrices donneraient des garanties suffisantes, nous ne parlons pas des qualités physiques, intellectuelles et morales qu'on doit avoir, plus tard nous en détaillerons les exigences ; mais ce qu'il est rare de rencontrer, c'est ce dévouement, cette vocation décidée, cette paternité qui *amènent à soi les petits,* qui donnent cette abnégation de tout amour-propre, qui font descendre au plus bas degré de l'intelligence enfantine, pour monter peu à peu avec elle jusqu'au sommet, sans étaler une science de mots techniques, aussi étrangers à l'enfant que s'ils appartenaient à l'hébreu ou au chinois.

Qu'on réponde franchement, est-on professeur ou institutrice, quand on se borne à faire réciter machinalement une pièce de vers, ou des définitions grammaticales, géographiques ou historiques? Est-on professeur, quand on passe des heures entières à faire des dissertations sur des faits hors de la portée de son auditoire plus ou moins endormi? Est-on professeur, quand on reste cloué à son fauteuil, remuant seulement les lèvres, et cherchant à donner à sa phrase préparée, toute l'élégance, toute la correction d'un discours académique? Non... cent fois non... Vous pouvez être, Messieurs, d'une érudition profonde, vous pouvez avoir pâli sur les livres de l'antiquité, avoir même fait des découvertes scientifiques et littéraires dont le monde savant vous remerciera, mais de grâce, briguez une place à l'Institut, ou faites-vous docteurs en Sorbonne; nos humbles fonctions ne vous conviennent nullement; c'est au coin du feu, dans le silence du cabinet, que vous élaborez vos chefs-d'œuvre; la classe est l'arène du pédagogue. Pour lui, il ne s'agit pas seulement de produire, mais de faire produire : il doit être toujours en action, son œil doit interroger tous les yeux, deviner toutes les pensées pour les diriger en dehors, les faire sortir, les revêtir d'une forme ; ses acteurs ne seront jamais muets, jamais en repos ; il les tiendra toujours en haleine, les pressera, les harcèlera, les mènera à son gré, pour que cette cervelle si fraîche soit remuée dans tous les sens, et soit prête à recevoir une semence profitable, — tantôt prenant un air grave, le silence le plus profond lui permettra de donner des avis avec toute l'autorité d'un maître ; — tantôt, la sécurité, la confiance ayant rassuré tous les cœurs, il parlera avec la bienveillance d'un père ; l'hilarité même bruyante, provoquée par quelques mots plaisants, par quelque repartie originale, par quelque anecdote piquante, le fera rire avec ses élèves, et alors on le croira un frère, un ami.

Croyez-vous qu'on puisse, de prime abord, passer du *grave* au *doux*, du *plaisant* au *sévère* ? Il faut une grande expérience du caractère des enfants pour atteindre au but désiré ; il faut surtout aimer sa profession, et ne la pas embrasser comme un pis aller ou comme une simple spéculation. — Quant aux femmes, nous croyons franchement que cette *partie dramatique* de l'enseignement n'est pas de leur domaine. Nous ne contestons nullement leurs capacités, leurs qualités essentielles ; elles ont, plus que les hommes, la patience, le dévouement, l'art d'entrer dans les détails ; excellentes pour suivre une direction, nous sommes obligés de le dire, nous ne pensons pas qu'elles puissent embrasser les généralités, faire mouvoir les masses, imposer à un concours de jeunes filles, par la parole et par l'action; la nature et le caractère de leur sexe, aussi bien que les bornes de leur instruction, s'y opposeraient toujours; c'est d'ailleurs encore une opinion que nous développerons bientôt, en l'appuyant sur des faits. Voilà ce que nous avons à dire, quant à présent sur le *drame* dans les leçons. — Comme nous ne croyons pas aux succès de l'enseignement sans *cette action continuelle*, nous reviendrons souvent sur le même sujet, appelant d'ailleurs les discussions sur ce terrain neuf encore.

LES CAHIERS

AUX COURS D'ÉDUCATION MATERNELLE

Les Cahiers à nos Cours avaient une grande importance, nous demandions qu'ils fussent tenus avec le
plus grand soin ; proprement, bien écrits, disposés
avec goût.

Chaque spécialité avait son cahier ; nous pensions
que c'était donner aux élèves l'habitude du goût, de
l'ordre, de l'harmonie et que les études elles-mêmes
profitaient de cette sorte de discipline classique. Ce
que l'on écrit se retient mieux ; les yeux, frappés par
de belles formes, viennent en aide à la mémoire. Nos
cahiers contenaient des tableaux synoptiques, des généalogies, des cartes de géographie.

Nous exigions que l'écriture fut très lisible ; très
nette, variée dans ses formes ; *la ronde, la gothique*
étaient fréquemment employées, c'est-à-dire que *la cal-
ligraphie* avait sa place dans nos programmes. Ce que
nous appelions le *cahier de notes* était tout particulier
à nos Cours ; il contenait les différentes notions, les

faits, les observations, les pensées qui frappaient dans les lectures, les observations, les documents qui étaient présentés dans la leçon orale, c'était une espèce de *mémoire écrite* qui pouvait présenter tout d'abord une sorte de confusion, une macédoine qui semblait sans lien, sans rapport, mais que l'intelligence pouvait, à son gré, unir et reconstituer en une unité facile à saisir. Nous prenions souvent ce cahier de notes et nous nous plaisions, dans une causerie avec nos élèves, à chercher par l'association des idées, à former ainsi un tout de ces notes disparates ; il y avait là une gymnastique intellectuelle qui fortifiait les esprits.

Tous ces cahiers étaient réunis par la reliure à la fin de l'année et formaient une petite bibliothèque personnelle que l'on conservait dans les archives de la famille et qui se transmettait de la mère à la fille, perpétuant ainsi le souvenir des années d'étude passées aux Cours d'éducation maternelle.

L'ENSEIGNEMENT DU PREMIER AGE

LANGUE MATERNELLE — NARRATION HISTORIQUE

Tous les hommes de génie qui ont écrit sur l'éducation, ont insisté fortement sur le *danger* de laisser *l'enfant* dans une inaction intellectuelle complète, et sur les *avantages* de cultiver dès le berceau, pour ainsi dire son cœur et son esprit en même temps que sa *santé*, afin de former en lui de bonnes habitudes ; citons quelques-unes de leurs opinions :

« *L'avenir* d'un enfant est toujours l'ouvrage de sa mère. » (NAPOLÉON.)

« Les *premières leçons* décident souvent de toute la destinée de l'homme et de la femme. » (PESTALOZZI.)

« Un *enfant* formé à l'école de l'indifférence des mères, leur marchandera plus tard la dernière bouchée d'un pain amer. » (KÉRATRY.)

« L'enfant est un curieux objet d'observation ; au-dessous même de l'âge où la pensée commence, où l'homme naissant à peine en est encore à l'instinct, *il peut y avoir déjà éducation.* » (CHATEAUBRIAND.)

« Autant les préjugés de l'enfance sont pernicieux quand ils mènent à l'erreur, autant ils sont utiles lorsqu'on accoutume l'imagination à la vérité, en attendant que la raison puisse s'y tourner par principe. » (FÉNELON.)

« Eh quoi ! parce que l'enfance est un état de faiblesse, le soin de la perfectionner serait-il un emploi bas et honteux ! » (BACON.)

« Rien n'entre par force dans l'esprit, mais tout y entre au moyen du plaisir : l'éducation de l'enfant doit être une espèce de jeu, si l'on veut la rendre utile. » (PLATON.)

Ces vérités sont incontestables ; cependant un grand nombre de mères, par crainte ou par ignorance, se refusent à les mettre en pratique. Qu'elles y réfléchissent ! Elles sont responsables de cette première direction d'où dépendent les penchants, les vertus et les vices. Ces mots : *nous avons le temps*, qui sortent souvent de leur bouche trop aimante, ont eu, à toutes les époques, les plus funestes conséquences, et peut-être que les hommes et les choses d'aujourd'hui en sont une preuve déplorable.

Il n'en sera pas de même de la génération nouvelle, nous en avons pour garants ces jeunes femmes sorties de nos Cours qui, soit à Paris, soit dans les départements, nous demandent pour leurs *petites filles* la même direction morale et intellectuelle dont elles ont si dignement profité. Nous avons accepté avec bonheur, avec dévouement une tâche aussi honorable que délicate ; car il est difficile de se faire enfant ; mais, inspiré des excellents modèles qui nous entouraient, nous identifiant avec la tendresse et la patience des mères, avec la bonté et les fraîches émotions *de la petite fille*, nous avons lieu de nous applaudir du résultat que nous avons obtenu, et que les amis de l'enfance peuvent venir vérifier.

Nous ne parlerons que des avantages de ce système mixte, de cette alliance salutaire de *l'éducation privée* et de l'*éducation publique*, pendant quelques heures de la semaine et toujours sous la surveillance active et le concours éclairé de la mère, — de ce tempérament donné à l'exaltation souvent nuisible de l'amour maternel, — de cette succession logique d'exercices moraux et intellectuels imprimée aux études par des hommes, qui, *professant en pères* depuis bien des années, connaissent le champ de l'enfance et savent y semer à propos le grain du cœur et de l'esprit. — Ce ne sont plus des essais.

Nous voulons seulement rassurer la sollicitude des Mères qui ne connaissent pas notre enseignement et nos principes. — La nature est notre seul guide *dans ces premières directions*, c'est le plus sage. Nous demandons la plus grande somme de développement physique, d'exercices gymnastiques bien entendus, de jeux, de promenades propres à fortifier le *corps* et capables d'aider puissamment à la *vie matérielle ;* mais en vue de la *santé* même et de la conservation des forces physiques, et pour ne pas livrer exclusivement les *petites filles* à l'impétuosité naturelle de leurs goûts, à la bizarrerie trop souvent tolérée de leurs caprices, nous donnons une direction utile à leurs facultés, nous exerçons leur intelligence, nous transformons leurs premiers plaisirs en premiers moyens d'instruction ; nous leur présentons les *éléments des choses* sous une *forme sensible* et souvent à *leur insu,* et sous un *plan rationnel.*

Loin de parler à leur *mémoire locale seule,* ce qui en ferait des *petits perroquets amusants,* mais *orgueilleux,* nous les accoutumons à diriger leurs regards sur l'horizon changeant qui les circonscrit ; et, le multipliant successivement, nous leur donnons une idée de l'immensité de l'espace qu'elles auraient à parcourir, et des objets qu'elles auraient à connaître, si nous pouvions *tout voir* et *tout savoir.* C'est dès le début les prémunir contre les dangers de la vanité. — Enfin, tout dans notre système tend à l'acquisition des *bonnes actions,* des *bonnes pensées* et des *bonnes paroles.* — Est-ce bien préparer l'avenir d'une femme ?

Des livres méthodiques rédigés, nous dira-t-on, auraient remédié à cet inconvénient ; mais c'était résoudre une difficulté par une autre, car nous ne connaissions aucun ouvrage de ce genre où l'Histoire parlât le langage qui convient à la première enfance, comme nous

nous étions efforcés nous-mêmes de le faire dans nos narrations.

Ce n'était d'ailleurs ni des résumés, ni des précis, encore bien moins des abrégés par demandes et par réponses qu'il nous fallait : les uns étaient trop secs pour être intéressants, les autres trop savants pour être compris ; les derniers enfin étaient d'une naïveté trop niaise pour que nous eussions l'idée de les placer sous les yeux de nos élèves ; il nous fallait à tout prix, rompre avec la routine, cette vieille et incorrigible ennemie du progrès ; et ce n'était point d'ailleurs des noms propres et des dates que nous demandions, c'était la synthèse de l'Histoire, qui devait nous conduire plus tard à l'analyse.

Ce fut dans ces circonstances que parurent les premiers volumes du *Cours d'Histoire racontée aux enfants* par M. Lamé-Fleury. Déjà goûtés du public et rapidement propagés, parce qu'ils répondaient à l'un des besoins les plus urgents de notre époque, en mettant l'Histoire à la portée des plus jeunes intelligences, nous nous empressâmes de les accueillir, et l'heureuse application que nous en fîmes dans nos Cours vint nous convaincre que nous n'avions point trop présumé de leur utilité.

Un style simple et naturel, dans lequel sont exposés, sous une forme dramatique, les récits les plus propres

à intéresser les élèves ; une sorte de philosophie assez
élevée pour permettre des développements opportuns,
mais jamais au-dessus de la portée d'un enfant ; des
considérations exactes sur les peuples, les rois, les
vicissitudes des empires, les mœurs, les idées caracté-
ristiques de chaque nation et de chaque époque ; les
connaissances historiques constamment présentées
sous le point de vue où les ont placées les recherches
modernes ; des notions de morale appropriées à l'enfance, nous semblèrent renfermer assez de garanties
de tout genre, pour les adopter sans restriction, et
aujourd'hui que des publications successives en ont
fait un *Cours complet d'enseignement historique,* nous
félicitons sincèrement l'auteur des améliorations no-
tables qu'il ne cesse d'y introduire, particulièrement
en graduant sa narration, et *en grandissant son style,*
comme il le dit lui-même dans une de ses préfaces,
avec les élèves auxquels il s'adresse Ce style simple et
naïf, mais toujours correct et ennemi de la trivialité,
a été, nous ne l'ignorons pas, l'objet de quelques observations, nous pourrions dire de quelques critiques
qui ne nous ont point paru fondées.

On a reproché à l'auteur des *Histoires racontées* de
suivre de trop près le langage ordinaire de la vie, de
fuir les images, les tropes ; on ne lui a pas tenu compte
de la difficulté que l'on éprouve à écrire pour des

enfants, lorsqu'on se propose surtout de prévenir les questions embarrassantes qu'ils pourraient être tentés de faire. On a oublié que les faits qu'il raconte sont dans tous les livres qui, jusqu'à présent, ont été sans utilité réelle pour l'instruction élémentaire, parce qu'ils étaient rédigés comme pour des personnes raisonnables, et que la lucidité d'un style simple et sans prétention, lorsqu'on parle à des enfants, est un mérite auquel on ne saurait trop sacrifier.

Les personnes qui ont adressé ces reproches aux *Histoires racontees* ont-elles lu quelquefois les chroniqueurs français, les pères de notre histoire, qui *devisent* toujours simplement, sans phrases, sous l'influence du moment, des événements dont ils ont été acteurs ou témoins ? Ont-elles étudié notre Grégoire de Tours, notre Frédégaire, et Ville-Hardouin qui nous représente toujours *plorant* les paladins de la quatrième croisade, dont il fut un des héros ; et le bon Jehan, sire de Joinville, si naïf dans ses récits, lorsqu'il nous *conte les granz faits et de la chevalerie du saint roi Loys,* et Monstrelet, et Froissard, et le malin Brantôme lui-même.

C'est que ces historiens écrivaient à une époque où la science de l'Histoire était encore au berceau ; c'est qu'ils s'adressaient à une nation enfant elle-même sous le rapport de la civilisation comme nous nous adressons aujourd'hui à un auditoire d'enfants dont nous voulons surtout être compris.

L'auteur des *Histoires racontées*, étranger par état à la pratique de l'enseignement, aurait pu prendre pour épigraphe ces paroles d'un écrivain moderne que le malheur et le talent ont rendu cosmopolite : « J'eus beaucoup d'inclination pour les enfants, et la mission d'instituteur m'a toujours paru un ministère sublime. »

Ce sont donc les *Histoires racontées* de M. Lamé-Fleury qui nous servent dans nos premières leçons de *langue française ;* c'est au moyen de ces *narrations historiques* que nous ferons acquérir aux enfants l'habitude de s'énoncer correctement et facilement.

SUR LA GRAMMAIRE

C'est ici la partie la plus délicate de l'enseignement.
Si nous disions : Les exercices que nous avons indiqués
jusqu'ici font partie de la Grammaire, on se récrierait,
tant la routine a de profondes racines, et cependant
qu'avons-nous fait? Nous avons pris des mots, nous
avons cherché à les comprendre, à les lier entr'eux, à
les orthographier; nous avons exprimé nos pensées, et
pour cela, il a bien fallu faire des phrases ; nous avons
nommé les objets, nous les avons *qualifiés*, pour éviter
les répétitions nous les avons *représentés* par des petits
mots, *je, soi, il, elle, etc.* ; nous avons exprimé leur
existence ou *leur action*, souvent nous avons indiqué
des *rapports*, des circonstances, des liaisons ; enfin, il
est parti de notre âme des signes *d'admiration, d'éton-
nement* ; — toutes les parties du discours nous sont con-
nues implicitement ; — il s'agit sans doute de leur
donner un nom, de les définir exactement, et c'est là
une difficulté si grande que, jusqu'ici aucun professeur
n'a pu le faire d'une manière satisfaisante. — Qu'on ne
sourie pas en nous lisant : rien n'est plus ordinaire que

d'entendre des petits bambins répéter machinalement
le nom est un mot, le verbe est un mot, etc., et toute
la kirielle des définitions grammaticales ; mais nous
assurons nous, n'en déplaise aux mères, aux maîtres,
aux institutrices, tous dans le ravissement de cette
mémoire étonnante, que c'est de l'*arabe* pour ces petites têtes ; et une langue étrangère, disons-le, pour
des têtes plus grandes. — Comment pas de grammaire,
pas de définitions grammaticales aux enfants ! Non. —
Vous qui marchez depuis trente ou quarante ans, qui
mangez depuis autant d'années, définissez-nous, je
vous prie, les lois de l'*équilibre* et de la *mastication* que
vous devriez connaître, car à votre âge, on peut vouloir
se rendre compte de ses actions et de ses pensées.
Mais à sept, huit et neuf ans, laissez-là la *philosophie
du langage*, car la grammaire n'est que cela, et réser-
vez-la pour l'âge de raison. — En attendant, faites
bien parler et bien agir les enfants ; qu'ils sachent à
leur insu beaucoup de choses, et ne donnez à leur mémoire que ce que leur entendement peut recevoir.

Nous ôtons à la couronne de quelques professeurs et
de beaucoup d'institutrices, un beau fleuron, car j'en
ai vu qui se vantaient d'avoir des enfants de six à sept
ans faisant parfaitement l'*Analyse logique et grammaticale.* — Nous ririons volontiers de cet orgueil si les
conséquences n'en étaient pas préjudiciables à l'enfant ;

nous ne saurions trop prémunir les parents contre ce charlatanisme qui a sa source dans l'ignorance ou dans l'oubli de ses devoirs. — Les journées entières que l'on passe à ces exercices pernicieux pour l'intelligence, devraient être employées au développement du corps par des courses, des jeux, et au développement de l'esprit par des causeries faciles qui préparent le terrain. Là est *le bien*, hors de là, *le mal*.

LEÇONS SUR LES BEAUX-ARTS

ALLOCUTION ADRESSÉE A M. DE NEWERKERQUE, DIRECTEUR GÉNÉRAL
DES BEAUX-ARTS

*Lettres reçues après la séance du 22 juillet 1852
où M. Lévi avait lu l'emploi des vacances.*

M. Lévi, pour compléter ses leçons sur les beaux-arts, avait
eu la pensée de conduire ses élèves des cours supérieurs
aux Musées du Louvre, dans des visites régulières, devant
les chefs-d'œuvre des grands Maîtres. Il parla de ce projet à
M. Galoppe d'Onquaire, secrétaire de M. de Newerkerque.

A une séance qui réunissait les mères et les jeunes filles
des cours, à la fin de chaque année scolaire, M. Lévi rece-
vait la lettre suivante :

CHER MONSIEUR,

En quittant, bien à regret, votre délicieuse séance,
je viens de plaider votre cause et celle de vos charmantes élèves. M. le Directeur général, toujours porté
à favoriser ce qui contient le germe d'un progrès véri-

table, et voulant aussi être agréable à un homme tel que vous, permet que *deux fois par mois*, vous ayez à votre disposition toutes les salles du Louvre, de quatre à cinq heures, quand le public en sera sorti.

Vous pourrez ainsi ajouter un nouveau Cours à ceux que, déjà, vous avez su rendre si utiles et si intéressants.

Je m'empresse de vous l'annoncer, afin que vous puissiez en faire part à vos gracieuses élèves.

GALOPPE D'ONQUAIRE,
Secrétaire de M. le Directeur des Beaux-Arts.

D'après cette lettre flatteuse, M. le professeur LÉVI-ALVARÈS, accompagné de ses nombreuses élèves mariées et non mariées, se rendit, le 6 décembre, au Louvre, où, en l'absence de M. le Directeur général, il fut reçu par M. le comte de Vieil-Castel, conservateur du musée des souverains. Grâce à la courtoisie et à l'érudition de ce savant fonctionnaire, cette visite a laissé de profitables souvenirs dans la mémoire de tous; il est de ces conversations qui deviennent des leçons utiles.

(*Note de M. Lévi.*)

Voici l'allocution de M. Lévi :

MONSIEUR LE DIRECTEUR GÉNÉRAL,

Vous voyez devant vous les dames et les jeunes personnes de nos Cours supérieurs d'Éducation Mater-

nelle ; cette réunion de quelques familles d'élite, représente ce que la Société a de plus sacré, de plus noble,
de plus cher : des *mères*, des *épouses*, des *filles*.

Elles viennent vous remercier, Monsieur le Directeur général, d'avoir bien voulu les mettre à même
d'étudier, en les admirant, les chefs-d'œuvre de la
peinture, avec le calme de la réflexion, et loin de la
foule tumultueuse, indifférente et souvent indiscrète.

Vous avez compris, M. le Directeur général, la position exceptionnelle et la mission tutélaire de la jeune
fille bien élevée, dont l'instruction doit être couronnée
par l'étude du beau dans les arts, qui élève à la fois le
cœur et l'intelligence.

Vous avez pensé, avec nous, qu'une telle étude a sa
base dans un examen raisonné ; que le véritable *amateur*, quel que soit le sexe, puise ses appréciations dans
un sentiment exquis et vif des belles choses ; qu'il est
guidé par une oreille délicate ou des yeux éclairés.
Quand on veut dignement sentir et juger *Beethoven*,
Racine ou *Raphaël*, c'est Beethoven qu'il faut *entendre*,
Racine qu'il faut *lire*, Raphaël qu'il faut *voir*.

De plus, vous avez deviné, en quelque sorte, la marche et le but de nos conférences instructives, qui commencent leur trentième année ; comme nous, vous avez
dit : « *Toutes les connaissances s'enchaînent. L'Éducation de la femme influe sur la Société.* »

Pouviez-vous faire autrement, Monsieur le Directeur général, vous dont le savant ciseau a caractérisé avec tant de bonheur le *philosophe moraliste* qui a résumé le travail de l'esprit humain dans ce seul mot : *observer* ; et le *héros législateur* qui disait : « L'avenir d'un enfant est toujours l'ouvrage de sa mère ; » *Descartes* et *Napoléon*, ces deux génies organisateurs qu se sont révélés à vos méditations !

Grâces donc vous soient rendues, Monsieur le Directeur général, pour le haut privilège dont vous nous avez honorés ! L'éducation des jeunes personnes vous devra un complément précieux, dont l'heureuse idée, en portant des fruits dans l'avenir, ne sera pas un des moindres bienfaits de votre direction éclairée.

Croyez, Monsieur le Directeur général, à la profonde reconnaissance du Professeur et des Élèves.

Le lendemain M. Lévi reçut cette lettre de M. le Directeur général.

MONSIEUR,

J'ai lu le discours que vous vous proposiez de m'adresser lors de la visite que vous avez faite au Musée du Louvre. Je vous remercie de tout ce qu'il contient de flatteur pour moi personnellement, et j'approuve complètement les principes d'éducation qui y sont exposés.

J'ai vivement regretté que mes devoirs administra-
tifs m'aient privé du plaisir que je me promettais, en
vous faisant, Monsieur, ainsi qu'à vos Élèves, les honneurs du Musée. Il fallait une impossibilité absolue,
pour me faire manquer à cet agréable rendez-vous
dont j'eusse été charmé de profiter, afin de vous donner,
par là même, un témoignage de mon estime.

Veuillez agréer, Monsieur, l'assurance de ma considération très distinguée.

De Newerkerque.

C'est ainsi que pendant une année, M. Lévi conduisit au
Musée deux fois par mois, ses élèves des cours supérieurs,
et qu'il publia le petit volume du *Salon carré*, pour les aider
dans les études artistiques.

ALLOCUTION

AU COURS NORMAL DES INSTITUTRICES

A L'HOTEL DE VILLE — 15 AOUT 1835[1]

Tout parle aujourd'hui d'amélioration dans les études. *Nouvelle méthode,* c'est le mot qui retentit du plus petit hameau aux plus grandes villes.

Les vieilles routines qui ralentissent la marche des esprits sont attaquées de toutes parts. Chaque professeur se fait un devoir, un honneur, de porter son tribut au nouveau monument que l'on élève à l'intelligence humaine, et l'on voit s'augmenter chaque jour le nombre des amis de la jeunesse, qui consacrent leurs veilles à frayer à l'enseignement une route plus sûre, plus rationnelle, plus en harmonie avec les besoins du siècle. Rester en arrière serait une honte pour les gens du monde ; ce serait un crime pour ceux qui ont pour but l'instruction de leurs semblables.

C'est une espèce de magistrature qu'ils exercent: leur influence peut être salutaire ou funeste, suivant la marche qu'ils adoptent. Qu'ils y prennent garde,

1. Ce Cours normal de l'Hôtel de Ville réunissait près de six cents institutrices dans la salle Saint-Jean.

dans ce mouvement intellectuel ils ne peuvent rester stationnaires ! Je leur dirai :

« Pour bien donner une leçon, c'est plus que de
» l'instruction qu'il faut ; c'est la réunion de qualités
» rares, parce qu'elles se trouvent difficilement dans
» la même personne; c'est de l'esprit, du goût, du tact ;
» tantôt de la gravité, de la sévérité même, tantôt du
» laisser-aller, de la familiarité ; un langage quelquefois
» savant, solennel, pour imposer, pour émouvoir ; le
» plus souvent, une parole douce, facile, insinuante,
» enjouée, pour plaire, toucher et convaincre ; c'est de
» l'adresse à faire des questions imprévues et qui se
» rattachent cependant à l'objet de la leçon.

» Vous qui enseignez, soyez en un mot :

» Pères ou mères, afin qu'on vous respecte et qu'on
» vous aime ;

» Frères ou sœurs, afin qu'on ait confiance en vous ;

» Amis ou amies enfin, pour qu'on tolère vos
» défauts, et qu'on puisse, sans rougir, recevoir vos
» réprimandes sur les siens. »

Je sais bien que l'embarras est grand parmi ces méthodes qui s'annoncent toutes pompeusement et presque toujours avec le funeste appareil du charlatanisme. Que faire? les essais sont souvent dangereux !

. . . . . Mais ne faudrait-il pas prévenir les imaginations exaltées et novatrices contre les rêves qui tien-

nent malheureusement à des spéculations indignes de
ceux qui se livrent à la noble et délicate fonction d'é-
clairer la jeunesse ? Les rouages que l'on fait mouvoir
sont cachés avec soin, et les yeux fascinés n'aperçoi-
vent que le jeu merveilleux de la machine. Voyez les
prospectus pompeux, les affiches ambitieuses : les
connaissances y sont à jour fixe ; en moins d'un mois,
en moins de huit jours ; on peut savoir lire, écrire,
calculer, orthographier, dire les dates les plus difficiles
de l'histoire, et pour peu que la rivalité enflamme le
génie de nos inventeurs, une instruction complète s'acquerra en quelques minutes. La philanthropie ne peut
aller plus loin. Nous sommes maintenant au siècle de
la *méthodomanie*. Les faux prophètes tomberont, dites-
vous ; le bon sens en fera justice ; mais, en attendant
que les miracles s'opèrent, les dupes admirent et
payent et, ce qui est irréparable, nos enfants perdent
leur temps.....

Resterons-nous donc froids, lorsqu'on sacrifie ainsi
l'avenir de nos enfants victimes de la routine ou du
charlatanisme, lorsqu'on entoure de langes leurs
jeunes intelligences qui ne demandent que de l'aisance,
de la liberté et du développement, ou lorsqu'on les
aveugle pour vouloir les éclairer trop vite ?

Grâce à vous, mesdames, vos élèves auront grandi
en esprit, en caractère, en raison ; vos élèves seront

des femmes dignes de paraître dans la société avec les
qualités qu'elles devront à vos lumières et à votre prudence. Ce ne seront point de petits perroquets, de
petites pédantes qui auront d'autant plus de vanité
qu'elles auront plus d'ignorance ; ce ne seront pas des
femmes futiles qui, dans leur ménage, n'apporteront pour
dot morale et intellectuelle qu'une romance plaintive
ou les *brillantes variations de Herz*. A moins d'une
destination spéciale, les arts d'agrément qu'elles auront
appris ne seront pour elles que d'aimables accessoires,
d'utiles préservatifs contre l'ennui, la solitude, ou de
charmantes distractions de société qui feront ressortir
davantage leur instruction, leur goût et leur bon sens.

Les hommes trouveront, auprès de ces jeunes filles
devenues leurs compagnes, de nobles jouissances dans
leurs longs jours, des consolations dans leurs chagrins,
des conseils dans leurs entreprises, des soins assidus
dans leurs souffrances. Car, vous le savez, mesdames,
les femmes ne sont point des passagers indifférents
dans le vaisseau de l'État : elles influent trop sur leur
siècle et sur leur pays pour les laisser dans l'ignorance
des graves intérêts de l'humanité. Aujourd'hui plus
que jamais elle doivent comprendre leur position
sociale ; une ère nouvelle a commencé pour elles ; il faut
qu'elles apportent leur tribut à la commune famille ;
appelées au partage du bonheur de l'homme, elles le

sont aussi au progrès de son intelligence. Une éducation solide, une instruction sagement dirigée, une religion douce et tolérante les disposeront à ce dévouement, à ce courage dont elles ont tant besoin dans les différentes épreuves de la vie !

Le règne de la beauté et des caprices cesse ; bientôt l'âge de l'enchantement s'enfuit comme l'ombre, et si le bon sens, les qualités morales et religieuses, l'esprit cultivé ne sont pas là pour succéder au ravage du temps, que reste-t-il ? Aux unes, des conversations frivoles, languissantes, ennuyeuses ; aux autres, des regrets et des larmes, peut-être la misère ; car dans un siècle où la main de fer des révolutions et des épidémies renverse les fortunes et décime les populations, quelles ressources trouvera la mère de famille qui n'aura pas pour la sauver du naufrage, elle et ses enfants, le secours de l'éducation et de l'instruction ?

C'est surtout à vos élèves les plus âgées que vous devez tenir, mesdames, ce langage sévère, triste sans doute, mais vrai. Ne dirait-on pas qu'il dût se passer des années entières entre les bancs d'une classe et l'autel de l'hymen ! Et lorsque vous voyez cet intervalle franchi de la veille au lendemain, quelles réflexions profondes ne faites-vous pas ? Il ne s'agit de rien moins que du bonheur ou du malheur de la vie : la société tout entière y est intéressée.

ALLOCUTION AUX MÈRES DE FAMILLE

DES COURS D'ÉDUCATION MATERNELLE

A l'occasion d'un article du journal des Débats *sur les Cours
de Jeunes Filles, le jeudi 6 août 1840.*

———

CARACTÈRE DES COURS
RÉPONSE AUX CRITIQUES — LES MÈRES ET LES FILLES

———

MESDAMES,

L'instruction des femmes est en progrès ; à aucune
époque, cette question intéressante n'a excité une plus
profonde sympathie ; jamais on n'a vu s'élever en sa
faveur autant de voix éloquentes. Les législateurs de
l'enseignement en ont consacré le bienfait ; les académies ont plusieurs fois couronné des ouvrages remarquables sur ce grave sujet ; et tout récemment la
muse correcte et touchante d'une bonne mère a reçu
la palme de l'éloquence, pour avoir dignement ap-
précié les nobles pensées de la plus sensible et de la
plus spirituelle des mères du xviiᵉ siècle [1].

1. Mᵐᵉ Tastu, femme de lettres : *Eloge de Mᵐᵉ de Sévigné,* couronné par l'Académie, 1840.

Nous l'avons dit, dans les considérations que nous avons eu l'honneur de vous soumettre chaque année : « La plus précieuse conquête que la femme ait faite dans ces derniers temps, c'est sans contredit la faculté qu'elle commence à partager avec l'homme, d'être admise à un développement plus large de l'intelligence. »

Elle devra à ses progrès dans cette voie nouvelle, le complément de son caractère d'institutrice-née de ses enfants, et le bonheur de pouvoir se montrer effectivement tout à fait mère.

Cette tendance générale vers *l'éducation maternelle,* nous l'avons appelée de nos vœux, hâtée de nos efforts, impatient que nous étions de prouver, en apportant notre faible tribut, que, dans l'état actuel de notre société, c'est le foyer domestique qu'il faut raviver, c'est la mère qu'on doit entourer de toutes les sympathies et de tous les respects ; que c'est elle surtout qui, par l'estime qu'inspireront à ses enfants son dévouement et sa raison éclairée, ranimera la foi éteinte, excitera dans les cœurs de nobles sentiments, en remplaçant le froid égoïsme par les affections fraternelles. Alors seulement « les femmes se serviront de leur » *bon sens éclairé* contre les faiblesses du cœur, » contre les égarements de l'imagination, contre » l'ennui, le désœuvrement, la vieillesse et le

» malheur ; alors seulement les hommes trouveront
» auprès d'elles de pures jouissances dans leur bien-
» être, des consolations dans l'adversité, de bons con-
» seils dans leurs entreprises, des soins assidus dans
» leurs souffrances. Et qu'aura-t-il fallu pour atteindre
» ce but tant désiré ? Une éducation et une instruction
» en rapport avec la noble mission de mères qu'elles
» auront un jour à remplir. »

Le temps est venu d'examiner, avec la certitude
d'un résultat utile et prochain, la question importante
et difficile de l'enseignement qui convient aux femmes,
dans l'éducation privée et l'éducation publique, pour
faire cesser les abus affligeants que l'on signale chaque
jour. Vous connaissez, mesdames, mes convictions à
cet égard.

Mais quels que soient le système et les moyens
qu'on adopte, la grande figure de la mère planera
comme un génie bienfaisant sur toutes les améliorations
modernes.

Oui, la seule éducation naturelle, convenable pour
les jeunes filles, lorsque les exigences de position ou
de santé ne s'y opposent pas, c'est l'éducation domestique, c'est l'éducation par la mère.

Entendons-nous cependant, et ne confondons pas
les peuples et les époques : une éducation solitaire,
ignorée, obscure, individuelle, comme celle que rece-

vaient les femmes grecques, serait une anomalie dans nos mœurs ; et, sans développer ici toute ma pensée, j'ajouterai qu'elle serait superficielle, incomplète, égoïste, pour ne pas dire dangereuse, car le cœur et l'esprit manqueraient de cet aliment salutaire que donne l'émulation bien dirigée.

Que la jeune fille ne quitte jamais sa mère, rien de mieux ; mais qu'elle soit élevée pour la vie sociale, à laquelle on la destine ; faites-lui un petit monde choisi qui grandisse et se perfectionne avec elle ; et, pour activer son esprit, donnez-lui *un prêtre de l'intelligence*, comme vous lui donnez *un prêtre de la foi* pour éclairer son cœur.

Nos conférences amicales et instructives rassurent votre sollicitude maternelle. Ce ne sont, vous le savez, que des *vérifications hebdomadaires* du travail de vos enfants. Pendant deux heures, sous la direction d'un professeur, *père de famille*, et sous vos yeux qui les encouragent, elles présentent le fruit de leurs modestes recherches ; s'exercent à bien faire et à bien dire, soit dans les arts, soit dans les sciences ; et s'en retournent avec vous, munies d'indications nouvelles. Rien de plus simple, de plus touchant, de plus moral, de plus utile, je dirai même de plus politique, que cette intervention de la mère dans les études comme dans les plaisirs ; et déjà deux générations de jeunes filles justifient les succès de cette méthode à la fois individuelle et simultanée.

Eh bien, Mesdames, ces examens d'intérieur qui vous laissent tous vos droits, toutes vos prérogatives, qui ne reçoivent d'influence salutaire que de votre surveillance immédiate, ce système mixte qui fortifie votre faiblesse, soutient votre justice, charme et sanctifie vos instants de loisir, et — permettez-moi de vous le dire — éclaire vos pas dans le sentier progressif des arts et des sciences ; ces cours *d'éducation maternelle* qui ont eu d'augustes encouragements et l'honneur des éloges de la tribune nationale, qui jouissent à la fois de la sanction du temps et de l'opinion : eh bien ! des hommes que leurs fonctions publiques appelaient à les protéger, les ont dépeints comme frivoles, et attaqués comme dangereux !

Il nous semble que, pour parler convenablement de l'éducation des femmes, pour donner des conseils aux mères, il ne suffit pas de jeter avec esprit sur le papier des théories répétées mille fois, et mille fois jugées impraticables. Il faut avoir médité longtemps, s'être exercé longuement par des études spéciales, avoir vécu avec et pour la jeunesse, s'être identifié avec son caractère, avec ses dispositions naturelles ; s'être fait tour à tour jeune fille, épouse et mère, si je puis le dire, avant de se donner la mission de régénérer *l'éducation* des femmes.

« Croyez-moi, dirai-je à ceux qui nous critiquent :
si, livrés jusqu'ici à d'autres travaux où vous avez acquis
un nom estimé, vous n'avez étudié les femmes que dans
un salon, en échangeant avec elles de douces et flat-
teuses paroles ; si vous n'avez jamais pratiqué le grand
art de diriger les jeunes esprits ; si jamais les bancs
d'une école ne vous ont vus enfant avec les enfants ; si
les cordes de votre cœur n'ont jamais vibré paternelle-
ment, que voulez vous savoir, que pouvez-vous enseigner ? Vos pensées seront celles d'un homme du
monde ; vos écrits pédagogiques, ceux d'un amateur ;
et vos pensées et vos écrits seront faux et légers
comme sont fausses et légères ces courtoises adulations
que dans les sociétés futiles on adresse en papillonnant.

» De grâce, allégez-vous d'un fardeau trop pesant à
vos habitudes mondaines ; laissez-nous nos recherches
pénibles, nos insomnies, nos rudes et modestes travaux,
mais aussi notre dévouement, nos joies et nos triom-
phes de famille.

» La politique et les discussions littéraires vous
offrent des champs assez encombrés d'épines pour
captiver votre attention et vos talents.

» Et si vous avez besoin de reposer vos yeux et votre
esprit, effleurez nos feuilles quotidiennes de votre littérature facile; écrivez sur les riens du jour ; mais ne
portez pas une main profane sur l'arche sainte de l'édu-

cation, car là sont renfermées les destinées morales de
la France. »

C'est ainsi cependant, Mesdames, que des hommes
d'un caractère honorable, d'un mérite reconnu et sans
autre but, je le pense, que de se délasser des travaux
sérieux du cabinet, ont écrit tout récemment encore sur
l'instruction des femmes; et, sans connaître nos conférences, sans avoir été jamais admis à l'honneur de vous
voir, de vous apprécier auprès de vos filles, ils vous ont
jugées les unes et les autres.

Désespérant sans doute de rendre avec intérêt la simplicité toute patriarcale de cette enceinte, le concours
si touchant d'actions et de sentiments que vous offrez,
ou plutôt ne les concevant pas, habitués qu'ils sont à
un monde qui n'est pas le vôtre, ils ont écrit sous la
dictée de leur féconde imagination : et pour que l'uni-
formité ne vînt pas ennuyer le lecteur indifférent, ils
ont arrondi la période, doré la phrase, forcé l'expression. Leur tableau est d'un coloris éblouissant... il n'y
manque... que la vérité !

Cette modeste salle, qui n'a pour tout ornement que
de simples banquettes où vous venez vous asseoir pendant trois heures par semaine, sans redouter la fatigue,
parce que vous êtes près de vos enfants, placées plus
modestement encore autour de notre table verte, cette
humble salle est, suivant eux, *un théâtre sur lequel*

et autour duquel on vient rivaliser de parure et de vanité.

Notre enseignement, tout en causeries familières et paternelles, est *bruyant* et *sentencieux, quoique honorable,* veut-on bien ajouter.

Nos jeunes filles, si timides dans leurs paroles à peine entendues, si réservées dans leurs manières, si simples dans leurs vêtements, si naïves dans leur confiance, si persuadées de leur ignorance à mesure qu'elles sont plus instruites, si bonnes, si indulgentes, si *sœurs* entre elles, bien qu'elles ne se voient que rarement;

Nos intéressantes jeunes filles, que l'on apprécie dans l'intérieur des familles, dans les salons comme dans les temples, changent de physionomie sous le pinceau créateur des artistes de nos journaux.

Elles s'exercent, dit-on, *à braver tous les regards en notre présence; l'émulation devient chez elles de l'envie.*

Lorsqu'elles ne peuvent l'emporter par la mémoire (notez ce mot), *elles cherchent à l'emporter par la parure; elles sont vaines de leur beauté, ne pouvant l'être par l'esprit.*

Voilà, Messieurs, quelle métamorphose on se plaît à faire subir aux paisibles visiteuses de notre foyer domestique sans en prévoir les conséquences ! Voilà le spectacle dont nous sommes les témoins coupables ; voilà enfin comment on écrit l'histoire de la femme dans un pays où la femme a toujours trouvé bienveillance, hommage et respect !

Pour favoriser ouvertement quelques intérêts privés, je le dis à haute voix — (car je ne me sens pas le courage de dédaigner, par mon silence, une partialité aussi étrange), il n'est permis à personne, moins encore à ceux qui disposent de cet organe puissant qu'on appelle la *presse,* de trahir ainsi la vérité, d'égarer l'opinion publique, prononçons le mot, de calomnier en général les jeunes filles, les mères, les pères même ; oui, Messieurs, vous aussi qui m'écoutez, et qui comprenez les devoirs que m'impose la confiance dont vous m'avez investi.

Si nos cours d'éducation maternelle se sont soutenus depuis vingt ans, dans une époque où tout passe, où tout vieillit, où tout meurt en un jour ;

Si des encouragements et des succès ont marqué chaque année de notre vie professorale, dans un pays où l'on s'ennuie aussi d'entendre toujours le même nom ;

C'est que notre enseignement s'est rajeuni, fortifié, complété de vos conseils, de votre approbation ;

C'est que quelquefois nous vous avons vus aussi, Messieurs, assis autour de nous, vivre de la vie de vos enfants, de vos femmes, suivre du crayon et de l'œil nos modestes directions. Ce n'était plus le ministre, le

député, le savant, l'artiste, le négociant éclairé, c'était
le père qui nous couvrait de son égide, et semblait dire
à cet auditoire maternel et filial :

*Ecoutez-le ; c'est votre bon sens qu'il forme, pour que
votre cœur et votre esprit vous donnent d'heureuses
destinées.*

Ces mots résument parfaitement notre système et
nos leçons... Il y a donc, Messieurs, solidarité entre
nous ; et vous vous associez déjà à cette protestation
de nos cours d'*éducation maternelle,* contre ceux qui
les méconnaissent, faute de vouloir les comprendre et
les observer.

Mais calmons une émotion bien naturelle en de
telles circonstances et devant un tel auditoire ; laissons
mourir les bruits du monde au seuil de notre paisible
sanctuaire.

Que votre cœur, mes bonnes amies, un moment
attristé, retrouve ses douces sensations ; votre sourire,
toute sa fraîcheur ; votre esprit, sa joyeuse vivacité.

Je m'en veux d'avoir amassé quelques nuages sur vos
jeunes têtes ; mais le souffle de l'amitié les a facilement
dissipés.

A votre âge, on ne conserve que les agréables souvenirs ; et ces fleurs dont je voudrais orner vos mains
à toutes, comme emblèmes de vos progrès moraux et
intellectuels, vous donneront des pensées riantes, et

seront de nouveaux liens qui vous attacheront à vos bonnes mères.

Eclairez votre raison, fortifiez votre cœur, acquérez chaque jour des vertus dont l'intérieur de vos familles vous offre l'exemple ;

Et rappelez-vous que de votre bonheur dépend le bonheur de l'ami de vos études.

SAVOIR ET MODESTIE

ALLOCUTION DE L'ANNÉE 1842

Que l'usage, parfois, est un fardeau pesant !
Dans ces jours de triomphe où l'écolier tremblant
Est ému tour à tour de crainte et d'espérance,
Un grave professeur dans l'arène s'avance,
Armé d'un manuscrit qui compte vingt feuillets !
Les parents ont pâli ; les enfants inquiets,
A l'ennuyeux discours dont leur maître les lasse,
Se demandent tout bas s'ils sont encore en classe.

Mon bagage est moins lourd, je ne marche escorté
D'aucun des immortels, fils de l'Antiquité.
Pour adoucir les sons de ma voix indiscrète,
Je porte seulement la lyre du poëte ;
J'essairai sans orgueil d'en tirer des accords :
Puisse votre indulgence accueillir mes efforts !

Ne redoutez donc pas que longtemps je suspende
Ces plaisirs maternels que votre amour demande :
J'ai des enfants moi-même ; et, pour bien vous juger,
Mon cœur qui vous prévient n'a qu'à s'interroger.
Je laisse loin de moi Rome, Athènes, Byzance,
J'existe dans mon siècle, et je demeure en France.

A Paris, près de vous, je me fixe aujourd'hui ;
De mon front déridé vous éloignez l'ennui ;
A d'austères travaux ma vie est condamnée,
Je puis du moins sourire une fois dans l'année !

Et quel mortel viendrait, dans ce temple des arts,
De son humeur chagrine attrister vos regards ?
Quel critique insensé, s'il n'était ridicule,
Tiendrait encore en main sa mordante férule ?
On respire en ces lieux un parfum de candeur
Que ne peut dissiper le souffle du railleur.
Ne vous semble-t-il pas que votre âme s'épure,
Quand, loin de ce grand monde où règne l'imposture,
Aux succès des enfants vous venez applaudir ?
Sur le chemin des ans on aime à revenir.
On aime à se bercer d'une riante image ;
Soi-même on croit cueillir les palmes du jeune âge :
C'est un rêve, il est vrai ; mais ce rêve est charmant :
Des maux de l'existence il console un moment.

Ici tout est bonheur, car tout est innocence :
Voyez l'œil inquiet de la naïve enfance,
Sur ces livres pompeux avidement fixé !
Que son nom triomphant soudain soit prononcé !
D'un éclat vif et pur s'anime sa paupière,
Et son premier regard s'est tourné vers sa mère.

De l'émulation voilà le fruit sacré :
Et vous ne craindrez pas que d'orgueil enivré,
L'esprit de votre enfant dans l'avenir oublie
Que son plus beau triomphe est dans la modestie.
Une mère prudente a formé son humeur ;
Un pasteur vénérable a dirigé son cœur ;

Ainsi, témoin discret d'un débat littéraire,
Quel que soit son talent, elle saura se taire.
Vous ne la verrez pas, Corinne sans pudeur,
Traîner au Parthénon un peuple adulateur[1],
Et du long avenir hâtant l'arrêt suprême.
De l'immortel laurier se couronner soi-même.
Non, elle sait trop bien que, simple fleur des champs,
Elle doit fuir des lieux où soufflent les autans ;
Que sa lyre parfois, soupirant solitaire,
Au berceau de son fils, au chevet de son père,
Ne devra moduler, dans une sainte ardeur,
Qu'un hymne filial, un cantique au Seigneur !
Elle sait qu'ici-bas chacun a son partage ;
Que le sien, moins brillant, est plus noble et plus sage.
Elle apprend chaque jour le sublime devoir
Que la société commet à son pouvoir :
Calmer les passions, adoucir les misères ;
Veiller aux bonnes mœurs, les rendre héréditaires,
Conserver de l'honneur le flambeau précieux :
Voilà sa mission : elle lui vient des cieux.

Une mère jamais craint-elle la vieillesse ?
La piété, les arts, l'amitié, la sagesse,
Des outrages du temps allègent les rigueurs :
Le fruit sait consoler de la chute des fleurs.
L'oubli ! La mort en vain étend son bras sur elle ;
Au cœur de sa famille elle passe immortelle.
Son souvenir encore vient nous édifier :
Nous la croyons présente… Ah ! comment t'oublier,
Toi, de cet institut pieuse fondatrice,

1. Ce vers font allusion à une femme poète de cette époque qui avait été acclamée par la foule et portée en triomphe.

Qui du sein des élus, sur nous veilles propice !
Quel nom à l'indigent fut plus cher que le tien !
Ton visage riant offrait l'amour du bien ;
Ta politesse vraie et ton regard affable,
Le facile abandon de ton esprit aimable ;
En toi tout captivait, tout charmait : dans ton sein,
Tes enfants, gage heureux du plus fidèle hymen,
Puisaient les doux avis d'une mère attentive.
Comme tu chérissais ta famille adoptive !
Comme à tes sages lois tu savais l'attacher !
Avait-on quelque peine, on courait te chercher.
Pour toi plus de secrets : on t'aimait ; ta prudence
Dirigeait avec art cette heureuse innocence.
Repose en paix ! tes soins n'ont pas été perdus ;
Riches de tes leçons, riches de tes vertus,
Tes filles chaque jour honorent ton ouvrage :
N'est-ce pas les louer que tracer ton image [1] !

Et vous, peuple charmant de ces paisibles lieux,
Quoi ! l'aimable gaîté n'anime plus vos yeux !
Ce matin même encor, par des chants, par des danses,
Chacune saluait le retour des vacances.
Celle-ci, s'emparant des terres et des mers,
Au fond d'un noir pupitre exilait l'univers ;
Celle-là condamnait une cloche incivile
A rester trente jours suspendue, immobile.
Timides, vous craignez de paraître au grand jour :
D'un regard moins troublé contemplez ce séjour.
Voyez un tendre père, une mère indulgente,
Ouvrir leurs bras émus à leur fille tremblante ;

1. Discours à une distribution de prix chez Mme Daubrée.

Espoir de leur pays, là, des frères vainqueurs
Vous offrir un laurier, pour le joindre à vos fleurs ;
Enfin, sanctifiant vos paisibles conquêtes,
Des ministres de Dieu présider à vos fêtes.
Sainte religion ! sans tes conseils pieux,
Quels succès seraient purs, et quels travaux heureux ?
Il semble qu'honorés de ton suffrage auguste,
Le laurier soit plus noble et la gloire plus juste.

Dans ce concours touchant qui peut vous affliger ?
J'y vois beaucoup d'amis, et pas un étranger.
Rassurez-vous ; venez : ces palmes triomphales
N'iront pas embellir de jalouses rivales ;
Quand se proclamera l'heureux nom du vainqueur,
Nous verrons une sœur applaudir à sa sœur ;
A vos efforts constants nous devons rendre hommage ;
C'est mériter un prix qu'obtenir ce suffrage.
Venez ; et si vos cœurs sont encore inquiets,
Pour voiler à nos yeux l'éclat de vos succès,
Pour cacher de vos fronts le trouble involontaire...
L'asile le plus sûr est le sein d'une mère !

EMPLOI DES VACANCES

VERS ADRESSÉS AUX MÈRES DE FAMILLE

LE JOUR D'UNE DISTRIBUTION DE PRIX

(1843

O vous dont le regard trahit l'impatience,
Inquiètes d'amour, tremblantes d'espérance,
Bonnes mères ! bientôt de vos bras caressants
Vous pourrez, sans contrainte, entourer vos enfants.
Vos enfants !... âge heureux ! déjà leur cœur s'apprête
Aux longs jours de gaîté que promet cette fête.
Captives sur leurs bancs, pour leurs ébats joyeux
Elles rêvent déjà vingt plans délicieux,
Et, franchissant ces murs que la paix accompagne,
Respirent en espoir l'air pur de la campagne.
Mentors prudents et chers, veillant sur leurs plaisirs,
Vous saurez aux beaux arts consacrer leurs loisirs :
Sous un dôme de fleurs, dans un champ de verdure
Leur goût sera plus vif et leur âme plus pure :
D'un charme pénétrant vos entretiens chéris,
En captivant les cœurs, instruiront les esprits ;
Et la froide raison, cette déesse austère,
Dont l'autel peu brillant est parfois déserté,
Perdra, grâce à vos soins, toute sa gravité :

A tout âge, en tous lieux, la raison sait nous plaire,
Quand elle s'offre à nous sous les traits d'une mère.
Que chaque instant du jour devienne précieux :
Le matin, quand des airs le peuple harmonieux
A l'astre bienfaiteur chantera son hommage,
Vos filles, accourant au temple du village,
A l'hymne des autels uniront leurs accents ;
Et, portant au Seigneur des vœux reconnaissants,
Elles imploreront ses grâces tutélaires,
Pour le prier longtemps à côté de leurs mères.
Au sortir des saints lieux, sans éclat, sans témoins,
Elles iront du pauvre adoucir les besoins.
Ainsi la piété, simple et persuasive,
S'insinuant sans peine en leur âme naïve
A l'aspect du malheur, émeut leur charité.
Les jeux vont commencer… Que l'une avec adresse,
Sous des doigts expressifs et pleins d'agilité,
Semble donner la voix aux touches d'un forté,
Et, de vos sens émus se rendant la maîtresse,
Vous fasse partager sa joie ou sa tristesse :
Que l'autre, sans efforts, au gré de ses désirs,
En variant ses sons ainsi que vos plaisirs,
D'une voix et flexible et doucement craintive
Module avec lenteur la romance plaintive.
Bientôt vous les verrez d'un pas souple et discret
En marquant la cadence effleurer le parquet,
Ou, cherchant une étude et plus douce et plus sage,
D'un pinceau filial retracer votre image.
Vienne le soir, alors le repas a son tour :
Observez près de vous votre jeune famille
Promenant sous ses doigts la diligente aiguille
Et d'un tissu léger arrêtant le contour ;

Tantôt ingénieuse à charmer votre amour,
Sa voix modestement noble, tendre, badine,
Cause avec La Fontaine, ou pleure avec Racine :
Et, dans un abandon de grâce accompagné,
Interprète vos cœurs en lisant Sévigné.
Ainsi vont s'écouler, pour votre âme ravie,
Ces jours dont vos enfants appellent les douceurs ;
Et, témoins attendris de leurs succès flatteurs,
Vous ferez... ce qu'on fait au printemps de la vie :
En attendant les fruits, vous jouirez des fleurs.

ALLOCUTION AU CONCOURS LITTÉRAIRE

DU 21 AVRIL 1844

———

LA FAMILLE — LA FEMME

———

Je ne crains pas, mes jeunes amies, en commençant
ma petite allocution, de vous faire un aveu, pénible
pour un professeur de littérature peut-être, mais qui
n'est, pour moi, qu'un témoignage naturel de ma confiance envers vous : c'est qu'après un quart de siècle
d'avis, de conférences, de conversations, de discours
écrits et imprimés sur la question importante de l'éducation de la femme, dans toutes ses phases, sous toutes
ses formes et sous ses rapports civils, politiques ou
religieux, je me trouve aujourd'hui dans l'impuissance
de l'envisager sous un nouvel aspect !...

Vous vous rappelez ces troubadours, jeunes ou vieux,
qui, inspirés par la beauté constante du ciel de l'Occi-
tanie, commençaient toujours leurs productions poétiques par l'éloge du printemps et des fleurs. — Moi, avec
moins de bonheur dans l'expression, mais avec autant

de poésie dans l'âme, à l'aspect enchanteur de ce panorama brillant qui se déroule à mes yeux depuis tant
d'années, et qui me donne le même attendrissement avec les mêmes pensées, je ne fais vibrer de ma
lyre que deux sons : *La mère, la fille, La fille, la
mère;* et souvent encore je les confonds dans la même
harmonie.

Mais, plus heureux que les Bardes du Midi qui chan-
taient souvent le printemps sans voir les fleurs, les
deux divinités auxquelles j'ai voué mon culte et ma vie
se renouvellent chaque jour devant moi et ne changent
pas : vivant emblème d'un printemps moral.

Printemps allégorique, en effet, mes jeunes amies,
que ce concours, cette alliance, cette fusion de ce que
la société a de plus frais et de plus gracieux, de plus
attachant et de plus utile, de ce qui nous pénètre d'une
joie douce comme l'air parfumé du matin, de ce qui
nous donne la plus bienfaisante impulsion, comme l'espérance printanière : *la fille* qui sourit au tendre
orgueil de sa mère, *la mère* dont le regard heureux se
porte instinctivement sur celui qui vient oublier, un
instant, les soucis du monde, pour rafraîchir ses travaux
des ineffables joies de la famille.

Et quand je suis pour quelque chose dans ces saintes
émotions, quand, ouvrier consciencieux, sinon habile,
j'ai contribué à réunir les anneaux précieux de cette

chaîne sociale ; quand je sens ma main attendrie pressée, et par la *mère,* dont autrefois j'ai fait balbutier
l'intelligence précoce, et par la *fille,* aujourd'hui jeune
femme, qui, hier encore m'apportait, confiante et modeste, le tribut hebdomadaire de ses réflexions et de ses
lectures... je garderais le silence? non ! mes amies. Au
risque d'être monotone dans mes actions et dans mes
paroles, je reprends mes dieux pénates, j'entre dans le
temple, et je répète, pour la millième fois, *mon hymne
favori,* le plus beau, le plus digne que l'on puisse envoyer vers les cieux, l'*hymne de la famille.*

La famille ! mes amies, vous le savez, c'est à elle, à
elle seule que nous rapportons toutes nos études, parce
qu'elle seule est la base première sur laquelle doit s'élever toute organisation sociale. C'est dans son sein que
l'on goûte, ici-bas, quelque peu de ce bonheur dont
l'espérance est le mobile de tous nos travaux, de toutes
nos actions. Nous vous le disons, à quelque âge que
vous soyez, à quelque pays que vous apparteniez, c'est
la mère, c'est *la fille* qui sont appelées par Dieu à ci-
viliser l'esprit humain, en faisant succéder aux orages
de la vie extérieure le calme d'une existence douce et
paisible, en tempérant, par les affections du cœur, tout
ce que présentent d'austère et de rude, pour l'homme,
les luttes incessantes de la politique, les fatigues, les
déceptions, les découragements des travaux intellec-

tuels. Que rappelés, chaque soir, dans ce foyer domestique qui devient le centre de tout leur bonheur, le point
vers lequel se dirigent toutes leurs actions, toutes leurs
pensées, vos pères trouvent l'accueil bienveillant de
leurs compagnes fidèles, baume précieux de toutes leurs
douleurs ; les caresses et la parole chérie de leur enfant,
consolation quotidienne de toutes leurs peines. Que vos
frères, revenus avec empressement, après des études
sérieuses, dans votre asile sacré, y apprennent à res-
pecter les femmes, dans leurs mères et dans leurs sœurs
dont ils apprécient les qualités aimables et l'éducation
éclairée. Alors vous ramènerez dans nos salons, comme
vos sœurs aînées qui m'écoutent, auprès de leurs filles,
ce bon goût, cette grâce, cette fleur d'enjouement et
d'urbanité, qui bannissent tout ennui, en permettant
au bon sens de sourire, à la sagesse de se parer. Dirigeant les âmes vers la contemplation de ce qui est grand
et beau, vous n'accorderez l'entrée du temple, dont
vous serez les divinités tutélaires et civilisatrices, qu'à
ceux :

Dont le cœur sera noble et le maintien modeste.

J'en ai pour garant vos mères qui vous dirigent et
vos anciennes compagnes que vous imitez ; vous ac-
complirez cette mission sacrée avec amour, avec conscience, mais avec cette douce franchise qui n'est pas

de la témérité, avec cette grâce qui n'est pas de la minauderie.

Le monde vous regarde : la question de la femme est à l'ordre du jour ; les académies, les chaires, la tribune, les journaux, fatigués des écrits insensés qui trompent la jeunesse par la peinture d'une société exceptionnelle, sollicitent, de tous leurs vœux, la régénération de la famille, comme l'école naturelle du genre humain, comme la source vive d'où doivent jaillir toutes les vertus.

Voyez si notre voix isolée n'a pas prédit, depuis vingt ans, que les écrivains, naguère les plus indifférents à l'éducation des femmes, viendraient à faire amende honorable, et demander au gynécée ce que toute leur philosophie théorique ne pouvait obtenir.

Ici, c'est le disciple de la science nouvelle qui s'écriait, hier, au Collège de France : « L'unité de la famille est l'intérêt suprême de la société[1]. »

Hier, encore, c'est un romancier, autrefois ennemi du gynécée, qui écrivait, dans le feuilleton d'un journal moins moral la veille, en s'adressant à une jeune fille imprudente dans sa naïveté : « Remuez au fond des cœurs de nobles et puissantes pensées, qu'il en sorte quelque chose de généreux, et qu'on vous salue des

1. M. Michelet.

plus gracieuses bénédictions, comme on salue en mer un phare qui nous a montré les écueils où nous pouvions périr[1]. »

Il y a quelques jours, c'était le maître des philosophes de notre époque, le disciple de l'interprète de *Platon,* regrettant d'être privé des joies de la famille, et disant, avec une élévation d'idées et une éloquence d'expression, que vous avez admirées avec moi, dans ses observations sur Pascal :

« Laissons la femme cultiver son esprit et son âme, par toutes sortes de belles connaissances et de nobles études, pourvu que soit inviolablement gardée la loi suprême de son sexe : la pudeur qui fait la grâce[2]. »

Enfin, un critique spirituel, mais difficile, adouci, sans doute, par sa compagne sortie de vos rangs, ajoutait ces lignes au *compte rendu* de la première représentation de la tragédie de *Jane Gray,* production simultanée d'un père et d'une fille, poètes : « Ainsi se » marient la faiblesse et la force, l'indulgence et l'au-» torité, la clémence et la justice ; le père a été averti » par son enfant, le mâle poète a obéi, sans le vouloir » peut-être, à une imagination plus réglée, à je ne sais » quoi de féminin, qui jette un si grand charme dans

1. Balzac.
2. M. Cousin.

» les œuvres du théâtre de Racine, le peintre des
» émotions de famille [1]. »

Vous le voyez, un concert d'espérances s'élève vers
vous ; vous serez dignes de la noble tâche qui vous est
confiée ; cette culture morale et intellectuelle à laquelle
vous employez vos moments précieux, ces beaux-arts,
qui cachent une influence si profonde, vous les emploie-
rez à l'accomplissement des devoirs du moment, à la
préparation de ceux qui vous attendent dans l'avenir, et
ce mot de *devoir* n'aura pas, sur votre oreille avertie,
un froid retentissement ; vous êtes habituées à y trouver votre plaisir : le travail étendu et sérieux du concours en est la preuve. Si, dans des situations imprévues, vous étiez condamnées, mes amies, à demander
un appui tutélaire à ces connaissances sérieuses ou
agréables, amassées pour le charme de votre intérieur,
heureuses alors des veilles de votre enfance, puisqu'elles
serviraient à votre jeune famille, vous joindriez la modestie au talent, vous plaideriez, d'une plume morale,
la cause du bon et du beau, vous laisseriez voir tout ce
qu'il y a de pur, d'élevé, de délicat dans le cœur de la
femme, et, poètes ou prosateurs, vous propageriez ces
sentiments de paix et d'harmonie que vous avez lus,
médités et analysés dans l'*Évangile,* dans l'*Évangile*

1. M. Jules Janin.

qui vous a saintement relevées aux yeux de l'humanité, mais à condition que vous personnifieriez sa doctrine d'amour, de pureté et de tolérance. Satisfaites alors du parfum céleste que vous aurez répandu, vous réfugierez votre gloire sacrée dans l'humble sanctuaire du foyer, où vous attendra la blanche couronne du respect, de l'estime et de la tendresse.

ALLOCUTION

AU CONCOURS LITTÉRAIRE DE 1847

LES AFFECTIONS DE LA FAMILLE

Oui, mes jeunes amies, commencez *vos joyeuses moissons*[1] ; l'année a été une des meilleures que nous ayons eues depuis longtemps. Dieu et vos mères ont béni votre travail ; épanchez donc librement la joie de vos consciences ; nous y applaudissons sans réserve : c'est fête pour tous aujourd'hui.

En ce moment où tout est fleurs et parfums, où votre âme expansive se livre avec amour, avec allégresse aux plus douces émotions, il y aurait de la cruauté à jeter sur vos naïves espérances, les voiles sombres d'une morale austère. Heureuses, le monde vous apparaît dans un lointain merveilleux, comme à travers ces vues d'optique qui amusent encore vos loisirs de jeunes filles, la vie n'a pas de vieillesse, les ombres s'effacent, tout est soleil pour vous...

1. Les élèves du cours de chant venaient de chanter en chœur : *Les Moissonneurs.*

Faut-il s'en étonner ? Les affections les plus vraies, les plus pures, les plus durables, vous les avez près de vous, autour de vous... Vous êtes le centre de ces rayons de tendresse qui partent incessamment de tous les cœurs maternels.

N'est-ce pas, mes amies, que ces bonnes affections vous rendent le travail facile ! n'est-ce pas que ces études, qui autrefois faisaient peur à l'enfance, lorsqu'elles sont venues à vous dans le cercle de la famille, — avec quelques sœurs de votre âge, aimables et modestes, — près de vos mères attentives et encourageantes, — et sous la paternelle direction d'un ami sincère, — vous ne les avez pas trouvées si laides, si ennuyeuses, et que vous vous êtes prises à l'aimer ? — Quand on aime, on est confiant, et la confiance qui naît ainsi, s'inspire et ne s'ordonne pas.

C'est là, je crois, toute la secrète influence de nos entretiens, tout le mystère de nos humbles succès. Amitié, estime, confiance, — avec ces trois moteurs de l'âme on n'élève pas seulement les jeunes filles, on dirige les femmes, on forme les hommes, on pacifie le monde...

Sans étiquette, sans pédantisme, tout en causant, en riant même quelquefois, nous nous essayons à bien parler, à bien écrire.

Nous grandissons ensemble, suivant les degrés de

notre âge et de notre intelligence, en étudiant la pratique et la théorie de chaque spécialité ; nous nous
pénétrons de ces principes généraux, de ces maximes
tutélaires dont l'application se retrouve à chaque pas
dans la vie, et qui deviennent plus tard la base de
toutes nos pensées et la sauvegarde de toutes nos
actions.

En même temps se forme notre goût, qui avec la
grâce, chez vous sa compagne naturelle, devient l'une
de vos plus aimables parures ; car le goût, épuré par
les notions d'ordre, cette source unique et féconde du
vrai beau, donne de la simplicité à notre maintien,
de l'élégance à notre extérieur, de la justesse à notre
esprit, de la modération à nos sentiments.

Dans toutes ces causeries de cœur à cœur, d'esprit à
esprit, où le jugement se fortifie par l'exercice de la
pensée, où la volonté se soumet au devoir, où l'imagination se calme à la pure lumière de la raison, — où
la franchise et l'intimité n'excluent ni les convenances
ni la réserve, — nous préludons, à notre insu, aux luttes
inséparables de la vie ; et nous allons puiser des forces,
pour les combats à venir, dans les archives immortelles
de nos grands écrivains, ces moralistes de l'humanité,
qui sont aussi des prophètes !

Vous le savez, vous surtout, mes jeunes amies des
cours supérieurs, l'habitude de lire de bons livres, de

vivre ainsi au milieu des chefs-d'œuvre des arts et des
lettres, produit l'élévation de l'âme ; et la femme, dont
l'âme est élevée, est heureuse et bonne ; — son esprit,
noblement entretenu, brave les ennuis de l'oisiveté et
la vitesse des heures ; ses plaisirs sont à ses ordres,
elle est exempte de vaines faiblesses, de tumultueuses
émotions.

Elle cultive les vertus douces et charitables, pour le
seul bonheur de les pratiquer, et non pour acquérir une
gloire mondaine. Elle se dit, sans ostentation, mais
avec dignité, qu'elle représente l'intégrité de la famille,
l'honneur et la paix du foyer ; que la société, dans sa
haute sagesse, lui a confié la noble mission de chérir et
d'élever l'enfance, de soulager l'infirmité, de consoler
la douleur ; de se vaincre elle-même pour mieux vaincre
les autres ; — d'exercer enfin autour d'elle, une salutaire
influence par l'éducation et l'instruction qui corrigent
les écarts du cœur et de l'esprit, et par les talents
agréables, — ces doux interprètes des sentiments,
— qui ajoutent aux nobles moyens de plaire et
d'attacher.

Viennent maintenant les révolutions qui boulever-
sent les fortunes les mieux assises, — les revers imprévus qui effacent en quelques minutes le passé le plus
brillant... qui laissent la femme seule, livrée à ses forces
morales et intellectuelles, en face des rigueurs de la

vie et des exigences de la société... Une large et solide
éducation aura tout prévu. — Les jeunes filles, devenues femmes, ainsi prémunies contre toutes les vicissitudes du sort, les supporteront et les feront supporter
aussi, sans faiblesse ; leurs ressources seront d'autant
plus sûres qu'elles ne les attendront pas des autres, —
elles les trouveront en elles-mêmes.

Ce ne sont pas là des utopies, on le sait ; depuis
vingt-cinq années que cette fête se renouvelle, j'ai
cité de beaux exemples, — je pourrais en puiser aujourd'hui dans des malheurs trop récents.

Que ne m'est-il permis plutôt, pour peindre avec
fidélité le dévouement des mères des jeunes filles, de
placer mon chevalet dans cette enceinte même ? nous y
sommes chaque jour témoins de tant d'amour et de
sollicitude, de tant de savoir et de modestie, et aussi
de tant de courage et de résignation, car le souffle
impitoyable des épreuves du cœur n'a pas non plus
épargné cette année notre sanctuaire maternel.

Chacun comprendra mon silence et mes regrets ; on
ne loue bien que les absents.

Mes amies on jouit mieux d'un ciel pur, quand on
ne craint pas l'orage : jouissons donc du présent qui
s'offre à nous sous des couleurs si brillantes. C'est
double fête aujourd'hui, vous le savez.

Encore quelques jours, et des bouquets, emblèmes

qui vous sont chers, iront se joindre aux couronnes nuptiales de vos compagnes aimées. Honneur à ceux qui savent ainsi choisir, — honneur aux jeunes filles qui se sont montrées dignes d'un tel choix !

Puissé-je envoyer longtemps encore à la société de telles missionnaires de paix et de bonheur ! Puisse mon fils aîné, appelé à me succéder un jour, et qu'on entoure déjà d'une bienveillance maternelle qui me touche profondément, — continuer avec dignité la sainte tâche que j'ai commencée et poursuivie sous des auspices encourageants ! — J'aurai, je crois, payé mon tribut à mon pays en lui donnant de bonnes mères de famille.

Et maintenant, mes jeunes amies, après avoir écouté avec recueillement et gratitude la leçon de morale et de littérature sortie de la plume facile et savante des amis de vos études [1], ne comprimez plus les élans de vos cœurs.

Puisez à pleines mains dans ces corbeilles fleuries, et avec une énergie nouvelle revenez chanter en chœur *vos joyeuses moissons*.

---

1. Plusieurs professeurs, au début de la séance, avaient lu les rapports qui jugeaient les compositions littéraires des Cours supérieurs.

SÉANCE DE RENTRÉE DES COURS

DU 11 OCTOBRE 1855

DE L'UTILITÉ DES VOYAGES PENDANT LES VACANCES

MES JEUNES AMIES,

Vous avez entendu, à notre départ pour les vacances, *le fils* vous dire d'une voix fraternelle et sympathique : Allez, l'année a été bonne ; déployez vos ailes, la campagne est fleurie, le ciel est pur, le plaisir vous appelle : allez !

Le père, d'un accent plus grave mais non moins affectueux, vous dit aujourd'hui en saluant votre retour dans ce paisible temple : Soyez les bienvenues, le travail vous attend, — entrez.

Et vous voici, avec un visage aussi gai et plus frais encore, rapportant, abeilles aimables et laborieuses, dans votre ruche chérie, le miel embaumé que vous avez butiné sur les roses du chemin. — C'est bien : vous rassurez les inquiétudes maternelles un peu susceptibles dans leur prévoyante tendresse.

Les vacances, en effet, ne laissent pas l'esprit inactif ; elles le retrempent, elles l'éclairent d'un jour nouveau.

En vivant dans l'intimité de ses parents, de ses amis, on ose davantage ; les pensées sont plus variées, plus fraîches, plus nouvelles ; les expressions acquièrent plus de facilité, plus de finesse, plus d'abondance ; elles deviennent plus vives et plus pittoresques.

En apprenant à voir, on multiplie ses idées ! — en s'accoutumant à comparer, on donne à son jugement un caractère plus individuel, plus sérieux.

On écrit, pour ainsi parler, sur les tablettes de son imagination, en attendant que la main les transcrive sur le papier docile.

C'est ainsi, mes amies, que vous avez fait vos provisions intellectuelles, — les unes sans le vouloir, les autres avec connaissance de cause.

Voilà le moment de les utiliser.

Peut-être ces idées, acquises à la vue des mille panoramas que présentent et qu'emportent les rapides wagons, seront-elles d'abord obscures, en prenant une forme indécise sous vos doigts engourdis ; — bientôt l'intelligence s'éveille au souffle de la volonté, — la mémoire revient plus puissante, — la pensée plus claire, le mot plus précis ; le cœur surtout, le cœur, ce foyer des bons sentiments, se montre plus dévoué à ses devoirs et colore le style d'expressions plus vraies et plus nobles ; — loin de perdre on a gagné. — Non, les vacances ne sont pas inutiles : c'est pour tous le repos du corps et de l'esprit ; — c'est le dimanche de notre grande semaine classique.

Ne craignez-vous pas, nous ont dit quelques mères, que ces loisirs trop prolongés, que ces voyages *en lointain pays,* pendant lesquels notre faiblesse et nos complaisances laissent dormir notre autorité, ne rendent nos enfants trop familières, trop indépendantes, plus... bavardes ? — plus bavardes... peut-être. — La langue des jeunes filles est une locomotive qu'on n'arrête pas facilement, une fois lancée ; mais quand elle ne *déraille* pas, quand son impulsion est régulière, naturelle, eh ! mon Dieu, nous aimons nous-mêmes à nous abandonner avec elles à la fortune du plaisir.

Ne réprimons donc pas tout à fait *dès le début,* Mesdames, les épanouissements de cette joie naïve, de cette gaîté franche qui prend sa source dans la nature et dans vos bontés ; seulement, ayons soin d'en épurer les motifs et d'en diriger l'essor. — Rions en les voyant rire, et permettons-nous cette citation mythologique : « *Le sourire sied bien au visage de Minerve.* »

Ce qu'il faut constater, en recommençant nos Cours, c'est que vos filles ne sont pas *muettes,* et que nous sommes en droit d'exiger qu'elles ne gardent pas le silence quand nous les interrogerons.

Ce point convenu et accepté, restent vos craintes sur le caractère. — Ici encore nous sommes caution de la reconnaissance affectueuse de nos jeunes amies. — Loin d'abuser de votre confiante tendresse, de ce laisser-aller de votre sollicitude pour leurs plaisirs et leur santé, elles travailleront par elles-mêmes à leur perfectionnement moral. Elles auront pour vous cette attention respectueuse, cette docilité de cœur, cette soumission volontaire et réfléchie qui sont le meilleur apprentissage de la vie.

Quel tableau touchant que cette intimité doublement sainte, qui emprunte alternativement ses douceurs à l'amour maternel et à la piété filiale !

Quel charme inexprimable on éprouve à voir une jeune fille verser, dans l'inépuisable trésor du cœur maternel, ces mille confidences qu'elle n'oserait faire à l'amie la plus indulgente.

Espérons-le, ces bonnes et salutaires relations du foyer ne seront pas un vain souvenir de la vie patriarcale des temps anciens. C'est à vous, Mesdemoiselles, qu'est confiée la garde du feu sacré de la famille, — symbole mystérieux des pures affections, — vestales vigilantes, sous des yeux plus vigilants encore, vous ne le laisserez pas s'éteindre !

Les voyages, *en pays lointains*, ne sont pas non plus
à redouter quand on les fait avec sa mère, avec des
parents et des amis éclairés. — *Si l'absence est le plus
grand des maux*, comme le dit le pigeon alarmé, la
présence de ceux qu'on aime est le plus grand des bon-
heurs. — Les *travaux*, les *dangers*, les *soins du voyage*
donnent un *nouveau courage*. — On ne songe plus que
rencontre agréable ; on a tout ce qu'on *veut*, excepté
quelquefois — un bon souper... un bon gîte... et le
reste.

Mais quel bonheur quand on revient ! — *On conte
de point en point ses aventures* à ses amies, à ses sœurs
du cours, par exemple ; — on a beaucoup *vu*, — on dit
beaucoup. *Nous étions là, telle chose nous advint,* —
et, suivant le degré de son instruction, et aussi le
degré de son jugement, on rappelle avec plus ou moins
de fidélité et d'agrément les villes, les ports, les monuments qu'on a visités, les merveilles de l'art ou de
l'industrie qui ont captivé notre admiration !

Car ce ne sont pas seulement les yeux du corps qui
nous apportent des jouissances ; dirigés avec discernement vers le beau, les yeux de l'esprit et du cœur vous
donnent les plus douces comme les plus pures émotions.

Aussi, mes amies, vos sensations, vos sentiments,
vos pensées, devant le spectacle imposant et varié de

la nature sauvage ou cultivée — votre silence ou vos paroles, — votre indifférence ou votre enthousiasme à l'aspect des créations de Dieu et des chefs-d'œuvre de l'homme, — c'est *la pierre de touche* à l'aide de laquelle nous apprécions la valeur réelle de votre intelligence et de votre bon sens.

Dans ces appréciations rapides des causeries de voyage, il ne s'agit pas d'exiger des preuves d'érudition. — A Dieu ne plaise que nous commettions le crime de *lèse société,* en faisant de vous des femmes savantes ! — nous connaissons par cœur notre Molière, — mais il s'agit de votre jugement plus ou moins développé, — de votre caractère plus ou moins raisonnable, — de la mission que Dieu vous a donnée ; il s'agit, enfin, de savoir si, d'après la classe à laquelle vous appartenez, vos mères, qui vous élèvent elles-mêmes, et nous qui les secondons, — nous vous avons dignement préparées aux joies pures de l'intérieur, et aux luttes incessantes de la vie. — Là est notre devoir, que nous ne voulons pas renfermer dans ces nomenclatures matérielles dont mon fils vous a parlé : — là est le but de notre méthode, — là, enfin, est notre ambition, — ambition noble s'il en fût ! !

Pendant les vacances, des yeux éclairés pouvaient donc juger les acquisitions de votre esprit.

Les plus jeunes ont voyagé pour voyager, pour se

distraire, pour changer d'air, pour jouer plus longtemps,

    Sans soin du lendemain, sans regrets de la veille.

Ne les troublons pas dans leur naïve imprévoyance,
laissons-leur toutes pleines les fraîches corbeilles
qu'elles ont tressées d'un doigt insouciant et léger.

Les sœurs aînées ont mieux employé leurs loisirs.
Devenues les amies et les compagnes de leurs mères,
elles commencent à compter pour quelque chose dans
la société ; elles sont arrivées à l'époque de l'*initiation* aux sérieuses espérances de l'avenir ; elles nous
comprennent ; elles nous ont suivis à travers les traditions maternelles que nous avons conservées. — Et nos
recommandations réitérées se sont gravées dans leur
mémoire affectueuse ; elles savent mêler l'utile à
l'agréable, et un voyage de plaisir, si proche ou si
lointain qu'il soit, est toujours pour elles l'application
de nos leçons et de nos conseils !

Nous les avons vieillies avant le temps : — il y a des
rides qui embellissent. — En ouvrant, devant elles, le
grand livre de la vie : elles y ont lu, avec une émotion
sympathique, ces tristes et nombreux exemples d'intéressantes jeunes femmes, hier riches, heureuses, aujour-
d'hui uniques soutiens de leurs enfants en bas âge, par la
mort ou par les fausses spéculations du chef de la famille !

Et, en réfléchissant sur l'avenir incertain pour tous, elles ont répété avec l'écrivain allemand, Gœthe :

« La femme de mérite est celle qui est capable par » le cœur, la raison et l'esprit de remplacer dignement, » s'il le fallait un jour, le père de ses enfants. »

Pesons bien ces mots, Mesdames : le cœur, la raison, l'esprit, ces trois cordes de l'instrument humain, qui chantent le bonheur quand elles vibrent avec une harmonie parfaite.

Bien que cette observation ne concerne pas ces jeunes amies qui suivent avec conscience et succès tous les degrés de notre enseignement, et qui, sous votre maternelle prévoyance, recueillent des baumes salutaires pour les blessures à venir, — il faut leur faire entendre les plaintes qui s'élèvent de toutes parts.

La jeunesse, dit-on, est aujourd'hui plus que jamais pressée de vivre indépendante. — A peine partie, elle veut arriver ; — elle veut tout voir, tout posséder, sans écouter patiemment les avis de l'expérience. — De là les sinistres sans nombre, et pour employer le mot propre, — de là ces éducations incomplètes qui surprennent la jeune fille au moment où elle passe, sans préparation

> Du temple du travail à l'autel de l'hymen.

Chaque chose a son temps, — toute musique a sa

gamme. — tout travail a sa marche progressive. — La nature nous donne, chaque jour, cette leçon : il faut savoir attendre.

Depuis quelques années, le génie industriel a fait bien des miracles ! Il enrichit, tous les jours, les *expositions universelles* de ses admirables produits ; il est cependant impuissant à créer des serres chaudes où croissent subitement les facultés de notre âme !

Mais, me croyant encore en vacances, je me laisse entraîner en des pays trop lointains, — et je tombe moi-même, Mesdemoiselles, dans l'excès de paroles que vous reprochaient vos mères.

Arrêtons la locomotive, voyageons à pied, et tranquillement, *aux rives prochaines du travail.* — Soyons-nous, longtemps encore à nous-mêmes, mères, filles, professeurs,

> Un monde toujours beau,
> Toujours divers, toujours nouveau ;

et puisse votre vieil ami, au milieu de ce charmant parterre à mille bouquets — entendre quelques années encore, notre pendule complaisante sonner l'heure avancée de sa vie !

Il y a des fêtes de famille qui portent bonheur !!!

PETITE

ALLOCUTION AUX MÈRES DE FAMILLE

A LA RÉUNION DES COURS D'ÉDUCATION MATERNELLE

Le 4 octobre 1860.

———

MISSION DE LA FILLE, DE L'ÉPOUSE, DE LA MÈRE

———

MESDAMES,

En jetant les yeux sur cet essaim de jeunes filles qui reviennent plus fraîches et plus joyeuses nous demander, sous vos auspices, nos conseils paternels, — nous devrions simplement vous dire, pour toute allocution : « Ne pensons qu'au plaisir de nous revoir, de nous » retrouver ensemble, dans notre petit temple des » Études, après une trop longue absence.

» Donnons un libre cours à nos douces sympathies; » reprenons gaiement nos faciles travaux, et puisse » cette nouvelle année être aussi bonne que celles qui » l'ont précédée! »

Ces mots suffiraient : ils amèneraient, nous en

sommes certain, sur vos lèvres bienveillantes, le sourire de l'approbation et de la confiance. — Mais c'est
au nom même de cette sympathie et de cette confiance,
que nous saisissons l'occasion favorable de ce concours
général des familles, pour traiter, avec abandon et
réserve tout à la fois, un sujet de circonstance qui nous
intéresse au plus haut degré.

Un poète a dit :

> Le retour des saisons sans cesse nous instruit;
> C'est au milieu des fleurs qu'il faut songer au fruit.

Aussi c'est de l'avenir de vos enfants, et devant vos
enfants, que nous venons causer avec vous. — Comment douter de votre attention et de votre indulgence ?

Jamais, à aucune époque, on ne s'est occupé, comme
cette année, de la femme, sous ses trois rapports, de
fille, d'épouse et de mère! Mille ouvrages ont été
publiés, sur son éducation, qu'on dit composée d'éléments contradictoires, — et sur sa destinée sociale,
que l'on prétend entièrement abandonnée au hasard.

Cette opinion a soulevé, dans les salons et dans les
journaux, une polémique passionnée, dans laquelle le
respect des convenances n'a pas toujours été à la
hauteur du talent littéraire !

Cependant au milieu de funestes doctrines, qui fe-
raient du bien-être matériel le seul mobile des familles,

il y a quelques vérités qui brillent comme de rares
étoiles à travers un ciel orageux! Hâtons-nous de les
adopter, de les mettre en pratique, sous peine d'en-
courir plus tard une responsabilité qui ne serait pas
exempte de repentir et de larmes !

Parmi ces vérités, il en est une vieille comme l'antiquité, qu'on ne saurait trop rajeunir, dans ce temps de
transformation sociale. C'est celle-ci.

« *L'avenir d'un Enfant est toujours l'ouvrage de sa
mère.* »

Ajoutons :

Quand elle est libre dans la direction qu'elle donne.

Un autre point sur lequel les bons esprits sont d'accord, c'est que l'homme et la femme, comme êtres doués
de raison, de moralité et de liberté, doivent recevoir
une éducation qui ne diffère pas essentiellement dans
son principe.

Mais on attaque avec sévérité et non sans motifs, ces
méthodes d'enseignement qui compriment l'essor des
facultés morales et intellectuelles, en tenant endormies
la réflexion et l'expérience, deux flambeaux dont la
lumière, quand elle est pure, dirige sûrement toutes
les phases de notre vie.

Ce n'est pas ainsi, Mesdames, que nous procédons.
— Vous, en mères éclairées et prudentes, dans le sanctuaire du foyer où vous tenez incessamment en éveil,

chez vos jeunes filles, l'amour du bien et du bon.

Nous — qui, dans cette modeste enceinte, nous efforçons, dans tous les degrés des facultés qu'elles étudient, de leur donner une idée juste de la vie et de la société.

Nous nous complétons ainsi réciproquement : Vous les préparez aux vertus et aux qualités du foyer, — nous les initions aux bienfaits d'un savoir modeste, aux merveilles de la nature et aux chefs-d'œuvre de l'art.

En un mot, nous couronnons votre enseignement, et le nôtre, par l'étude du *beau,* — le vrai par excellence — qui nous émeut, nous élève, — et contribue à notre perfectionnement moral et religieux.

Posséder ces biens de l'âme et de l'intelligence, en totalité ou en grande partie, c'est être une femme complète, — c'est ressembler à l'*Henriette* de Molière et à *Esther* de Racine, — c'est unir la raison au sentiment, — c'est approcher du bonheur et même l'atteindre, en quelque sorte, puisqu'on le fait partager aux autres.

Où trouver, demandent avec ironie nos critiques incrédules, — où trouver ici ces femmes privilégiées? — Cherchez, — leur répondrons-nous, hors des cercles que vous fréquentez, et où vous puisez vos appréciations.

Faut-il leur dire, mesdames : venez et voyez ? Non ; contentons-nous d'être sans vouloir paraître, et de marcher devant ceux qui nient le mouvement.

Que de modèles, en effet, n'aurions-nous pas à leur montrer !

Mais des portraits vivants seraient, peut-être, des éloges trop directs, sous notre plume reconnaissante ; — évoquons seulement deux souvenirs chers à nos cœurs : le dévouement récent de cette femme de cœur et d'esprit, qu'une haute position avait toujours laissée modeste, gracieuse, bienveillante, et qui vient d'être enlevée à sa famille, à ses amis, par un de ces malheurs trop fréquents, hélas ! au milieu de nos soirées brillantes [1].

Pendant bien des années, elle s'était assise dans notre salle de travail, soit comme jeune fille, soit comme mère, — et toujours avec bonheur et succès.

Nous devions à sa mémoire cet hommage d'affection et de regrets, auquel nous associons vos bonnes sympathies !

Rappelons-nous aussi qu'il y a quelques années déjà, nous admirions le dévouement non moins touchant, de cette héroïne conjugale, qui s'attachait au bras de notre historien aveugle, *comme Antigone au bras*

---

1. Mme la comtesse de Saint-Marsault, née d'Hébrard.

d'Œdipe, suivant l'expression pittoresque d'Augustin Thierry lui-même ; — lui posait tendrement les pieds sur cette terre où tout est ronces et cailloux. Elle ne s'endormait jamais sans avoir, sur son guéridon, du papier, un crayon et une veilleuse. Au moindre bruit, elle écoutait ; notre historien, inspiré, l'appelait et lui dictait quelques-unes de ces pages brillantes que nous avons admirées ensemble ; elle écrivait, — et, souvent elle complétait la pensée inachevée, tant elle s'était identifiée avec le génie de son mari. Puis elle se rendormait, heureuse d'avoir étouffé les douleurs du corps sous les jouissances de l'esprit.

Donnez au célèbre aveugle une femme frivole, sans force d'âme, sans attachement, sans instruction, — et la France est privée des meilleurs ouvrages du grand historien des *Communes* [1] !

Voilà la femme, voilà l'épouse ! Et combien d'autres non moins dévouées, ne pourrions-nous pas nommer ! Quant aux mères, leur amour surpasse en tendresse, en sacrifices, tout ce que l'on pourrait concevoir de plus sublime, en dépit de quelques romanciers réalistes qui travestissent la bonne nature humaine, faute de savoir l'observer là où elle vit, obscure, mais utile.

Disons, cependant, tout bas et entre nous, Mesdames,

---

1. Mme Augustin Thierry, née de Quérengal, morte en 1844.

que souvent, par des motifs respectables en eux-
mêmes, sans doute, — on nous prive de compléter l'*instruction* par l'*éducation :* on arrête le programme de nos
études, là où il devient surtout essentiel, par le couronnement des connaissances morales, littéraires et artistiques, qui préparent les jeunes personnes aux devoirs
graves comme aux plaisirs purs du monde où elles vont
entrer. Fortune et rang obligent toujours, Mesdames.

Elles n'avaient qu'une instruction de mots, — elles
allaient entrer dans le domaine des choses, — et les
voilà inactives jusqu'au mariage, averties seulement par
d'insuffisants principes, par d'insuffisantes connaissances
théoriques, à l'âge où le jugement apprend à se former ;
les voilà, disions-nous, tout à coup jetées dans une vie
d'action et de liberté qui enivre les plus étourdies et
trouble les plus réservées. La nullité à laquelle elles ont
été condamnées, la sujétion des petits devoirs quoti-
diens, excitent en elles, de bonne heure, le désir d'être
indépendantes ; elles s'imaginent, dans leur naïve cré-
dulité, qu'elles vont devenir maîtresses d'elles-mêmes,
à l'instant où elles contractent le plus sérieux des enga-
gements.

A peine si elles ont su obéir, et elles vont comman-
der ; à peine si elles ont su épargner la petite fortune
de leur porte-monnaie, — et elles vont être chargées
de l'économie d'une maison.

Le caractère est encore indécis, et elles vont être appelées à supporter ou à combattre ces contrariétés, ces pénibles frottements, et souvent ces vicissitudes dont la vie est semée.

Comment si jeunes — quelques-unes se marient à dix-sept ans ! — rempliront-elles leurs nouveaux devoirs ? — comprendront-elles leurs maris, — dirigeront-elles leurs ménages, élèveront-elles, plus tard, leurs enfants ? Comment, dans les revers imprévus, seront-elles la providence de leur jeune famille, elles qui n'ont fait que de faibles provisions pour les accidents inévitables du long et pénible voyage de la vie !

Il faut l'avouer, Mesdames, les moralistes dont nous avons relevé les injustes accusations, auraient raison de s'effrayer d'un avenir ainsi préparé.

Le succès dramatique obtenu hier soir, à l'Odéon, par le père d'une de nos jeunes amies, — M. Galoppe d'Onquaire, dans sa piquante comédie de *Vertueux en Province,* prouve que nous sommes aujourd'hui, l'écho de la sollicitude du bon sens public.

Faut-il dire avec quelques mères : *Dieu y pourvoira ?*

Oui certainement, ces jeunes novices du foyer auront toujours besoin du secours divin ; mais n'est-il pas plus prudent, plus religieux même, de dire aussi à chacune, — quelques années avant de la conduire à l'autel :

— *Aide-toi, le ciel t'aidera,* c'est-à-dire : — dans la position que la société t'a faite, acquiers toutes les qualités, tous les talents désirables pour remplir dignement tes devoirs sacrés, et Dieu te bénira.

Grâce à vous, Mesdames, à votre sage expérience qui aura prévu tout et pourvu à tout, — Dieu bénira les jeunes amies qui nous ont écouté avec recueillement.

Vous leur aurez donné les éléments de bonheur dont elles sauront faire un bon emploi : nous voulons dire de puissantes occupations à l'esprit, et de nobles et douces affections au cœur ; et parmi ces affections, vous aurez cultivé, avec amour, *la bonté,* cette bienveillance de l'âme qui s'oublie elle-même pour penser aux autres, — qui exerce un charme irrésistible dans les relations de la vie, — qui console dans les chagrins, soulage dans les souffrances, — jette un voile gracieux sur la laideur et les rides, et qui, comme *la charité,* est le plus doux emblème de la femme.

DE L'ÉDUCATION DES FEMMES

A PROPOS D'UN COURS GÉNÉRAL D'ÉCRITURE

Le 9 octobre 1860.

UTILITÉ DE L'INSTRUCTION POUR LA FEMME. — PRÉJUGÉS COMBATTUS.
MISSION SPÉCIALE DU MARI.

Ce cours, Mesdames, devient d'autant plus essentiel
que l'art de l'écriture est en décadence ; il perd, chaque
jour, de sa netteté, de sa correction, et, si je puis le
dire, de son caractère personnel : car bientôt, toutes
les écritures se ressembleront, et dégénèreront en
petit griffonnage américain ou anglais, je ne sais lequel.

On s'en plaint à la cour, à la ville, à la campagne,
dans les ministères, dans les institutions, dans les
familles, partout, et surtout aux cours de MM. Lévi.

On a dit d'un certain Phénicien, de l'ancien temps,
grand calligraphe, sans doute :

> C'est de lui que nous vient cet art ingénieux
> De *peindre* la parole et de parler aux yeux.

S'il revenait de nos jours, il ferait une triste grimace en voyant sa belle invention sur les cahiers de nos enfants.

L'art de l'écriture, cependant, est simple, facile, et purement imitatif ; sous ce double rapport, il pourrait même, pour les petits enfants, avoir la priorité sur la *lecture,* beaucoup plus complexe.

L'écriture ne s'adresse qu'à *l'œil;* elle n'est formée, comme le dessin linéaire, — trop négligé aussi, — que de lignes droites et de lignes courbes, invariables dans leur forme.

La lecture, au contraire, demande un grand effort d'*attention* et de *mémoire,* à cause de la *prononciation* changeante des mots.

Il faut toute la patience maternelle pour atteindre le but, — et, cependant, les enfants savent *lire* avant de savoir *écrire.* Ils finissent par bien prononcer tous les *mots* les plus bizarres, et rarement ils forment bien leurs lettres en écrivant toutes les phrases les plus longues.

Tout dépend donc dès le commencement de l'importance qu'on y attache. Pour les femmes bien élevées, c'est beaucoup d'avoir une écriture lisible, ce n'est pas assez selon nous, — il faut qu'elle soit correcte, élégante, soignée.

Qu'on nous permette une comparaison : indépendamment de ses qualités *intérieures,* de son *fonds* moral, la femme est, presque toujours, sinon toute beauté, du moins toute grâce, toute délicatesse, toute régularité de *forme ;* c'est quand sa toilette est simple, élégante et fraîche, qu'elle se plaît le plus à elle-même, et qu'elle plaît le plus aux autres ; en un mot, qu'elle est le mieux appréciée.

Eh bien ! une pensée bonne, noble ou gracieuse est mieux comprise, *plaît* mieux sur le papier, quand les *caractères tracés,* qui en sont comme le vêtement, se présentent à l'œil nets, lisibles, corrects et dessinés avec goût : — car l'écriture est la *toilette du style ;* mais toilette sans *crinoline* démesurée, je veux dire sans l'exagération de ces lettres bouclées, larges, longues et pointues. — Il paraît que les modes excentriques envahissent tout, dénaturent tout, même *l'art de l'écriture*.

Aujourd'hui, cependant, Mesdames, que depuis les premiers degrés des écoles publiques, jusque dans le moindre hameau, les enfants des classes inférieures, — on peut s'en convaincre, — acquièrent une écriture soignée, ne serait-il pas désagréable, pénible, honteux même, que dans nos maisons riches ou aisées, une femme de chambre écrivît mieux que sa jeune maîtresse : — Cela s'est vu.

Et n'avons-nous pas vu nous-même quelques-unes des élèves les plus capables de nos cours supérieurs, échouer aux premiers examens de l'Hôtel de Ville, parce qu'elles n'écrivaient pas assez bien pour être *maîtresses d'école.* J'approuve cette rigueur, quoique j'en sois souvent la victime, — c'est justice ; — qui peut plus peut moins, et d'ailleurs — *position élevée oblige,* — c'est une autre noblesse !

Les méthodes, pour obtenir une bonne écriture cursive ne manquent pas, — les professeurs *calligraphes* tapissent journellement nos murailles de leurs procédés expéditifs, — mais je le répète, tout dépend de la mère, la première institutrice, la seule infaillible, par son amour, son dévouement et sa persévérance.

Que l'on commence de bonne heure par des lignes droites, courbes, brisées, — éléments récréatifs du dessin linéaire ; — puis par l'écriture méthodiquement ornée, en dirigeant, avec sagesse, et j'ajoute avec goût, la main et l'œil de l'enfant ; peu à peu il se familiarisera avec les principes de ces deux arts, plus importants qu'on ne le croit ordinairement. Ils donnent l'un et l'autre de la précision au coup d'œil, de la liberté et de la fermeté à la main, du charme à la vue, et rendent dans toutes les situations, des services souvent éminents : ils sont d'ailleurs comme les interprètes obligés de toutes les facultés intellectuelles.

On a dit avec raison : *savoir dessiner, c'est savoir écrire,* et j'ajouterai cette autre vérité, — n'en déplaise à quelques-unes de mes jeunes amies qui prétendent le contraire, sans vouloir faire des essais : — *qui sait bien écrire peut bien dessiner*.

Nous vous prions donc, Mesdames, de nous seconder cette année, dans cette partie essentielle de nos études, pour laquelle nous nous montrerons très difficiles.

Nous savons bien qu'il existe, de par le monde, de vieux préjugés, sur l'utilité d'une belle écriture chez les femmes, comme il en existe sur le développement que vous donnez à l'instruction de vos filles, en vue de leur bien-être, et des chances de leur avenir !

Le à *quoi bon?* revient souvent, dans les salons frivoles, sur les études variées dont vous fortifiez leur esprit et leur cœur. Nous connaissons aussi, nous, ce *à quoi bon?* nous savons les luttes incessantes de votre sollicitude maternelle, aidée de votre expérience. — Vous résistez avec le calme d'une bonne cause, — nous vous en aimons et nous vous en respectons davantage.

On veut que vous soyez stationnaires, et vous marchez.

On traite de luxe orgueilleux ces talents utiles que vous donnez à vos enfants, et vous les montrez d'autant plus modestes et d'autant plus pieuses qu'elles sont plus éclairées.

On dit que les études supérieures ne leur serviront à rien, — et vous citez mille jeunes femmes ruinées, par

ces temps de spéculations malheureuses, qui n'ont
trouvé de ressources pour elles, pour leurs enfants, et
souvent même pour leurs maris, que dans leur instruction développée, et dans leurs talents d'agrément.

On prétend que l'extension de cette culture intellectuelle nuit aux devoirs du foyer ! — et vous donnez le
nom d'un grand nombre de nos anciennes élèves, qui,
à l'exemple de madame de Sévigné, sont à la fois
des épouses dévouées, des ménagères économes, des
mères institutrices, des femmes spirituelles, instruites,
aimables et simples.

On vous blâme — singulière accusation ! — de pro-
longer indéfiniment le temps de leurs études, et de les
conduire *encore à l'école* à dix-huit ans.

Vous répondez, avec bon sens, que, jusqu'au jour du
mariage, vos filles doivent être utilement occupées ;
que, tout en s'adonnant aux soins du ménage, elles
peuvent compléter leur éducation, par des entretiens
spéciaux et intimes sur leurs devoirs futurs ; par des
lectures choisies ; par la connaissance théorique des
beaux-arts qu'elles cultivent. Toutes occupations im-
possibles au milieu des allées et venues, des visites
prolongées et des distractions sans nombre de votre
intérieur.

En soumettant au contraire les jeunes personnes qui
ont terminé leurs études classiques, à un nouveau

travail attrayant, mais obligé, présenté seulement une fois par semaine, à l'indulgente expérience d'un vieil ami de leur jeunesse, vous les préservez, Mesdames, de l'ennui, du décousu, des frivolités, et, il faut le dire, des écueils inévitables du *doux rien faire* quotidien de la maison paternelle; — c'est une politique bien entendue.

Enfin, autre préjugé qu'il ne faut pas passer sous silence : il peut arriver, dit-on, qu'avec cette éducation que, *sans examen,* on appelle *brillante,* et que nous maintenons *utile,* sinon *solide,* dans le cercle borné de notre mission, il peut arriver qu'un mari soit moins instruit que sa femme ! Erreur qui prouve qu'on ignore le vrai sens du mot *instruction !* Nous nous élevons formellement contre cette assertion, parce que l'homme conserve toujours une supériorité évidente, dans une spécialité quelconque, par des études plus sérieuses, plus fortes, par un esprit plus généralisateur, par une expérience plus consommée, due à sa vie publique.

Il ne s'agit pas là seulement, on le comprend, des hautes capacités littéraires, scientifiques ou industrielles : nous prenons même dans la moyenne des intelligences, ne fût-ce, ajouterons-nous, — en regardant avec intention notre jeune auditoire, — ne fût-ce que dans les calculs, dans les principes d'économie domestique, la prééminence intellectuelle de l'homme n'est ni douteuse ni contestable.

Quel mal y aurait-il, d'ailleurs, qu'une jeune femme eût des notions littéraires ou artistiques que son mari aurait négligées ou peu cultivées, en dehors de ses études plus graves et plus profondes? Tant mieux, dirions-nous, ce serait l'alliance de l'*utile* et de l'*agréable,* tant recommandée par le *poète* et le *philosophe*. Le chef de famille verrait, n'en doutons pas, dans les talents variés de sa compagne, une source de joies pures et durables pour lui et pour ses enfants, en dédommagement des vicissitudes inséparables de la vie.

Un dernier préjugé, mais le plus grand peut-être à signaler, — et vous avouerez que je n'ai rien voulu dissimuler, ce n'est pas du courage, c'est du devoir : il y a là un enseignement pour tous : et j'ai la *monomanie* du professorat, — on assure qu'il existe encore, dans quelque coin éloigné de la France sans doute, des descendants du *Chrysale* de Molière, dans les *Femmes savantes,* esprits égoïstes et chagrins, qui bornent le savoir d'une jeune fille à distinguer mieux que *Nicole,* du *Bourgeois gentilhomme,* la prose des vers ; à faire les additions d'un livre de dépenses, à mettre un peu l'orthographe — trop serait du luxe — et *à connaître* comme le voulait encore le bon Chrysale, *un pourpoint d'avec un haut-de-chausses !...*

Si l'on en croyait ces philosophes célibataires, — car
ils ne sont évidemment ni époux ni pères, — on fermerait aux jeunes filles ces livres merveilleux de la nature,
où vous puisez de saintes émotions, en y lisant, avec
intelligence, les créations sublimes de Dieu et les chefs-
d'œuvre immortels de l'homme.

On leur fermerait ces temples où l'orateur sacré se
livre à de doctes arguments pour convaincre l'incrédu-
lité ; ces musées où l'art parle à l'imagination un
langage divin ; cette voûte étoilée où l'œil admire,
aujourd'hui même, avec d'autant plus de plaisir ces
astres voyageurs ornés d'une chevelure lumineuse, qu'il
en a étudié la nature et les longues révolutions ; on
les priverait enfin de tout ce qui peut élever leur
âme, et leur ouvrir, au delà des soins matériels, une
nouvelle sphère de sentiments, de pensées et de
bonheur.

Elles auraient donc *des yeux pour ne pas voir, des
oreilles pour ne pas entendre, un esprit pour ne pas
penser.* De quelle épithète caractériser de telles
jeunes filles, s'il y en avait ? Il serait trop facile
de répondre à cette question.

Mais jetons un voile sur ces tristes tableaux. Ces
esprits exclusifs et injustes n'appartiennent pas à la
sphère civilisée de nos cours.

Puisque vous revenez à nous avec confiance, c'est

que vous connaissez l'étendue de vos devoirs et l'influence d'une bonne éducation.

Les Pères, ces *prêtres* de la famille, savent que la société ne s'améliore que par vos qualités morales, intellectuelles et religieuses. Ils prennent un vif intérêt aux études de leurs enfants ; ils s'informent de leur conduite et de leurs progrès ; ils sympathisent avec elles quand ils rentrent dans leur foyer, heureux et fiers d'y trouver des cœurs qui les aiment et des intelligences qui les comprennent.

Cette année, nous leur ferons à tous un appel qui sera entendu, nous l'espérons : qu'ils viennent quelquefois, dans notre modeste temple du travail, encourager et récompenser de leur regard éclairé la mère et la fille : la famille sera au complet.

Heureux d'en être bientôt les témoins reconnaissants, nous ouvrons aujourd'hui cette *trente-sixième année de nos cours,* avec la conscience du devoir accompli, comptant toujours sur vos sympathies encourageantes et sur l'attachement de nos jeunes amies.

LES INSTITUTRICES

(ANNÉE 1862)

DEVOIRS PÉNIBLES DE L'INSTITUTRICE. — FAIBLESSE DE LA MÈRE.

Extrait d'un Discours adressé à des Mères de Famille.

Pour apprécier les services que les institutrices rendent à la société, il faut connaître les obstacles dont se trouve encombrée la route de l'enseignement.

Une vocation toute spéciale n'est-elle pas nécessaire, quand on se livre à la pénible fonction d'élever une jeunesse aimable sans doute, attachante même jusque dans ses caprices, mais souvent inquiète et turbulente.

Quelle réunion de bonnes qualités n'exige-t-on pas ? Justesse d'esprit, mœurs pures, connaissance du cœur, douceur sans faiblesse, sévérité sans injustice, savoir sans pédanterie.

Et tous ces avantages doivent concourir, afin de rendre inutile et injuste cette critique minutieuse et quotidienne qu'exerce la jeunesse sur tout ce qui l'entoure.

Ah! Mesdames, vous ferez comprendre facilement à nos élèves tout le respect, toute l'estime qu'elles doivent porter à ces institutrices, souvent leurs égales par le rang de leur famille, toujours leurs supérieures par leur profession et leurs talents ; à ces femmes estimables qui consacrent leur existence à développer les heureuses dispositions de vos enfants, à déraciner leurs vices, et qui, du produit honorable de leurs travaux, soulagent parfois leurs parents qu'un revers de fortune a réduits à l'indigence.

Heureuses mères, répondez avec franchise : leur tâche, aussi pénible peut-être que la vôtre, leur offre-t-elle les mêmes douceurs ?

Vous aimez aveuglément vos enfants, elles aiment leurs devoirs avant leurs élèves ;

Vous cherchez des jouissances dans l'attachement de votre jeune fille... elles n'en trouvent que dans le témoignage de leur conscience et dans votre approbation ;

Avec une volonté plus ferme, une amitié mieux entendue, elles doivent marcher vers leur but sans hésitation comme sans crainte ;

Vous, vous craignez de punir ; vous aimez trop pour avoir un caractère inébranlable ; vous êtes trop bonnes pour être justes ; quelques pleurs vous troublent, un sourire vous désarme !

L'avenir ne s'offre à vos regards que sous des couleurs brillantes ; les institutrices, au contraire, pressentent les orages d'une autre saison.

Enfin l'importance de leurs devoirs éclaire leur amitié, un excès de tendresse aveugle quelquefois la vôtre.

A Dieu ne plaise cependant que nous ayons la prétention de balancer dans le cœur de vos enfants cette affection et cette reconnaissance que la nature et vos bontés y ont déposées !

Qui pourrait égaler l'amour maternel, ce sentiment sublime qui se nourrit de douleur et de joie, d'espérances et d'alarmes ? Qui oserait rivaliser avec sa tendre sollicitude, avec ses pieuses leçons ! De quel héroïsme n'est-il pas capable ? Quel sacrifice ne sait-il pas s'imposer ?...

Conservez, Mesdames, ah ! conservez vos douces prérogatives : notre devoir est de vous imiter, notre gloire de vous ressembler, notre bonheur de vous satisfaire.

Vous nous pardonnerez donc l'éloge que nous avons fait de nous-mêmes ; vous le savez, il est difficile d'être modeste un jour de triomphe, et comment n'excuseriez-vous pas notre orgueil, il a sa source dans les succès de vos enfants.

Vous sentirez, Mesdames, que dans nos fonctions

simples, mais nobles, peu brillantes, mais utiles, la seule récompense que nous retirions de nos veilles est d'avoir aplani à vos enfants le chemin du bonheur.

Dans le grand monde on vole souvent à la fortune sur les ailes rapides du plaisir ; nous, nous marchons lentement vers une aisance modeste que nos travaux honorent cependant.

Mais notre passage, sur cette terre, n'aura pas été sans gloire, et ne restera pas dans l'oubli, si quelques-unes de nos élèves, devenues par leurs vertus et leurs talents, l'orgueil de leurs familles et l'ornement de la société, se rappellent quelquefois avec reconnaissance nos soins, nos leçons et notre amitié.

PRÉFACES

PRÉFACES

QUELQUES MOTS

SUR

L'ENSEIGNEMENT DE L'HISTOIRE

AVANT-PROPOS DE LA PREMIÈRE ÉDITION

DES « ESQUISSES HISTORIQUES »

EN 1823

L'enseignement élémentaire de l'Histoire est nul en France ; c'est une affligeante vérité à faire connaître. Malgré le zèle de quelques savants professeurs qui s'efforcent de l'améliorer, on chercherait en vain un ouvrage méthodique sur cette branche d'instruction, où tous les hommes trouvent cependant des règles de conduite.

Quelques précis d'Histoire ancienne et d'Histoire de France courent çà et là dans les classes ; mais ils ne se rattachent à aucun plan fixe : les élèves les apprennent par cœur, les récitent souvent avec une volubilité méca-

nique, et s'inquiètent peu de mettre de l'ordre dans
les idées, d'enchaîner les faits et de les étudier synchroniquement. Ils confondent les siècles, les événements, les hommes ; font vivre Alexandre-le-Grand
avant Romulus, et Annibal au temps de Pharamond.
Dans ce chaos, dans ce dédale de noms, de dates, de
faits, la mémoire, accablée sous ce fatras indigeste, se
fatigue, succombe ; de cette confusion naît le dégoût ;
du dégoût l'ennui, et de l'ennui l'ignorance.

Il n'est pas inutile de le dire : c'est sur le talent des
professeurs, des institutrices, que reposent les succès
d'un enfant laborieux et bien organisé. Il faut savoir
deux fois quand on enseigne : pour soi d'abord, et
ensuite pour son élève. La science du professeur est plus
difficile qu'on ne le pense ordinairement : il ne suffit
pas de dire : *apprenez, répétez,* il faut que des questions adroites et pressantes fassent trouver la réponse
désirée ; il faut, la craie à la main, rendre sensibles
aux yeux les explications verbales ; trouver des moyens
ingénieux pour fixer tel ou tel événement dans la
mémoire, et posséder, avec assez d'étendue, les trois
sciences qui servent de fondement à l'Histoire : la
géographie, la *généalogie* et la *chronologie.* Voilà de
grandes difficultés, sans doute ; on ne les surmonte qu'à
force de veilles et de travaux ; mais c'est ainsi que l'on
peut porter, sans usurpation, le beau titre de profes-

seur ; c'est ainsi que l'on remplit consciencieusement la fonction noble et délicate d'instruire son semblable. Nous devrions toujours penser que de nos talents, de la clarté et de la méthode de nos leçons, dépend, en grande partie, l'avenir d'un enfant. Quelle puissante raison pour méditer sur nos devoirs !

Voilà, dira-t-on, de graves réflexions pour un tout petit ouvrage. Cet ouvrage est peu important, sans doute, aux yeux du vulgaire ; mais il acquerra quelque prix aux yeux de l'ami des enfants et du professeur sensé, car c'est vers l'amélioration de l'enseignement élémentaire que le philanthrope porte ses vues bienfaisantes. Dans sa sollicitude, il doit rechercher tout ce qui peut ouvrir à l'instruction une route nouvelle et sûre : c'est quand ses bases sont solides que le monument brave les injures du temps.

Quant à nous, nous consacrons tous nos instants à l'instruction de la jeunesse, et nous nous trouvons heureux quand nous pouvons lui offrir un nouveau tribut de nos veilles et de notre amitié. Après des essais nombreux, nous avons la ferme confiance que nos *Esquisses historiques* lui seront utiles. Avec notre *Histoire de France détaillée,* notre *Histoire Générale,* nos *Chroniqueurs,* notre *Histoire classique des Reines de France,* nos *Éphémérides classiques* et nos *Énigmes,* nous lui donnons un cours complet d'*Histoire.*

Puisse cette nouvelle publication enrichir la mémoire des élèves, en leur donnant des connaissances variées, former leur jugement en les habituant à réfléchir, et par conséquent contribuer à leur bonheur.

LA MNEMOSYNE CLASSIQUE

———

« Ce n'est pas seulement dans quelques établisse-
« ments que la manière de lire et de réciter est détes-
« table ; ce n'est pas dans les seules classes élémentaires,
« c'est dans toutes, c'est sur tous les points de la
« France, au sein de la capitale, comme à l'extrémité
« des départements. Comment se fait-il que la nation
« française, qui regarde sa langue comme en posses-
« sion de donner le ton à la plupart des langues de
« l'Europe, ait pu rester, jusqu'à ce moment, aussi
« indifférente sur ce vice de l'éducation publique ? Car,
« tel est le degré auquel il est poussé dans nos écoles,
« que si les usages et les relations de la vie commune
« ne venaient pas rompre les habitudes prises par les
« enfants dès les premières années, bientôt ils n'ar-
« ticuleraient plus qu'un jargon barbare et inintel-
« ligible. »

Telles sont les réflexions judicieuses que fait

M. Taillefer, inspecteur de l'Académie de Paris, dans un ouvrage[1] qui est devenu le manuel de tous les professeurs. Ces observations d'un savant qui a beaucoup vu, beaucoup observé, beaucoup pratiqué dans l'instruction publique, et dont le caractère, les lumières et la philanthropie sont dignes de la confiance des pères de famille et des instituteurs ; ces observations, dis-je, ne laisseront pas de doute sur la nécessité de remplir le vide qui existe dans l'enseignement.

Je ne m'étendrai donc pas sur l'importance de l'art de lire à haute voix, et sur le besoin d'habituer de bonne heure les jeunes gens à réformer dans des lectures soutenues et raisonnées, les vices de leur prononciation, à lire avec goût, avec intérêt, avec énergie. Je ne pourrais que reproduire ce que j'ai dit sur ce sujet, dans un autre recueil. D'ailleurs, il faudrait faire un traité spécial, et je connais trop mon insuffisance pour oser lutter avec M. Dubroca, qui vient d'enrichir les bibliothèques classiques d'un ouvrage savant, sur l'Art de lire à haute voix[2], fruit de pénibles recherches, d'une constante méditation, et surtout d'une longue expérience.

Je sais que l'Art de bien lire n'est pas aussi facile que

1. *De quelques Améliorations à introduire dans l'instruction publique.* Paris, Renouard, rue de Tournon, n° 6.
2. Chez A. Johanneau, libraire, rue de l'Arbre-Sec, n° 15.

la plupart se l'imaginent ; que cet art, qui, selon
l'expression de M. Febvé, donne des parures et des
armes à la pensée, suppose beaucoup de connaissances.
Les enfants, il est vrai, ne peuvent concevoir encore
parfaitement la nature des sons de la voix humaine,
leur caractère, leurs diverses modifications, leur valeur
prosodique, et le degré de consistance qu'il faut leur
donner ; mais c'est dans l'adolescence que la voix s'ha-
bitue à se ployer à toutes les modifications ; que la
prononciation devient exacte, nette et régulière ; que le
mécanisme de la parole acquiert plus de souplesse ; que
l'oreille, cet organe le plus difficile à contenter, s'accoutume à saisir sans peine, sans étude les grâces de
diction et la mélodie du style. A cet âge, les organes
reçoivent facilement toutes les impressions ; il ne s'agit
que de leur donner une bonne direction, de développer
insensiblement les facultés de l'élève, afin de lui préparer, pour l'âge mûr, une riche moisson de connaissances.

Il faut donc commencer par apprendre à un enfant à
prononcer correctement tous les mots, à les unir pa,
des liaisons harmonieuses, ou à les séparer par des
pauses plus ou moins longues ; ensuite, il faut lui
enseigner à donner à la raison son langage, à la vérité
sa persuasion, à l'éloquence son énergie. « Des enfants
« ainsi dirigés n'anéantiront plus sans pitié, dit encore

« M. Taillefer, la mélodie et les accens délicieux de ces
« maîtres de la poésie et de l'éloquence, de ces modèles
« de la chaire et de la tribune, dont les beautés doivent
« leur être familières. »

Mais, pour donner ou pour suivre avec fruit les
leçons de l'Art de lire à haute voix, il est indispensable
d'avoir un recueil de morceaux de prose et de vers, d'un
genre opposé, pour que la voix s'exerce dans toutes les
inflexions et dans tous les tons. Cet ouvrage manquait ;
j'ai cru être utile aux maisons d'éducation en m'occupant de ce travail. J'ai extrait de nos orateurs, de nos
poètes, de nos prosateurs les plus distingués de ce
siècle, les passages les plus propres au plan que je me
suis tracé. J'ai eu soin que les modèles en tout genre
dont s'enrichira la mémoire des jeunes élèves forment
à la fois leur cœur, leur esprit et leur goût. Persuadé
que les moindres productions de l'esprit influent sur
leurs pensées et sur leurs actions, je n'ai choisi que
celles qui sont inspirées par la religion, la sagesse et le
bon goût. Les noms de Châteaubriand, de Lamartine,
Delavigne, Soumet, prouvent, qu'en abeille prudente,
j'ai cherché un suc précieux au fond même du calice
des fleurs.

Le désir d'être également utile aux étrangers qui
veulent apprendre à parler correctement notre langue,
et aux Français de l'un et de l'autre sexe, encore peu

familiarisés avec les difficultés que présente la prononciation de plusieurs noms propres et de quelques
autres mots, m'a suggéré l'idée de mettre en tête de ce
recueil des tableaux de prononciation. L'utilité de ce
travail ne sera pas, je crois, contestée. Je compte d'autant plus sur l'accueil qu'on lui fera, que ce n'est pas
mon opinion particulière que j'émets, mais celle de la
majorité des bons grammairiens qui ont bien voulu
m'éclairer de leurs conseils. Je dois ajouter, pour ma
propre satisfaction et pour celle des personnes qui
feront usage de cet ouvrage, que j'ai recueilli dans la
bonne compagnie, et avec la plus scrupuleuse attention,
les manières de prononcer les plus pures et les plus
conformes au bon usage.

Cette prononciation de la bonne compagnie est naturelle ; elle bannit l'affectation que voudraient lui communiquer ceux qui étudient les langues étrangères, surtout
dans les noms propres des écrivains. Ils oublient que la
France étant le creuset où viennent s'épurer toutes les
réputations littéraires de l'Europe, la belle langue des
Racine, des Pascal rejette ces accents germains, bre-
tons, scandinaves, mauresques, qui nuiraient à la
pureté et à l'harmonie de ses inflexions. Ainsi Baïronn'
s'est changé en Byron, Ouarik en Varvick, Londonn'
en Londres, etc. ; et bien que la langue française ait
donné droit de bourgeoisie à quelques mots dont on

pourrait s'étayer dans une discussion grammaticale, ses décisions, presque toujours dictées par l'euphonie, quelquefois même par le caprice, sont des lois que l'Europe savante s'empresse d'adopter.

Voilà les observations que j'avais à présenter sur cet ouvrage. Puisse-t-il être utile aux jeunes élèves et aux étrangers pour lesquels il est spécialement composé, et mériter les suffrages des Amis de la Jeunesse !

Les études littéraires devaient suivre de près le développement remarquable donné depuis quelques années aux *études historiques. Sans l'histoire littéraire,* dit Bacon, *l'histoire du genre humain est comme la statue de Polyphème, dont on aurait arraché l'œil.*

Nous n'avions cependant pas attendu ce mouvement général vers cette branche nouvelle : nous l'avions, en quelque sorte, pressenti, dans la modeste sphère qui limite notre méthode élémentaire. Ceux qui en suivent depuis longtemps les progrès, nous ont toujours vu associer les théories grammaticales et littéraires aux théories géographiques et historiques, en élevant l'esprit des élèves du fond à la forme, de l'analyse à la synthèse ; en le fortifiant par des analogies ; en l'enrichissant d'acquisitions faites dans toutes les facultés qui lui étaient accessibles.

Le travail que nous publions était donc préparé depuis longtemps ; il avait été improvisé, en quelque sorte, dans nos leçons, mais n'existait réellement que dans les cahiers de nos élèves. Cependant il a fallu en coordonner les parties, les modifier, les développer, les corriger, et souvent même les présenter sous un nouveau point de vue ; en un mot, c'était un ouvrage entier à refaire et à rendre digne de la protection honorable que l'on accorde à nos productions classiques.

L'horizon s'agrandissait à mesure que nous jetions les yeux sur le terrain que nous voulions parcourir. Il s'agissait de donner un *pendant* aux *Esquisses historiques ;* de suivre, pour l'histoire de la littérature, le même plan, la même marche, la même division, sans dépasser les dimensions matérielles d'un ouvrage de ce genre. En moins de 600 pages, parcourir toutes les phases historiques des langues anciennes et modernes, caractériser les principaux écrivains qui ont marqué jusqu'à nos jours, jeter un coup-d'œil sur leurs chefs-d'œuvre, et semer çà et là quelques réflexions qui servissent de texte aux développements des professeurs et aux recherches des élèves, c'était s'imposer une tâche difficile, et surtout délicate.

Si nous pouvions à notre gré, nous, professeurs,

laisser courir notre plume sur le papier, nous livrer à
nos propres impressions, juger, selon notre pensée personnelle, les *choses* et les *hommes,* exposer nos doutes,
nos critiques, nos systèmes ; travailler à notre aise le
résultat de nos recherches, de nos études, et le présenter au grand jour, après en avoir châtié, dans le
silence du cabinet, les *idées* et le *style,* — l'attrait d'une
telle occupation en allégerait la difficulté. Et lors même
que les produits de nos veilles subiraient le châtiment
d'une verte critique, peut-être ne seraient-ils pas sans
quelque utilité ! car, par *métier,* nous sommes obligés
de pénétrer au fond des choses, de peser un mot, un
fait, une époque, de voir enfin les objets sous toutes les
faces...

Mais il en est autrement : nous remplissons un devoir
rigoureux, celui d'être les interprètes de la majorité,
les échos des pensées des bons écrivains, les abeilles
qui recueillent le miel des fleurs d'un jardin étranger.
Ouvriers patients et infatigables, il faut que nous por-
tions une à une les pierres que nous désignent nos
maîtres, *les architectes de l'esprit humain ;* que nous
les rassemblions avec nos enfants, pour l'érection du
monument intellectuel qu'élève notre siècle, et au
fronton duquel on ne lira pas notre nom !

Qu'on se figure un instant l'activité de notre vie :
après les fatigues morales et corporelles du jour ; après

avoir cent fois jeté, pris et repris une pensée sur le
papier, après avoir dévoré tous les ouvrages de science,
de littérature et d'art qui peuvent être utiles à la
jeunesse, quelques heures de sommeil doivent suffire
pour soulager notre accablement, pour rafraîchir notre
esprit; et, le lendemain, nous recommençons, auprès
d'un jeune auditoire, léger, inattentif, insouciant souvent, ingrat toujours, notre rôle d'amis et de conseil-
lers; obligés d'avoir du sourire sur les lèvres, de la
netteté et de l'à-propos dans les idées, du timbre dans
la voix, de l'énergie dans les actions, afin de faire
manœuvrer ces jeunes intelligences, de les réveiller, de
les exciter, et de leur faire produire quelques fruits.

Voilà les hommes cependant, que regardent d'un œil
superbe et que traitent de *peseurs de diphtongues,* de
compilateurs, de *pédagogues,* de *maîtres d'école,* quelques-uns de ces heureux littérateurs qui, sous le coloris
brillant d'une imagination exaltée, cachent la pauvreté
de leur savoir comme on dissimule les cavités d'un
terrain, en les comblant de feuillage !

Ce n'est pas l'esprit qui manque à ces Aristarques
dédaigneux : l'esprit, aujourd'hui, est une monnaie
courante que l'on échange facilement, c'est le bon
sens; c'est un jugement fortifié par des études sérieuses,
monnaie de bon aloi, plus rare et plus difficile à posséder, car il faut pour cela se sevrer des plaisirs d'un

monde où l'or et l'argent brillent d'autant plus qu'ils n'ont pas un poids légal.

Qu'on nous pardonne ces réflexions en faveur d'une profession laborieuse, estimable, utile. Certes, nous ne parlons pas pour nous, que la faveur publique a élevé plus que nous ne le méritons ; mais c'est pour la classe entière des instituteurs élémentaires, à laquelle nous sommes fiers d'appartenir, parce qu'elle donne des hommes intègres et capables à la société, et ne mérite ni l'indifférence ni l'obscurité, encore moins le dédain.

Les *Esquisses littéraires,* qui ont donné lieu à cette digression, se recommandent par des recherches consciencieuses. Nous nous sommes entouré de conseils et d'ouvrages qui ont puissamment contribué à remplir nos vues. Cependant il y a des parties faibles, nous le savons, des opinions hasardées, surtout pour les littératures sur lesquelles nous n'avons, en général, que des données incertaines, bien que nous ayons puisé aux meilleures sources, parmi lesquelles nous citons, par devoir et par reconnaissance, les travaux philologiques et littéraires de *MM. Schlegel, Klaproth, Eichhoff, Balbi, de Mancy, de Humboldt, Renan, Oppert, Théry, Villemain.* Nous avons sollicité de plusieurs professeurs étrangers des observations critiques et nous en demandons franchement à tous ceux qui prennent intérêt aux études de la jeunesse.

Si, telles qu'elles sont, nos *Esquisses littéraires* peuvent diminuer les fatigues des professeurs et compléter l'instruction des élèves, nous aurons atteint le but de nos travaux : celui d'être utile.

DE GÉOGRAPHIE GÉNÉRALE

—————

Le titre de cet ouvrage en fait connaître l'utilité ; c'est le *développement* des notions que les élèves ont puisées dans les études élémentaires et secondaires, avec notre *Tour du Monde,* notre *Géographie racontée,* ou tout autre traité de Géographie.

Ces *Études* complètent donc les livres classiques consacrés à la *Geographie.* Dans les premières leçons de cette science, il suffit d'aider la mémoire par une nomenclature graduée avec goût ; et, pour atteindre ce but, chaque professeur a son moyen mnémonique : celui-ci emploie des *jetons ;* celui-là des *cartes emblématiques ;* nous-même nous prenons nos *boussoles* dont on se sert avec succès, et souvent sans nous faire l'honneur de nous en attribuer l'invention.

Quoi qu'il en soit, il ne s'agit plus ici d'amuser, mais d'instruire : le caractère des leçons change, il devient plus sérieux ; l'élève doit commencer à réfléchir sur ce qu'il a fait. Il suit une marche logique : il organise le monde en donnant à chaque objet son utilité. Tout en nommant et en classant les fleuves, les montagnes, etc., qu'il n'avait d'abord vus que matériellement, il admire l'harmonie des lois de la nature ; il remonte, par la gradation des connaissances qu'il acquiert, jusqu'au puissant ordonnateur des merveilles qu'il analyse ; il médite sur la structure étonnante du globe, et c'est à l'aspect des grandes scènes dont il est le témoin, que l'Être suprême se manifeste à son cœur. Ce premier pas qu'il fait dans le domaine de la science géographique, cette recherche de la cause par les effets, le rendent à la fois plus instruit et plus religieux. Plus tard, il achèvera son éducation géographique, en lisant les ouvrages des grands maîtres, dont nous ne lui offrons qu'une analyse un peu sèche, il est vrai, mais dégagée de tous ces systèmes hasardés qu'il ne peut apprécier encore.

Avant de confier aux mains des élèves Humboldt, Danville, Maltebrun, Lacroix, Valcknaer, Balbi, il faut les y préparer par l'étude d'un ouvrage qui leur aplanisse les difficultés de la transition, leur ouvre, pour ainsi dire, les *portes du temple,* et les mette à même de comprendre les théories toujours brillantes, quelquefois heureuses, mais souvent erronées de nos savants géologues.

Trois parties distinguent, essentiellement, *ces Études :*

La première, qui décrit les généralités de la *cosmo-graphie ;*

La seconde, qui traite des *Voyages géographiques et historiques ;*

La troisième, qui renferme des *Observations morales sur la structure du globe.*

Prenons succinctement chacune de ces parties pour en faire ressortir l'utilité.

VOYAGES GÉOGRAPHIQUES ET HISTORIQUES.

Dans toute science, l'ordre enchaîne les idées, éclaire l'esprit et fait qu'un objet en rappelle immédiatement un autre ; c'est l'avantage inappréciable des *leçons de géographie par voyages.* L'impression que l'élève reçoit, en voyageant par la pensée et sur la carte, est utile et durable : rien n'est isolé dans sa tête, tout se lie, se marie, se centralise, parce qu'il a passé, par une progression naturelle, de l'Océan aux fleuves qui l'alimentent; des fleuves aux montagnes qui les jettent aux océans, etc.

C'est ainsi que nous avons procédé méthodiquement. Nous nous sommes élevé au-dessus des sphères, nous avons une idée du *système planétaire,* et nous ne sommes descendu sur notre planète qu'après avoir

traversé les plaines de l'air, et en avoir expliqué les
principaux phénomènes qui ont des rapports avec la
géographie.

Alors notre globe nous a occupé exclusivement ; nous
avons parlé de sa forme et de son atmosphère, de ses
dimensions, de ses zones, de sa formation, de ses productions générales, de ses grandes divisions physiques
et politiques.

Et, reprenant la partie physique, nous avons décrit
les *eaux* et les *terres* dans toute l'étendue de ces mots :
ainsi, après une classification, basée toujours sur les
lois les plus probables de la nature, et sur les systèmes
que nous avons cru les meilleurs, nous avons voyagé
successivement sur les *mers*, les *fleuves*, les *canaux ;*
nous avons visité les *sources d'eaux minérales*, les *mon-*
tagnes, les *volcans*, les *déserts*, les *vallées*, les *îles*, etc.

Nous avons fait suivre ces voyages d'observations
générales, analysées avec soin, et empruntées quelquefois à de grands écrivains.

Le *Tour du Monde* que nous avons publié à part,
doit naturellement précéder ces *études*. Nous l'avons
considérablement augmenté : plus il a eu de succès,
plus il était de notre devoir d'y faire des améliorations.

Nous terminons ces études par un *Précis de l'his-*
toire de la Géographie, aux trois grandes époques, et

par les *Voyages des principaux navigateurs.* Cette dernière partie est traitée de manière que l'élève puisse étudier un navigateur dans une leçon, et le suivre facilement sur une grande carte. Pour les développements, on se servira de Maltebrun, de l'*Histoire des Voyages,* par La Harpe, des relations particulières des navigateurs, et des lectures que nous indiquons dans les littératures française, anglaise et allemande.

OBSERVATIONS MORALES.

En jetant les yeux sur le globe, le philosophe se dit qu'il n'y a *rien d'inutile,* que tout a été créé pour le bonheur et le plaisir de l'espèce humaine ; l'élève à son tour, en étudiant l'harmonie admirable des lois qui régissent l'univers, y puisera des leçons de sagesse et de vertu. C'est dans ce but que nous avons expliqué l'utilité de l'air, des montagnes, des fleuves. Par l'étude morale des sciences physiques, le cœur se forme en même temps que l'esprit s'éclaire ; la curiosité et l'intérêt croissent à mesure qu'on s'avance dans la carrière de la science, et d'admiration en admiration, on s'écrie avec Chateaubriand : « Il est un Dieu ! les arbres de la « vallée et les cèdres de la montagne le bénissent, l'in- « secte bourdonne ses louanges, l'éléphant le salue au « lever du jour, l'oiseau le chante dans le feuillage, la

« foudre fait éclater sa puissance, et l'Océan déclare
« son immensité ! »

Tel est le plan de ces *Études géographiques,* nous
avons voulu faire à la fois un ouvrage instructif et
moral ; puissions-nous avoir réussi !

AVERTISSEMENT

DE LA NOUVELLE ÉDITION

DU « TOUR DU MONDE »

———

Le *Tour du Monde,* dont nous donnons aujourd'hui une nouvelle édition, est un des livres classiques les plus estimés et les plus répandus. La réputation dont il jouit est déjà ancienne, puisque la première publication de cet ouvrage remonte à quelque quarante ans. Au moment de son apparition, l'étude de la géographie était à peu près nulle en France. On se trouvait réduit dans les établissements d'instruction à des abrégés insignifiants, à de sèches nomenclatures géographiques, que les enfants apprenaient par cœur, avec ennui, sans même ouvrir un atlas. Le *Tour du Monde* devait nécessairement recevoir des maîtres et des élèves un favorable accueil. Il donnait, en effet, à l'enseignement de la géographie ce qui lui avait manqué jusqu'alors : le mouvement et l'attrait. Au lieu de laisser l'élève froid et indifférent devant des mots dont il était contraint de surcharger sa mémoire, M. Lévi Alvarès, dans son nouveau petit livre, l'entraînait sur la *carte,* dans des *voyages* supposés, à travers les océans et les terres. Tout s'animait sous les *yeux* et sous le *doigt* de l'enfant, qui touchait, pour ainsi dire, les pays avec leur aspect général, leurs productions, leur climat, et les villes, avec leur situation, leur commerce, leurs monuments, leurs souvenirs historiques. Il devenait lui-même *acteur* dans la leçon qui avait perdu désormais son aridité et sa monotonie. On comprend toute l'influence que le *Tour du Monde* dut exercer sur les progrès des études géographiques. Aujourd'hui encore, au milieu de tant d'ouvrages publiés, il conserve une place à part, une originalité qui le recommande tout particulièrement aux professeurs et aux jeunes étudiants.

Cette nouvelle édition a été revue, corrigée et mise au courant des changements politiques, des nouvelles découvertes et des statistiques les plus récentes, par les soins de M. Aug. Dufresne, à qui la science géographique doit déjà de nombreux et utiles travaux. Pour donner au *Tour du Monde* son complément naturel, nous le faisons suivre, avec la collaboration de M. Aug. Dufresne, d'un Tour de France, actuellement sous presse. Tout en conservant la forme attrayante qui a fait le succès du *Tour du Monde,* nous avons tenu à offrir, en même temps, un tableau complet et animé de la France, où sont résumées les notions nécessaires à la connaissance exacte de notre pays.

THÉODORE LÉVI ALVARÈS,
Directeur des Cours d'Éducation maternelle.

Mars 1876.

QUELQUES MOTS

SUR

LE NOMENCLATEUR ORTHOGRAPHIQUE

———

Il faut que l'orthographe française soit d'une bien grande difficulté pour que chaque jour voie naître des traités sur cette partie de notre grammaire. Des réformes plus ou moins heureuses ont été proposées depuis un siècle par des philologues, quelques modifications ont été apportées par le temps, mais il reste encore beaucoup à faire. On passe les plus belles années de sa vie à étudier particulièrement l'orthographe ; on mouille de ses larmes les cahiers de dictées qu'on maudit ; on pâlit sur les *verbes irréguliers,* on meurt d'ennui et de fatigue sur les *participes ;* on s'égare dans le dédale des *homonymes ;* et arrivé à l'âge où les travaux pénibles et matériels de l'enfance devraient être payés d'un succès chèrement acheté, on s'aperçoit que le dictionnaire est indispensable dans les mots d'usage.

Qu'on ne s'y méprenne pas : c'est là l'histoire de la

grande majorité ; et nous n'aurions, pour le prouver, qu'à rappeler le *pari* de trois cents francs proposé, il y a quelques années, par la *Société grammaticale,* à tous ceux qui croiraient pouvoir écrire, *sans faute, douze lignes* dans lesquelles on avait rassemblé, il est vrai, les plus grandes difficultés. Personne ne se présenta pour le tenir. Un *académicien* seul voulut, comme amusement, en faire l'essai ; et lui, homme d'un savoir éminent, lui, membre distingué de ce docte aréopage *qui juge les mots l'un après l'autre,* lui, écrivain élégant et correct, ne fit que... *six fautes.* Il eut le bon esprit d'en rire le premier, et d'avouer que toute la science étymologique, que toutes les règles fondées sur la connaissance du grec et du latin, échouent contre la bizarre physionomie de certains mots.

Cette petite anecdote devrait donner un peu de retenue et de modestie aux personnes qui se croient sûres d'elles-mêmes, parce que les yeux de leur intelligence n'ont jamais dépassé l'horizon de ces petits traités de grammaire où la *science du langage* est résumée en quelques pages, d'autant plus faciles à retenir qu'elles ne renferment aucune des *difficultés* qui arrêtent à chaque pas. Leur savoir ressemble à ces bulles d'écume dont un souffle léger fait connaître la nature et la consistance.

Disons-le . Ce n'est que par des exercices *réitérés*, *réguliers* et *méthodiques*, que l'on peut graver dans la mémoire l'orthographe d'usage. Il faut accoutumer l'élève à copier *attentivement* et *chaque jour*, pendant une demi-heure, le passage indiqué, l'interroger ensuite, pour se convaincre que les formes dessinées par sa main ont été bien observées et bien retenues ; lui faire, à la fin de chaque semaine, des dictées de récapitulation, et l'accoutumer à composer des phrases de tête avec les mots qu'il n'a vus qu'isolément.

Si, pendant une année, on a suivi avec une scrupuleuse attention ce procédé bien simple, qui ne demande que de la patience et une ferme volonté, le succès est certain ; la moindre négligence lui nuirait.

Le petit recueil que nous publions, d'après les cahiers que nous faisons tenir à nos élèves depuis quarante ans, pourrait servir utilement de *premières dictées*. Il est divisé en quatre parties.

La *première partie* présente la *Nomenclature* des mots les plus usités, classés par spécialités.

Tout en étudiant l'orthographe, les enfants enrichissent leur mémoire d'une foule de mots qu'ils n'auraient certainement jamais connus sans cet exercice préliminaire, et qui, dans les relations de la vie, sont nécessaires pour rendre la pensée claire et complète.

Les étrangers qui étudient bien notre langue connaissent plus de termes techniques que les Français eux-mêmes, et n'hésitent jamais pour donner à *chaque chose le nom* qui lui convient, parce que de bonne heure on leur a fait classer chaque mot suivant son emploi et son rôle ; tandis que nos enfants ont un *dictionnaire parlé*, si nous pouvons le dire, tellement circonscrit, qu'entrés dans le monde, ils entendent une *nomenclature* toute nouvelle, qu'ils ont besoin d'apprendre et de comprendre.

Apprendre à écrire exactement les mots d'une langue, ce n'est certainement pas en connaître les principes, les idiotismes, les finesses, les acceptions distinctes ; pour élever un bâtiment, ne faut-il pas commencer par rassembler les matériaux qui doivent entrer dans sa construction, lui donner la forme matérielle qui contribuera à la forme générale ? Eh bien, les enfants sont de petits ouvriers qui commencent par être *maçons*, et qui deviennent *architectes* si leur travail a été bien dirigé. Cette première partie est donc essentielle : elle est comme la base de l'édifice.

Une liste très étendue d'*Homonymes* et de locutions qui s'y rapportent forment l'objet de la *seconde partie*.

La *troisième partie* renferme un petit traité méthodique d'*Orthographe absolue*. L'intelligence commence ici à jouer un rôle plus actif ; l'oreille et les yeux travaillent simultanément, car le *son* et le *signe graphique* sont mis en rapport et doivent être étudiés à la fois. Des tableaux synoptiques dressés avec goût, et des réponses écrites d'après notre *Questionnaire grammatical*, aplaniront les difficultés en simplifiant le travail.

La *quatrième partie* donne graduellement les principes de l'*Orthographe relative* avec quelques phrases dans lesquelles nous avons réuni les principales difficultés. Il n'y a là encore aucune définition, aucune explication savante à retenir ; ce sont des types, des *paradigmes* à copier, et sur lesquels on appliquera d'autres phrases ; c'est l'habitude du *vêtement*, de la *forme* du mot qu'il est nécessaire d'acquérir. *La pratique* d'abord, la *théorie* viendra ensuite : elle naîtra naturellement de l'observation souvent renouvelée.

PRÉFACE

DES

ÉNIGMES HISTORIQUES

———

Le mot Préface produit un effet tellement soporifique, que je prends, pour mes observations préliminaires, le titre même de ce petit ouvrage : *Les Énigmes !* il est bizarre ; il piquera la curiosité, et je serai lu.

Qu'on ne pense pas cependant que j'aie l'intention de faire ici un vain étalage d'érudition sur la manière d'enseigner l'histoire ; ce sujet intéressant a exercé la plume de beaucoup d'écrivains, nos maîtres, et j'aime mieux renvoyer les professeurs, les élèves même, aux ouvrages de ces savants, que de leur en présenter une froide analyse. Ce n'est pas que je ne me sente de disposition à faire la guerre à la méthode que l'on suit dans la plupart des pensions et des écoles ; mais toute ma rhétorique persuaderait-elle ? Consentirait-on à faire un *auto-da-fé* des mille et mille livres qui nuisent au progrès des élèves, et qui sont préjudiciables au développement de leurs facultés ? Non ; malgré moi, et malgré tous les

professeurs sensés, les abrégés des abrégés, les extraits
des extraits, par demandes et par réponses, auront
longtemps l'heureux privilège de surcharger la mémoire
des enfants, sans développer leur intelligence, de les
retenir dans les lisières de la routine, sans parler à leur
cœur et à leur esprit. On les accablera, longtemps
encore, sous le poids de dix mille dates, dont neuf mille
cinq cents sont incertaines ou inutiles ; on exigera qu'ils
récitent leurs leçons presque d'une seule haleine, et
sans oublier un *iôta* ; et, pour leur faire admirer toutes
les beautés de l'immortel monument[1] élevé à l'histoire
par l'éloquent précepteur du fils de Louis XIV, on les
obligera de retenir, ligne par ligne, année par année,
toutes les dates, tous les noms propres, etc., etc., dont
Bossuet lui-même n'avait certainement pas encombré
sa mémoire. Enfin, depuis le 1ᵉʳ octobre jusqu'au 1ᵉʳ septembre, on dictera, pendant les leçons, événements sur
événements, sans s'inquiéter si, des trente cahiers
qu'auront remplis les élèves, deux pages seulement
auront été comprises, et surtout si le but principal de
toutes ces études aura été atteint : la morale.

Cependant, soyons justes, depuis quelques années
l'enseignement élémentaire a fait de grands progrès :
les professeurs qui veulent bien mériter des familles,

1. Le *Discours de l'Histoire universelle*, par Bossuet.

suivent avec plus de zèle et de savoir, le mouvement intellectuel qui s'opère chaque jour. On voit s'introduire, dans les bonnes maisons d'éducation, des méthodes nouvelles ; on fait des essais, souvent heureux, de procédés dont le but est de hâter le développement des facultés d'un enfant ; et s'il est des maîtres qui sont poussés par le démon de la *méthodomanie*, leur *bonne foi*, leur *désir de bien faire* n'en sont pas moins une amélioration sensible, qu'il est de notre devoir de signaler. Espérons donc !

J'arrive au but que je me propose en publiant ce petit ouvrage.

Dans mes leçons d'histoire, je ne m'occupe pas uniquement des faits. Les grandes *masses*, les *maisons royales*, les *généalogies essentielles*, tout ce qui peut servir de *jalon*, si je puis m'exprimer ainsi, pour rapporter un événement quelconque à tel siècle, à telle histoire particulière, enfin à tel règne, est l'objet d'un travail préliminaire que je fais faire à mes élèves.

Je sais fort bien que ce sont les détails, et presque uniquement les détails, même minutieux, qui gravent dans l'esprit des enfants, d'une manière ineffaçable, le souvenir des événements auxquels ils sont liés ; c'est le but des études élémentaires ; les études secondaires exigent une autre marche, et voici ce que je fais : avant d'analyser les événements principaux d'un siècle, j'in-

siste sur le siècle lui-même, et je le caractérise par des
traits généraux d'histoire, de politique, de mœurs, de
morale et de littérature. Jusque-là il n'est fait aucune
mention de ces réparties, de ces petites chroniques qui
sont, si je puis le dire, la physionomie morale d'un roi,
d'un guerrier, d'un homme d'État. Ces individualités
sont réservées pour la fin de la leçon, et c'est alors que
se présentent les *énigmes*. C'est ce que j'appelle, en
riant, le *dessert*; et je puis assurer que les enfants s'y
montrent très friands. Le mot *énigme* a, pour eux, tant
d'attrait, qu'à peine ont-ils fini l'analyse des événements, qu'ils s'écrient spontanément : *Les tableaux!*
les énigmes! Et le cahier destiné à recevoir, par numéro,
l'explication des *énigmes,* est aussitôt mis en avant.

Ce n'est pas assez d'avoir deviné le sujet de l'énigme,
il faut aussi dire à quel siècle se rapporte l'événement
représenté, parcourir les principaux faits de ce siècle,
suivant les connaissances qu'on a acquises, et nommer
les personnages avec quelques détails biographiques.
Tous les élèves ne peuvent pas, sans doute, satisfaire à
ces questions, tous ne peuvent pas *deviner juste;* mais
le maître est là : il proportionnne adroitement ses explications à la capacité de son jeune Œdipe.

On voit déjà qu'après une seule leçon, l'élève n'aurait-
il détaillé que deux énigmes, il aura retenu des *faits*
qu'il se rappellera toute sa vie, parce qu'il se sera donné

la peine de *chercher,* et que cette *peine* aura été prise
avec *plaisir* parce qu'*il aura trouvé.*

Une objection m'a été faite, et je crois devoir la con-
signer ici. *Comment voulez-vous,* m'a dit un partisan
des méthodes que j'ai blâmées plus haut, *comment
voulez-vous que mon fils, qui n'en est encore qu'à Pharamond, aille meubler sa mémoire d'un événement
arrivé à Gengis-Khan, dont son petit abrégé ne parle pas;
qu'il sache faire la distinction des armoiries des différents États, dont aucun livre classique ne fait mention;
qu'il réponde, enfin, à tous vos problèmes iconologiques,
ethnographiques, héraldiques, mythologiques, qui embar-
rasseraient de grands enfants? Non, monsieur, non, je
n'approuve pas votre méthode, et je n'achèterai pas votre
livre.* — Vous avez raison, ai-je répondu avec calme;
mes Énigmes, Monsieur, sont trop difficiles pour votre
fils, qui n'en est qu'*au roi Pharamond.* Mais, croyez-
moi, ne lui permettez, dans quelque circonstance que ce
soit, aucune question qui ait rapport à l'histoire, à
moins qu'elle ne regarde le règne *de Pharamond. Papa,*
vous dirait-il, un jour que vous l'aurez conduit au Musée,
*papa, quelle est cette grande femme qui fait plonger la
tête d'un homme dans un vase plein de sang?* — *Mon
fils,* faudra-t-il que vous lui répondiez, *ce n'est pas la
femme de Pharamond, c'est une reine des Massagètes.*
— *Des Massa... Qu'est-ce donc que ces peuples-là, papa?*

— *Mon fils, vous n'êtes pas assez avancé pour que je vous le dise.* — Votre enfant, obéissant bien plus que convaincu, se taira, regardera les *hommes* et les *femmes* que représentent les tableaux ; son intelligence ne travaillera pas ; mais ses yeux, en revanche, seront frappés de l'éclat du rouge, du blanc, du noir, de toutes les couleurs variées que présente un tableau. Du Musée vous passez aux Tuileries. *Voilà bien des statues, papa. Qu'est-ce que ces deux enfants, dont l'un tient un cygne, et l'autre une écrevisse? sont-ce encore des... des... Mass...?* Ici le père m'arrêta, me serra la main en riant, et me dit : *Monsieur, je prendrai vos énigmes, et, dans un an, je vous conduirai mon petit Pharamond.*

Puisse son exemple être suivi, et mon petit ouvrage, continuant à être classique, hâter les progrès des élèves ! C'est le but où tendent tous mes travaux ; car je m'honore de pouvoir dire, comme l'un des plus dignes disciples de Pestalozzi [1] : *J'aime l'enfance, je veux vivre avec elle et pour elle.*

---

1. *Alexandre Boniface,* l'un de nos grammairiens les plus consciencieux, mort en 1837.

POURQUOI ET DES PARCE QUE

POURQUOI?

Pourquoi? c'est le titre de notre ouvrage ; ce sera celui de notre *Avant-propos*. Peut-être paraîtra-t-il bizarre ; cependant ne trouve-t-on pas journellement ce mot dans la bouche du curieux et de l'observateur, dans celle de l'homme du monde et du philosophe, de l'ignorant et du savant ? A peine l'enfant sent-il se développer sa jeune intelligence que, frappé du spectacle admirable des cieux et de la terre, il s'écrie POURQUOI ? Le vieillard, sur le bord de la tombe, jetant encore un regard scrutateur sur cet univers dont il se sépare, hélas ! pour toujours, semble ranimer ses forces pour répéter une dernière fois POURQUOI ?

Heureux qui peut connaître la raison des choses !

Heureux qui sait ajouter aux POURQUOI qui lui sont

adressés, ou qu'il s'adresse à lui-même, des PARCE QUE justes et clairs !

Aujourd'hui que l'instruction est un besoin, que l'étude est un devoir, il serait honteux de ne pouvoir se rendre compte des phénomènes les plus simples qui frappent journellement nos regards. D'ailleurs, ne trouve-t-on pas à la fois, dans l'étude de la nature, plaisir et profit ? C'est là qu'on voit s'étendre l'horizon de son intelligence : l'esprit s'éclaire, l'âme devient plus religieuse, et par conséquent meilleure.

C'est pour seconder ce mouvement honorable du siècle, que nous avons composé ce petit ouvrage ; nous n'avons pas eu la prétention d'écrire pour les savants ; ce sont, au contraire, leurs belles découvertes que nous avons mises à la portée de tous, en supprimant les hautes questions de physique, les termes trop scientifiques et les systèmes qui ne reposent pas sur des faits. Le champ des POURQUOI et des PARCE QUE est vaste comme le monde ; il renferme toutes les sphères des connaissances humaines ; mais, nous le répétons, c'eût été une témérité que de vouloir expliquer tous les phénomènes.

Notre curiosité, d'ailleurs, doit avoir des bornes ; il est des mystères au-dessus de notre faible intelligence ; loin de chercher, par de vains efforts à les pénétrer, admirons et bénissons l'Être suprême jusque dans ses divins secrets, et disons avec le philosophe allemand Leibniz :

« Il n'y a pas moyen de contenter ceux qui veulent savoir le *pourquoi* du *pourquoi.* »

Les premières éditions de ce petit ouvrage ont été tirées à *cinquante mille* exemplaires dans le format in-32, comme l'avaient été nos *Omnibus du Langage,* leurs rivaux en nombre et en succès. Ils ont eu les honneurs de la traduction en Angleterre, en Allemagne, en Russie, en Espagne même, et plusieurs écrivains dans ces mêmes pays, nous suivant dans la voie que nous avons, le premier, ouverte, ont consacré leur plume à la propagation et à la vulgarisation des éléments les plus simples des sciences physiques. Nous sommes heureux de les avoir devancés ; mais cette plaie honteuse de la librairie, qu'on appelle *contre-façon,* les ayant reproduits, avec des erreurs toutefois, nous avons dû chercher à mériter des suffrages aussi populaires, en améliorant nos deux livres et par la forme et par le fond.

Nous avons même apporté dans la *typographie* un certain luxe qu'on ne rencontre pas ordinairement dans les livres classiques. Si nous ajoutons que cette petite *physique popularisée* a été enrichie de figures propres à faciliter les explications, que nous l'avons fait mettre à la hauteur des découvertes actuelles par un professeur d'hydrographie, licencié ès-sciences, M. Paul Sasias, dont nous suivons le brillant avenir avec des yeux paternels, on sera convaincu du soin que nous avons donné à cette nouvelle édition.

Les *Pourquoi* et les *Parce que* répondent au caractère de notre époque, à celui de *l'exploration des choses utiles et de leur propagation dans les masses*.

Les professeurs, les instituteurs, les pères et les mères de famille, qui suivent avec régularité notre plan d'éducation et d'instruction, connaissent tout le parti que l'on peut tirer de cet ouvrage. Un exercice qui nous appartient en propre, et qui a déjà eu des imitations heureuses, c'est la comparaison morale tirée des faits physiques. Ainsi, dans nos *cours supérieurs*, chaque *parce que* est comparé aux circonstances de la vie, aux événements de l'histoire, etc. Cette application morale et intellectuelle aux agents de la nature forme le cœur, fortifie l'esprit, enrichit le style et complète admirablement une éducation soignée ; car les connaissances que l'élève vient d'acquérir se prêtent, dans ce travail, un mutuel secours, puisque toutes apportent à la fois leur tribut. Nous avons donné quelques exemples de ces exercices ; ces applications morales sur des faits appartiennent à des élèves de nos *cours supérieurs*.

Nous désirons vivement que ce petit volume, tel qu'il est, obtienne l'approbation des amis de la jeunesse, et qu'il prouve combien nous cherchons à nous rendre digne de la faveur publique qui honore, depuis tant d'années, nos travaux et notre méthode.

POLÉMIQUE

POLÉMIQUE

SUR

LA MÉTHODE JACOTOT ET LA MÉTHODE LÉVI

OBSERVATIONS GÉNÉRALES

Nous rapporterons fidèlement les pièces du procès entre les deux méthodes, sans aucun commentaire, laissant le lecteur libre de donner gain de cause à qui de droit : la réputation européenne des deux professeurs n'en éprouvera aucune atteinte. Tous deux ont marché dans une voie nouvelle ; tous deux ont donné à l'enseignement élémentaire une impulsion morale dont les bienfaits se propagent chaque jour ; tous deux ont bien mérité de leur pays en popularisant l'instruction. M. Lévi a écrit sur ses bannières : Voir, comparer, juger. — Toutes les connaissances s'enchaînent. — M. Jacotot : Apprenez quelque chose et rapportez-y tout le reste. — Les intelligences sont égales. — Celui-ci part d'un centre et rayonne à tous les points de

la circonférence ; celui-là part des points de la circonférence et rayonne vers le centre.

Le premier, par des questions exploratrices, fait
penser l'enfant ; il fait pousser le germe qui se trouve
dans son esprit ; il veut que l'intelligence de l'enfant
grandisse graduellement : il lui donne une nourriture intellectuelle en rapport avec son âge.

Le second livre l'enfant à lui-même ; il le traite en
homme, il le laisse penser d'après les *faits.* La même
nourriture intellectuelle sert aux *grands* comme aux
petits, aux *forts* comme aux *faibles.*

M. Lévi laisse puiser les *faits* dans toutes les
sciences, afin que chacune apporte son tribut au monument.

M. Jacotot ne veut qu'un seul livre, et c'est à ce
livre qu'on doit rapporter tout.

M. Lévi dit : *Voyez,* jusqu'à tel âge ; *comparez* avec
ce que vous avez *vu,* jusqu'à tel âge ; *jugez* ce que vous
avez *vu* et *comparé,* tout le reste de votre vie.

M. Jacotot dit : *Apprenez* et *vérifiez,* c'est-à-dire :
voyez, comparez et jugez, quel que soit votre âge.

Tous deux emploient le levier puissant de l'*attention,*
tous deux font de la religion et de la morale la base
de leur méthode ; tous deux ont obtenu de grands
succès.

Mais la sphère de la méthode de M. Lévi est restreinte aux connaissances classiques ; celle de M. Jacotot s'étend à toutes les connaissances humaines, et prend le titre d'*Enseignement universel*.

Celui-là a-t-il bien fait de limiter son enseignement ? Celui-ci peut-il embrasser l'immense horizon des arts et des sciences ? Pour répondre, il faut consulter les résultats. — M. Lévi poursuit sa marche avec persévérance et succès ; M. Jacotot a vu s'évanouir ses beaux jours de triomphe. D'où vient cette différence ? Est-ce à la méthode qu'il faut l'attribuer ? Nous ne le pensons pas.

Après ces observations succinctes nous devons nous étonner de voir quelques disciples consciencieux de l'*Enseignement universel* soutenir que la méthode de M. Lévi n'est autre chose que celle de M. Jacotot, *déguisée*. La marche des deux systèmes est bien tranchée ; les exercices ne se ressemblent en rien. Bien avant que le nom de M. Jacotot fût connu, celui de M. Lévi avait retenti dans Paris et dans la France : la plupart des ouvrages de ce professeur étaient publiés. L'enseignement des jeunes personnes avait, grâce à lui, pris un autre aspect. Il avait abattu la statue de la routine, et le raisonnement avait remplacé, dans les cours de plusieurs institutions de jeunes personnes, la mémoire locale, si funeste quand elle n'est pas éclairée du flambeau de l'intelligence. Ainsi la priorité ne saurait être contestée à M. Lévi.

Nous allons mettre maintenant sous les yeux du lecteur les articles qui ont été publiés de part et d'autre.

RAPPORT

Adressé à S. Exc. l'amiral baron DE KRUSENSTERN, *directeur du corps impérial des cadets de la marine, sur la méthode Jacotot.*

Saint-Pétersbourg.

On lit, dans ce rapport, les lignes suivantes :

« Parmi les disciples *non avoués* de M. Jacotot,
« *M. D. Lévi, dont S. Exc. a introduit les ouvrages dans*
« *le corps impérial des cadets de la marine*, M. Lévi,
« dis-je, paraît être celui qui a le mieux saisi l'esprit
« de la méthode et celui qui obtient à Paris le plus de
« succès. On se presse à ses cours (il en a dans tous les
« quartiers de Paris), non pour écouter le professeur
« comme à l'Athénée, mais pour jouir du plaisir d'en-
« tendre ses élèves lire, rapprocher, juger les faits,
« raconter, improviser, prendre des notes, enfin *comme*
« *à la chambre des pairs,* pour communiquer, chacune
« à leur tour, leurs propres observations sur ce qu'elles
« viennent d'entendre.

« Rien de plus intéressant, rien de plus animé, de
« plus propre à développer le jugement, que ces sortes

« d'exercices qui obligent à des recherches et captivent
« constamment l'esprit des élèves, etc.

« Oui, M. Jacotot (et c'est de M. Lévi qu'on parlait),
« a séché les larmes des générations nouvelles ! »

Ainsi on donne de grands éloges à la méthode de
M. Lévi, à ses élèves, et tout l'honneur en revient à
M. Jacotot. Singulière justice !

En 1834, M. le docteur Ratier fait paraître une brochure intitulée : *Ce que c'est que la méthode Jacotot.*
Il y développe, avec beaucoup de talent, les résultats
qu'il a obtenus par l'enseignement universel, rend un
hommage mérité à son fondateur, et après avoir fait
l'histoire de la méthode ajoute :

« En même temps se passait un fait remarquable,
« c'est que le public applaudissait et accueillait avec
« empressement, sous un autre nom, la méthode qu'il
« avait repoussée avec dédain, lorsqu'elle lui était
« présentée par M. Jacotot et ses disciples. M. Lévi,
« homme judicieux et éclairé, fut des premiers à recon-
« naître les avantages de *l'enseignement universel ;* mais
« voyant que les esprits étaient prévenus d'une manière
« défavorable, il usa d'une ruse innocente, et que le
« plus entier succès est venu couronner. Dans ses
« cours d'histoire et de géographie, la méthode appli-
« quée, quoique imparfaitement encore, *a produit les*
« *fruits qu'on en devait attendre..... Ainsi, M. Lévi a*

« *rendu à la société un service immense en popularisant*
« *le mode d'enseignement le plus simple et le plus natu-*
« *rel, dont son adresse n'a pas moins efficacement servi*
« *la cause que les efforts de ses autres disciples.* »

Les mots de *ruse* et d'*adresse* étant, dans la première
pensée de M. Lévi une attaque publique à son caractère, ce professeur s'est cru obligé, dans son intérêt
particulier et dans celui de ses élèves, d'écrire à
M. Ratier la lettre suivante :

RÉPONSE A M. RATIER

SUR SA BROCHURE INTITULÉE

CE QUE C'EST QUE LA MÉTHODE JACOTOT

« On m'apporte à l'instant votre brochure intitulée :
Ce que c'est que la méthode Jacotot ; je suis loin d'attaquer votre enthousiasme pour l'enseignement universel ;
j'ai toujours rendu justice au mouvement que son fondateur philanthrope a imprimé à l'instruction ; mais je
dois, Monsieur, vous éclairer sur des *faits* que vous ne
vous êtes pas donné la peine de *vérifier*. Certes, il vous
serait difficile de *justifier* des propositions telles que
celles-ci :

« 1° M. Lévi fut des premiers à reconnaître les
avantages de l'enseignement universel ;

« 2° Il usa d'une ruse innocente ; dans ses cours d'histoire et de géographie, la méthode appliquée, quoique imparfaitement, a produit les fruits qu'on en devait attendre.

« D'abord, j'ai été le premier à m'élever par écrit contre la méthode Jacotot, contre *l'égalité* des intelligences dans le sens que j'y attachais alors, tout en payant cependant mon tribut d'admiration au fondateur de l'enseignement universel, dont la vaste capacité sut créer un système d'instruction souvent fécond dans ses résultats. Voilà pour la première proposition.

« Quant à la seconde, qui me connaît, Monsieur, ne m'accusera jamais, j'ose l'avancer, de ruse et de fausseté. Si la méthode de M. Jacotot m'eût paru bonne dans toutes ses parties, je me serais mis franchement au nombre de ses disciples les plus fervents ; j'aurais suivi et j'aurais fait suivre son système d'éducation : je n'ai jamais transigé avec ma conscience. Mais, Monsieur, un fait qu'il est facile de vérifier, que tout le monde enseignant connaît, et particulièrement votre savant collègue, M. Deshoulières, c'est que mes ouvrages, pour la plupart, ont été publiés avant que le nom de Jacotot n'eût frappé une seule oreille ; c'est qu'avant l'apparition de l'enseignement universel, les exercices de mes élèves attiraient l'attention publique ; c'est qu'il y a dix-huit ans j'avais déjà divorcé avec la routine, que je l'attaquais partout, que partout je répé-

tais sans cesse comme Rousseau : *les faits ! les faits !*
que, dans mes leçons publiques et privées, je n'adoptais
qu'un principe, le principe exploratif, celui de Socrate,
le maître de M. Jacotot, le vôtre, Monsieur, et le mien ;
que sur mes bannières classiques j'avais écrit en gros
caractères : Suivez la marche de la nature. — Rendez-
vous compte de tout ce que vous voyez, de ce que vous
entendez, de ce que vous lisez. — Cherchez et vous
trouverez. — Voyez, comparez, jugez. — Justifiez vos
pensées. — Voulez ce qui est possible et vous pourrez
etc. Toutes les préfaces de mes premiers ouvrages, qui
ont vu le jour bien avant ceux de M. Jacotot, prouvent
que c'était là ma méthode, que c'était là mon enseignement. J'étais alors un novateur, mais quelques bons
esprits voulurent voir ; l'évidence des progrès de mes
enfants éclaira les mères de famille, et peu à peu, avec
de la persévérance, de la ténacité, j'ai arraché quelques
ronces, quelques épines qui encombraient la route de
l'enseignement ; j'ai développé quelques intelligences
et, sans rêver *l'émancipation intellectuelle du monde,*
sans avoir l'ambition d'embrasser dans ma méthode
toutes les branches des connaissances humaines ; sans
avoir le génie de M. Jacotot, dans une sphère plus restreinte et plus modeste ; je suis parvenu à faire quelque
bien. Vous le reconnaissez, Monsieur, et je vous en
remercie.

« Je n'ose affirmer que j'ai rendu, comme vous le dites, un service immense à la société en popularisant *un mode d'enseignement simple et naturel;* mais j'ai la conscience d'avoir ouvert à l'instruction des femmes une voie nouvelle. L'éloge d'un adversaire comme vous, Monsieur, est une trop belle conquête pour qu'elle ne flatte pas mon amour-propre; il console et fait oublier l'envie et l'ingratitude qui voudraient m'enlever le plus noble héritage moral que je puisse laisser à mes enfants.

« Cependant, Monsieur, j'avoue que votre erreur était excusable; partant tous deux du même principe, faisant tous deux la guerre à la routine, M. Jacotot et moi nous avons dû nous rencontrer sur la même route. Si l'un de nous prend, en marchant, quelque chemin plus ou moins détourné, nous arrivons au même but, et je dois le dire hautement, c'est un honneur pour moi d'avoir un tel compagnon de voyage. L'identité des exercices de nos deux méthodes a fait dire à M. Deshoulières, je crois : « M. Lévi est plus Jacotiste qu'il ne le veut. » Cette dernière expression n'est pas juste ; il fallait dire : « qu'il ne le croit ».

« Je ne doute pas de votre loyauté, Monsieur ; dans votre second numéro vous inscrirez ce peu de lignes, et, si vous le désirez, je répondrai avec plus de détails dans le journal de la *Mère-Institutrice*.

« Il serait temps, Monsieur, que tous les esprits s'entendissent : malgré nos efforts, la routine traîne encore ses fers rouillés ; éclairons la génération qui s'élève ; qu'elle apporte à son tour les lumières de la raison, de la vérité, à la génération qui lui succèdera ; et nous aurons contribué, chacun selon nos moyens, à l'émancipation intellectuelle et morale vers laquelle tous les peuples marchent incessamment.

« J'ai l'honneur de vous saluer respectueusement,

« LÉVI. »

RÉPONSE DE M. RATIER

« Paris, le 10 juin 1834.

« MONSIEUR,

« Si j'ai tardé à répondre à la lettre que vous avez bien voulu m'écrire, c'est que, bien qu'acceptant la plus entière responsabilité de ce que j'écris, j'ai cru convenable de communiquer à la société qui avait approuvé ma brochure, et votre lettre et la réponse que je me proposais d'y faire.

« C'est donc tout à la fois au nom de la société et au mien que je dois vous dire combien nous souhaitons avec vous cette *réunion,* ce *concours coopératif* de tous les bons esprits et de tous les hommes consciencieux, et vous témoigner combien nous sommes disposés à faire les premiers pas vers un homme dont nous estimons le talent et le caractère. Ces sentiments, Monsieur, sont surtout les miens, et je serai infiniment flatté de pouvoir entrer en rapport direct avec vous, car on s'entend mieux en quelques instants de conversation que par une longue correspondance.

« Je n'entrerai donc pas ici dans la discussion des principes, je ne vous demanderai pas en quoi votre méthode et vos *principes mêmes* diffèrent des nôtres ; je désire vous faire voir seulement que mon intention n'a pas été de vous blesser en aucune façon, et que mes paroles ne disent ni plus ni moins que ce que j'ai voulu dire.

« J'ai *vérifié les faits,* car j'ai lu vos écrits divers, et les rapports de M. Sabatier ; je suis même allé à diverses époques assister à vos exercices ; tout récemment encore, j'ai eu l'honneur de vous voir et de converser avec vous ; je me suis de plus éclairé de renseignements fournis par diverses personnes qui s'occupent de l'enseignement.

« Je n'ai pas dit que vous eussiez *pris la méthode de* M. Jacotot *par ruse et fausseté*, ou que, par une *trans-action de conscience,* vous eussiez pratiqué en secret ce que vous blâmiez en public. J'ai dit et je répète, parce que cela ne peut porter atteinte à votre *considération,* ni même à votre *propriété :* M. Lévi, homme *judicieux*

et *éclairé*, fut UN *des* premiers à *reconnaître* les avantages de l'*enseignement* UNIVERSEL. Vous savez bien,
Monsieur, que M. Jacotot n'a jamais dit *ma* méthode,
et qu'il connaissait trop bien Socrate, notre maître *non*
explicateur, et Locke, et Condillac, et Quintilien, et
Cicéron, et tant d'autres sans compter Jésus-Christ qui
a dit : « Cherchez et vous trouverez » ; et saint Paul
qui écrivait : « Sondez les Écritures et retenez ce qui
est bon. »

« En me tenant dans ces termes généraux, il est bien
évident que je voulais éviter de toucher la question de
priorité ; car ce que nous cherchons, c'est moins la gloire
du résultat que le résultat lui-même.

« Pour nous, l'enseignement universel est une mission de bienfaisance et de philanthropie dans laquelle
il n'entre ni intérêt ni amour-propre. Apprendre à lire
et à écrire à des ouvriers et à des enfants pauvres est
un travail que beaucoup de personnes regarderaient
comme fort au-dessous d'elles dans la position sociale,
scientifique et littéraire de la plupart des membres de
notre société.

« Relativement à la seconde observation, je me borne
à reproduire mon texte, « il usa d'une *ruse* INNO-
« CENTE », et je n'ai point parlé de *fausseté*.

« Malgré ces explications toutes loyales et qui doivent, je crois, vous satisfaire, je mettrai votre récla-

mation *abrégée* dans la prochaine publication de la
société : ce n'est pas un journal, et nous ne pouvons y
engager de polémique. Cela vous prouvera, Monsieur,
j'ose l'espérer, que j'ai à votre égard les dispositions les
plus favorables, celles où je voudrais vous voir envers
moi.

« Veuillez agréer, Monsieur, l'expression des sentiments très distingués avec lesquels j'ai l'honneur d'être
votre dévoué serviteur,

« Ratier. »

A peine cette polémique était-elle achevée, qu'une
autre plus virulente, plus aigre, s'élève. Mais maintenant M. Lévi n'est plus seulement le disciple *non avoué*
de la méthode, « c'est un homme qui fait de l'or, qui
« ne vise qu'à l'or, *qui n'a pas de méthode.* Tandis que
« le fondateur de l'enseignement universel travaille pour
« la régénération du genre humain, M. Lévi pour les
« études classiques, Robertson pour la langue anglaise,
« Dupuis pour le dessin, ne sont que de mauvais pla-
« giaires de Jacotot, etc. » C'est le sens de l'article ful-
minant de M. Alexandre de Saint-Albin, dans le journal
l'Émancipation.

Voici la réponse qu'un professeur attaché aux cours
de M. Lévi a faite aussitôt :

A M. ALEXANDRE DE SAINT-ALBIN

« Monsieur,

« J'ai lu ce matin, dans le journal que publie M. de Séprés, l'article que vous avez fait sur les méthodes d'enseignement ; bien que je ne sois pas connu de vous, j'ai pris la liberté de vous adresser quelques mots, afin de vous mettre à même d'être juste dans l'examen que vous allez faire de la méthode de M. Lévi. Ce que vous en dites en général, dans vos observations préliminaires, me prouve que vous ne connaissez ni l'homme ni sa méthode ; j'ai cru devoir, dans l'intérêt de la vérité, dans celui de l'enseignement, dans le vôtre même, vous donner les moyens d'être exact dans votre critique. Puisque vous appelez les *faits* à votre aide, il est nécessaire que vous connaissiez les *faits*, c'est la base de la méthode de M. Lévi, comme de celle de M. Jacotot. Si vous jugiez M. Lévi par ses ouvrages, si vous ne rapportiez le commencement de la réputation de ce professeur qu'à l'apparition de ses ouvrages, vos opinions, vos jugements seraient erronés. Et d'ailleurs qu'est-ce que ces ouvrages, et comment M. Lévi les considère-t-il lui même ? Comme des instruments, comme des répertoires méthodiques, comme des recueils de faits propres à faciliter les recherches des étudiants, et à les diriger dans leurs

études. La preuve de ce que je dis se trouve dans l'adoption générale de ces livres, quelle que soit la méthode
qu'on suive. Les disciples de M. Jacotot s'en servent
eux-mêmes et en justifient l'ordre, la clarté et l'utilité.

« M. Lévi n'a pas publié, comme M. Jacotot *un code
de principes;* ses vues sont développées dans des milliers
d'articles qu'il a publiés, soit dans les journaux, soit
dans les préfaces de ses ouvrages, et tout récemment
une brochure a paru où la méthode est présentée sous
le triple aspect de la langue, de la géographie et de
l'histoire. Je vous l'envoie, Monsieur, afin que vous lisiez
ce rapport avec tout le soin, toute l'attention dont vous
êtes capable. Vous y verrez que M. Lévi n'a pas fait
seulement une méthode d'histoire, comme vous paraissez
le croire, mais une *méthode générale* s'appliquant à
toutes les études classiques des femmes : c'est vous dire
que les langues étrangères à la langue maternelle, les
arts, etc., n'ont pas été abordés par M. Lévi, bien que
nous pensions que ses principes peuvent s'appliquer à
tout, en adoptant toutefois des exercices spéciaux. —
Vous voyez, Monsieur, que notre sphère est plus rétrécie
que la vôtre, et que nous n'avons pas l'ambition d'être
universels.

« Maintenant, Monsieur, venons à la méthode elle-
même. Jetez les yeux sur le rapport, et vous vous con-
vaincrez que les exercices de M. Lévi lui appartiennent

en propre, qu'il en a multiplié pour chaque faculté et
que ces exercices sont tellement logiques, tellement
ingénieux, ils font travailler l'élève avec tant d'activité,
tant d'intérêt, ils développent l'intelligence avec tant de
fruit, *l'attention* et la *comparaison*, ces deux leviers
puissants, sont employés avec tant d'art, qu'on ne doit
pas s'étonner du succès des élèves de M. Lévi. *Voir,
comparer, juger*, voilà la gradation logique de la méthode de cet habile professeur ; mais tous les philosophes,
depuis Socrate jusqu'à M. Jacotot, si vous le voulez,
ont prêché cette doctrine ; elle n'appartient à personne,
parce qu'elle appartient au bon sens ; mais la propriété
d'un professeur, ce sont les exercices à l'aide desquels
il remue les intelligences et les fait produire. Ici, vous
me permettrez de mettre M. Lévi en première ligne ;
peu de professeurs ont comme lui l'art précieux et fécond
de faire jaillir des jeunes cerveaux des étincelles de
pensées ; de presser, d'assiéger, d'activer la paresse
naturelle des intelligences ; de tenir en haleine pendant
des heures, des journées, un auditoire d'enfants sans
les fatiguer, sans les ennuyer ; d'exciter leur gaîté, leur
émotion ; de les faire, à son gré, pleurer ou rire ; de s'in-
sinuer dans les esprits, de les façonner au bon, au vrai,
au juste ; de passer, en moins de quatre heures, des
éléments aux profondeurs des sciences ; de se faire enfant
le matin, homme le soir, d'avoir un langage pour toutes

les intelligences, une vibration pour chaque corde ;
d'avoir des connaissances si générales, que vous le pren-
driez tour à tour pour un peintre, pour un musicien, si
vous n'aviez pas connu l'homme, si vous ne saviez pas
que c'est une de ces organisations à part, que c'est en
un mot M. Lévi qui, depuis vingt ans, notez cela, Monsieur, depuis vingt ans, est en possession de la faveur
publique ; et n'en déplaise à ses rivaux ou à ses ennemis
jaloux, il la mérite sous tous les rapports, comme homme
et comme professeur. C'est ce que je vous prie, Monsieur,
de venir vérifier par vous-même ; vous pourrez assister
aux cours de M. Lévi, vous pourrez causer avec lui,
vous pourrez prendre des renseignements sur son intérieur, vous serez le premier à lui rendre justice ; et après
avoir applaudi au professeur, vous estimerez le père de
famille qui fait le bonheur de ceux qui l'entourent ; et
s'il gagne de l'*or*, comme vous le dites, il sait en faire
un bon usage, en tendant la main à ceux qui souffrent,
en ouvrant ses cours à toutes les jeunes filles qui veulent
suivre la carrière de l'enseignement et qui n'en ont pas
les moyens, en encourageant de sa bourse et de ses
conseils les jeunes professeurs qui viennent à lui... Je
m'arrête, Monsieur, car mon amitié devient indiscrète...
J'ajouterai seulement que M. Lévi, dont les succès sou-
lèvent tant d'envies, n'a jamais proféré un mot de critique contre personne, qu'il est le premier à donner des

éloges aux professeurs de mérite ; qu'il a une estime
particulière pour deux des disciples de M. Jacotot,
MM. de Séprés et Deshoulières, et une admiration
sentie pour M. Jacotot lui-même.

« Quant à sa méthode, à la priorité de ses exercices,
nul, Monsieur, ne saurait la lui disputer sans soulever
contre lui tout ce qu'il y a d'honorable et d'estimé dans
le professorat. C'est en 1814 que M. Lévi a commencé
sa carrière, c'est en 1816 que commença sa réputation ;
une distribution des prix dans l'institution de Mme d'Au-
bray, rue du Pot-de-Fer, aujourd'hui rue du Harlay,
n° 9, fit connaître les procédés ingénieux d'une méthode
qui valut tout d'abord à M. Lévi une vogue qui s'est
augmentée chaque année ; les réponses, les improvisa-
tions des élèves, les exercices remarquables dirigés
par le professeur, reçurent publiquement l'approbation
motivée de M. Taillefer, inspecteur de l'Académie de
Paris ; et remarquez, Monsieur, que nous sommes en
1816, et que, depuis, la méthode de M. Lévi n'a pas
changé, bien qu'elle s'enrichît chaque jour, chaque
leçon, de nouveaux procédés. Ainsi, Monsieur, il n'y a
pas plus de cinq ans que les principes hardis de
M. Jacotot ont attiré l'attention publique, et M. Lévi
compte déjà vingt années de succès. Les preuves sont
irrécusables. Mais ce qui vous étonnera, Monsieur, c'est
le défi que je vous porte de trouver dans les exercices

de M. Lévi la moindre ressemblance avec ceux pratiqués dans l'*enseignement universel*.

« J'ai peut-être, Monsieur, abusé de votre patience ; je vous fais mes excuses de mon bavardage, et vous prie toutefois d'insérer dans votre journal ces phrases incorrectes que je jette sur le papier pour vous servir de matériaux. Comme ami de M. Lévi, comme professant son excellente méthode, j'ai cru de mon devoir de vous donner ces renseignements, auxquels je joins la biographie faite par un homme consciencieux, qui a vu s'élever successivement notre professeur, et qui a cru ne devoir donner qu'une chronologie des faits arrivés à M. Lévi. — Les détails étaient inutiles : tout le monde les connaît.

« Agréez, Monsieur, l'assurance des respects profonds de votre dévoué,

« Léon Leroux,
« Professeur. »

BIOGRAPHIE

DE

M. D. LÉVI ALVARÈS

———

Dans quelques notices précédentes nous avons prouvé que notre *biographie des hommes du jour* n'était pas consacrée uniquement aux hommes politiques, mais à tous ceux que leur mérite, leurs talents, leur conduite ou les circonstances ont mis hors ligne, et sur lesquels se trouve fixée l'attention publique ; à ce titre, nous devions ne pas négliger M. D. Lévi, qui est placé au premier rang parmi les professeurs de notre époque. « Son nom, a-t-on dit, est populaire dans l'enseigne- « ment : chacun parle avec enthousiasme des succès « de sa méthode, et ses rivaux mêmes reconnaissent « ses droits à la gratitude des amis de l'enfance pour « l'impulsion morale qu'il a donnée aux études des « femmes. » Nous allons apprécier la justice de cet éloge en traçant la notice biographique de ce profes- seur [1].

1. Voir pour biographie, p. 3

ÉLÉMENTS D'HISTOIRE GÉNÉRALE

Des professeurs jaloux des succès de la méthode ont fait insérer dans les journaux religieux un article sur *quelques mots* extraits d'un des ouvrages de M. Lévi, et dont ils avaient torturé le sens. C'était l'attaquer par son côté le plus fort, puisque tout son enseignement a pour fondement la religion et la morale. Aussi, toute cette intrigue, toutes ces menées impies et viles ont-elles avorté au moment même de leur naissance devant l'opinion publique. Les pères et les mères de famille, les instituteurs, les institutrices, les amis de la jeunesse ont noblement protesté contre tant d'injustices en investissant de nouveau de toute leur confiance le professeur qui a dignement répondu à l'article calomniateur par les lignes suivantes :

Pour nous rendre digne des succès toujours croissants qu'obtiennent en France et à l'étranger nos

Éléments d'histoire générale, nous avons revu avec
le plus grand soin l'édition que nous publions aujour-
d'hui. Dans celle de 1834, entièrement épuisée après
six mois de publication, quelques mots pris isolément,
tels que *pressentiments* en parlant du déluge,
page 50, *Moïse conçut une religion*, page 81, ont
donné lieu à des interprétations contraires à notre
pensée, à nos sentiments religieux, et démenties par
le respect profond que, dans tous nos écrits comme
dans notre enseignement, nous portons au caractère
sacré de la *Bible*, à la divine mission de *Moïse* et à celle
de *Jésus-Christ*. Nous désavouons donc hautement le
sens détourné et perfide qu'on a prêté à ces expressions,
que nous avons cependant supprimées dans cette nouvelle édition, afin de ne laisser aucun prétexte à la
calomnie ; nous prouverons ainsi aux *établissements
religieux* qui ont adopté notre méthode, que nous attachons un grand prix à l'approbation dont nous a honoré
Monseigneur l'Archevêque de Paris, pour les *Éléments
d'histoire* et les *Études géographiques*, par la lettre de
son grand-vicaire, M. l'abbé Nicolle, en date du
10 février 1835.

« Monsieur,

« Vous m'avez adressé trois ouvrages que plusieurs
établissements religieux vous ont promis d'adopter,

pourvu que Monseigneur l'Archevêque les honorât de
son suffrage. Je les ai lus attentivement : surtout vos
Éléments d'histoire générale et vos Études géographiques[1]. Ces deux ouvrages ne laissent rien à désirer,
soit *sous le rapport des principes religieux*, soit sous le
rapport de l'*ordre* et de la *méthode*. Telle est du moins
mon opinion : je l'ai exprimée à *Monseigneur l'Archevêque*, qui m'a autorisé à vous dire qu'il la partageait.
Je forme des vœux bien sincères pour que vos succès
dans l'enseignement aillent toujours croissant ; votre
zèle et vos talents méritent cette récompense.

« Je suis avec la considération la plus distinguée,

« Votre très humble et très obéissant serviteur,

« NICOLLE,

« Vicaire-général.

« 10 février 1835. »

Mais, s'il est de notre devoir de faire cette déclaration franche et loyale, il est aussi de notre dignité de
mépriser les perfides commentaires qu'une jalousie
(nous en avons la conviction) aussi vile qu'impuissante
a seule inspirés. L'opinion publique nous a placés trop
haut pour que nous descendions à répondre à ceux qui
ont voulu exploiter la bonne foi des âmes pieuses en

---

1. Le troisième ouvrage était *Mnémosyne classique*, recueil de vers et
de prose.

couvrant leurs coupables projets du manteau de la
religion. Il nous serait trop pénible de combattre dans
les rangs de nos ennemis des hommes que nous avons
accueillis peut-être dans notre maison, et auxquels nous
n'avons jamais fait que du bien. Qu'ils colportent encore
le honteux libelle dont ils ont fait gémir la presse à
leurs dépens ; qu'ils écrivent des *circulaires anonymes,*
où leur impiété se dévoile ; qu'ils se présentent effron-
tément dans les *institutions* pour détruire notre
méthode ; qu'ils arrachent des murs les affiches de nos
cours ; nous laissons aux ecclésiastiques eux-mêmes
qu'ils ont abusés le soin de faire tomber leurs masques
et de déjouer leurs intrigues. Pourquoi nous offenser
de leurs attaques ? N'avons-nous pas pour nous, depuis
quinze années de succès, l'estime des gens de bien, la
sanction d'hommes éminemment religieux par fonction
et par caractère, la reconnaissance des pères et mères
de famille, et ce concours immense de jeunes filles qui
nous sont confiées et qui nous regardent, les unes comme
leur père, les autres comme leur frère, toutes comme
leur ami ? enfin les instituteurs et les institutrices de
France qui ont adopté notre méthode et nos ouvrages ?
Voilà cependant ceux qu'on calomnie en nous calom-
niant.

Notre méthode, nos leçons, nos ouvrages sont religieux
et moraux. Qui en douterait pourrait s'en convaincre

en lisant avec conscience et sans prévention tout ce qui est sorti de notre plume, et en assistant à nos *cours*, ouverts à tous les amis de la jeunesse. Quand on aura contemplé le tableau touchant de cinq cents jeunes filles travaillant à l'envi, sous les yeux de leurs mères, à former leur cœur et à développer leur esprit, on se sentira, nous en sommes certain, ému d'admiration et de bonheur ; on s'empressera d'applaudir à l'influence que doit avoir notre enseignement rationnel sur l'avenir des jeunes filles, et à la mission que nous remplissons depuis quinze années, et que la confiance publique nous a rendue si belle et si douce.

On n'oubliera pas cependant en nous lisant ou en nous écoutant, que nous ne sommes ni *prêtre* pour commenter les *dogmes*, ni *jurisconsulte* pour expliquer les *lois*. Nos cours sont publics, et s'adressent à toutes les classes distinguées de la société ; nous n'avons à nous informer, ainsi que les maîtres et les maîtresses de pension, ni du culte, ni des opinions, ni du rang des mères de famille. Agir différemment serait abuser du caractère sacré dont nous nous sommes revêtu, celui d'*instituteur de la jeunesse française* au XIXe siècle.

Nous connaissons les obligations que nous impose le sacerdoce social que nous exerçons : c'est à leur accomplissement que nous devons tous nos succès ; nous y serons fidèles, car le professorat est chez nous une vocation toute spéciale : c'est notre bonheur, c'est notre vie ! Nous le sentons donc aussi bien que personne, nous osons le dire, c'est en inspirant à la jeunesse des sentiments de piété, de charité, de respect humain ; en ne confiant à ses mains innocentes, à son âme candide que des ouvrages religieux et moraux, que l'on préservera la génération des commotions politiques qui tourmentent notre époque, et nous serions heureux de contribuer, par nos travaux et par notre influence, toute faible qu'elle est, à ce bienfait inappréciable.

Mais si, dans nos écrits, notre plume avait quelquefois mal rendu notre pensée, au milieu des occupations multipliées d'une profession laborieuse, nous déclarons que nous recevrons avec reconnaissance toutes les critiques, de quelque part qu'elles viennent et sous quelques formes qu'elles se présentent, pourvu qu'elles aient pour but de nous seconder dans la tâche difficile mais noble, que nous avons entreprise et à laquelle nous avons voué notre vie, LA RÉGÉNÉRATION DES MŒURS PAR L'ÉDUCATION MATERNELLE.

D. Lévi Alvarès.

PARTICIPATION DES PROFESSEURS HOMMES

A L'ENSEIGNEMENT

DANS LES PENSIONNATS DE JEUNES FILLES

Pages empruntées à l'*Enseignement secondaire des Filles*,

par O. GRÉARD.

N'y avait-il pas tout à la fois injustice et danger à laisser les hommes occuper dans les établissements d'éducation de jeunes filles tous les emplois d'enseignement, tous ou presque tous ? En 1846, sur mille deux cent cinquante-cinq professeurs, on ne comptait que trois cent vingt-sept femmes.

C'est devant la Chambre des Pairs que le débat avait été porté (1er janvier 1845), par une institutrice, Mme Dauriat, qui a dû à sa bruyante protestation quelques heures de célébrité. Pour obtenir l'exclusion des hommes, Mme Dauriat alléguait des faits d'immoralités notoires, disait-elle, qu'elle ne croyait toutefois devoir soutenir d'aucune preuve. Elle prétendait, en outre, que les institutrices qui appelaient chez elles des

maîtres ne le faisaient que pour circonvenir les mères.
Elle considérait, enfin, que c'était porter atteinte aux intérêts des femmes que de les priver d'une ressource qui leur
appartenait : « S'il s'agit uniquement de ce que contient
le programme, ajoutait-elle malicieusement, quelle est
l'institutrice à laquelle un maître doive être substitué ?
Que peut-il enseigner de plus ? Et quand il existerait
un excédent de connaissances régulières, il se trouverait
toujours des femmes capables de le fournir. Il est incon-
testable, au surplus, que les élèves préfèrent l'enseignement patient, lucide et pénétrant des professeurs de
leur sexe ; les hommes les gênent, et les vraies mères
ne réclament pas des hommes pour instruire leurs
filles... » Elle rappelait, en concluant, qu'aux termes
de l'article 45 de l'arrêté du préfet de la Seine, en date
du 31 octobre 1821, les dames inspectrices devaient
« inviter les maîtresses de pension à ne se servir, autant
que possible, que d'institutrices ».

Le fondateur du Cours d'éducation maternelle,
M. Lévi, se portant fort pour les hommes, répondait à
Mᵐᵉ Dauriat par une série de Pensées détachées, qu'il
se réservait de développer plus tard. En voici quelques-
unes : « L'instruction d'une femme n'est complète et
sérieuse qu'autant qu'elle a été faite par un homme
éclairé. Les examens prouvent, tout au plus, en général, que la postulante a bien appris sa leçon. Les

institutrices, plus minutieuses, plus dévouées peut-être
que les hommes, — c'est beaucoup concéder — ne
savent pas, quelle que soit leur capacité, embrasser les
généralités, exciter, remuer les intelligences, captiver
l'attention, inspirer la confiance. Si l'on exclut par
prudence les professeurs-hommes des écoles de filles,
il faut en exclure aussi les médecins, les maîtres d'écriture, de musique, de dessin, de gymnastique, beaucoup
plus en contact avec les jeunes filles que ceux qui sont
appelés à développer des textes, étudiés d'avance, de
grammaire, de littérature, d'histoire, devant un auditoire nombreux, et sous les yeux vigilants d'une insti-
tutrice-mère qui, au moindre mot équivoque, à la
moindre exaltation dans la pensée, manifesterait son
improbation au professeur inconséquent, ou l'éloigne-
rait vivement de la maison à la première récidive. »

Entre ces deux thèses, soutenues de part et d'autre
avec plus d'ardeur que de raison, l'administration, obli-
gée d'intervenir, — car on la mettait en demeure —
déclarait sagement, sur le rapport des inspectrices,
qu'il fallait encourager le professorat des femmes, sans
proscrire celui des hommes ; que le personnel féminin
n'était pas encore formé ; que, s'il était certain que,
dans l'enseignement élémentaire, qui demande surtout
de la sagacité, de la patience, l'oubli de soi-même, la
femme n'avait à redouter aucune comparaison, il n'était

pas moins constant que, dans les cours plus élevés, le professeur l'emportait par l'autorité de la parole et l'étendue des connaissances.

Cette opinion, il n'est que juste de l'ajouter, était partagée par les institutrices les plus distinguées.

La discussion, qui se prolongea sur ce point, dans la presse scolaire pendant plus de cinq ans, et à laquelle la presse politique ne dédaignait pas de prendre part, prouve du moins que l'opinion publique ne se désintéressait d'aucune des controverses qui touchaient à l'éducation des filles.

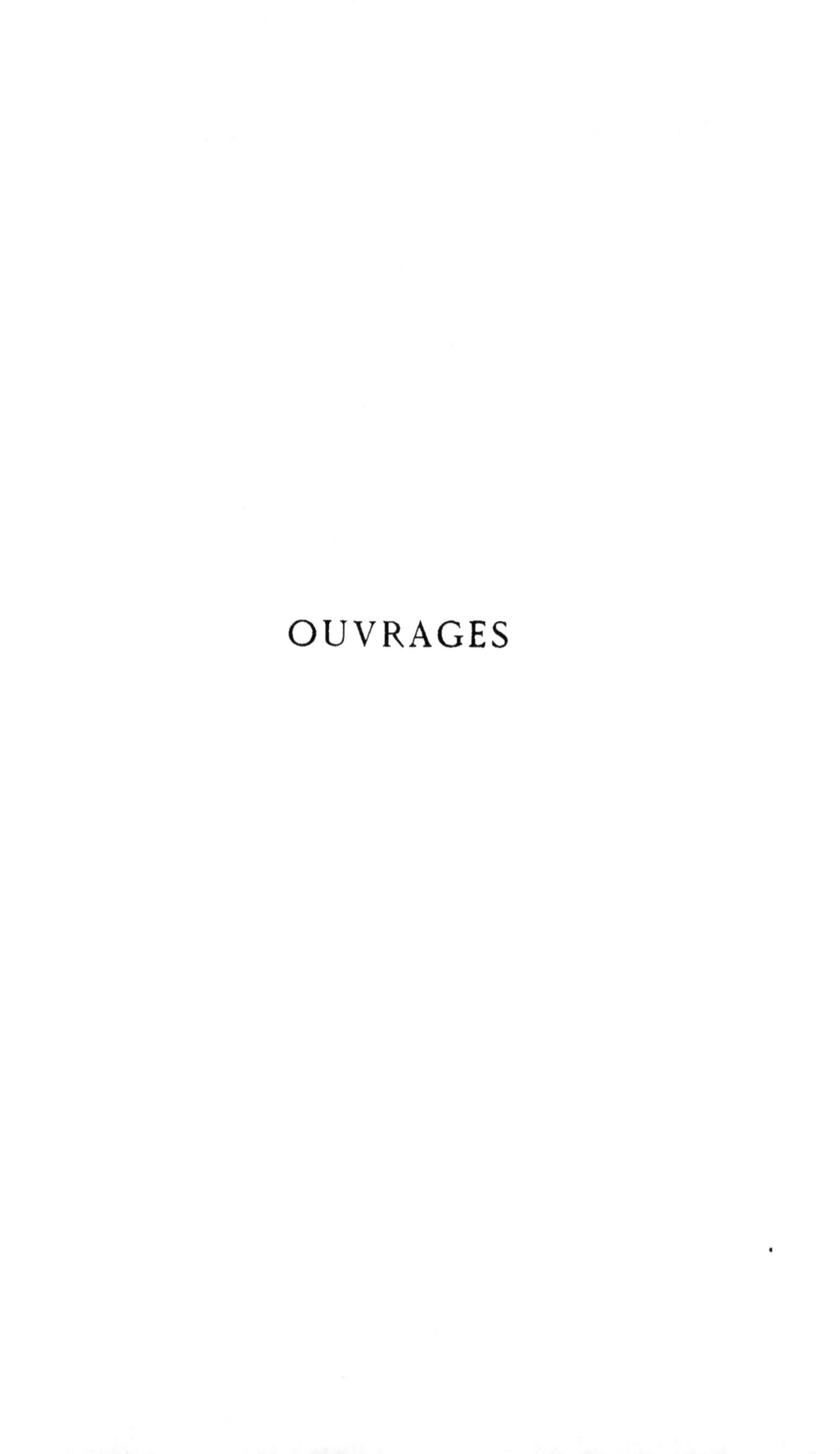

OUVRAGES

LA MÉTHODE HISTORIQUE DE M. D. LÉVI

Par M. SABATIER

*Pouvant servir de guide aux Instituteurs
et aux Institutrices.*

———

« Ce n'est pas à vous, Messieurs, que j'essaierai d'exposer l'état de l'enseignement élémentaire de l'histoire dans les établissements de l'Université. Vous savez tous que cette branche si utile n'a présenté jusqu'ici, dans les écoles, que de bien faibles résultats. Vous êtes tous frappés du vague, du défaut d'étendue, et, j'ose le dire, du décousu des connaissances historiques d'un grand nombre de jeunes gens en sortant des bancs du collège. Rien n'est lié dans leur tête : les grands hommes, les événements, les époques s'y trouvent pêle-mêle : à peine pourraient-ils vous dire si Alexandre vivait avant ou après Romulus !

A quoi faut-il attribuer cela ? N'est-ce pas au défaut total de méthode, au manque de liaison dans les différents degrés de l'enseignement de l'histoire. Tandis que les écoles de jeunes gens restent ainsi en arrière, déjà les meilleures institutions de demoiselles présentent, sous ce rapport, des résultats extraordinaires. Ces résultats, Messieurs, sont dus à l'excellente méthode de M. Lévi, dont je vais avoir l'honneur de vous exposer la marche : je le ferai avec d'autant plus de facilité et d'assurance que je l'ai introduite dans mes classes, et que, conséquemment, elle n'est plus pour moi une simple théorie.

La méthode de M. Lévi s'adresse à tous les âges, à toutes les intelligences ; elle prend l'enfant à six ans, et le conduit, par une série de développements successifs, jusqu'à la fin de ses études historiques. Le professeur fait précéder ses leçons d'histoire et de géographie de notions très simples de cosmographie, pour frapper dès l'abord l'imagination de l'enfant. et le faire arriver naturellement à *la terre*, qu'il divise en *trois mondes :* monde ancien, monde nouveau, monde maritime, et qu'il subdivise ensuite.

Ces premières connaissances suffisent à l'élève, qui va non seulement peupler progressivement le globe, mais encore l'animer par de petites descriptions puisées dans les *faits ;* c'est ainsi que dans cette méthode tout se lie, tout s'enchaine naturellement et découle d'un principe fécond.

Les ouvrages de M. Lévi nous serviront de guide ; ils se divisent en trois parties distinctes :

1. *Narrations orales,* ou histoires racontées ;

2. *Esquisses historiques,* ou précis méthodiques de tous les peuples ;

3. *Histoire des rois de France, celle des reines et régentes.*

PREMIÈRE PARTIE.

NARRATIONS ORALES.

M. Lévi avait jusqu'ici conseillé aux professeurs de faire verbalement le récit des *faits,* et de les présenter sous une forme dramatique ; mais il a trouvé, avec raison, que dans une appréciation orale, mille considérations échappent aux enfants inhabiles ou inattentifs ; il a donc adopté les *histoires racontées* de M. Lamé-Fleury, pour les études préparatoires jusqu'à l'âge de onze ans, époque de la première communion. — Un style simple et naturel dans lequel, sous une forme dramatique, les récits sont présentés d'une manière intéressante, justifie le choix du professeur méthodiste ; mais ce qui appartient en propre à M. Lévi, c'est le parti ingénieux qu'il a tiré de ces histoires, au moyen de tableaux historiques. — Laissons-le lui-même en faire ressortir l'utilité.

Le but des Tableaux est :

1º *D'habituer* l'Élève à *narrer méthodiquement* les faits de l'histoire qu'il étudie, d'après la nomenclature du sommaire des événements :

2º *D'indiquer* la date et le siècle.

3º *De citer le personnage* dont on parle dans l'événement, et succinctement ce qu'il *rappelle.*

4º *D'analyser les sentiments* qui ont fait agir les personnages et à quelle occasion.

5º *De faire remarquer les objets* sur lesquels l'attention s'est portée dans les événements.

6º *De montrer sur la carte* ou de rappeler verbalement les

lieux où se sont passés les événements et la situation de ces lieux.

Travail : L'Instituteur, la Mère, ou le Père, après avoir fait *lire* un chapitre, le font analyser *verbalement* et par *écrit ;* c'est une excellente préparation aux compositions de style. — Les Élèves parlent ou écrivent comme ils peuvent : *mal* d'abord, *mieux* ensuite, *bien* plus tard, quand cet exercice aura été réitéré et dirigé avec goût et talent.

Questions : On adresse ces questions : *Racontez cet événement ?* Que vous rappelle ce *personnage,* — ce *sentiment,* — cet *objet,* — cette *ville ?* — Classez les *personnages* par lettre alphabétique, par syllabe, par siècle, etc. — A l'aide des événements, on fait des lettres, des biographies. des énigmes, des pensées morales, des exercices sur les verbes, les attributs, les sujets, etc.

Résultat de la méthode : Toutes les notions sont rattachées à l'histoire, l'histoire est au service de la langue ; la langue, à son tour, est appliquée à l'éducation de l'esprit et du cœur.

Les histoires racontées ne s'apprendront jamais par cœur.

————

DEUXIÈME PARTIE.

Vous n'avez vu encore qu'une idée ingénieuse ; un procédé plutôt qu'une méthode : c'est ici que commence la méthode d'histoire de M. Lévi : elle est présentée dans deux ouvrages principaux dont nous allons donner l'analyse.

PREMIER OUVRAGE.

ESQUISSES HISTORIQUES.

Les premières pages sont consacrées aux *connaissances* que doit acquérir l'élève avant de commencer l'étude de l'histoire : l'origine et la formation des peuples et des États, celle des gouvernements ; les différentes sortes de gouvernements : le but de l'histoire, ses divisions selon les différents points de vue sous lesquels on l'envisage, les sciences qui lui servent de fondement ; les ères des peuples, les différentes manières de diviser les peuples.

L'auteur conseille de faire marcher de pair les *Esquisses historiques* avec les *petites histoires*, et, dans ces *premières connaissances*, d'adresser de fréquents *pourquoi* aux enfants.

Toutes ces divisions doivent être représentées successivement et synoptiquement sur le tableau noir, afin que l'enfant saisisse facilement : ce qui lui serait impossible, si le maître lui faisait apprendre par cœur ou lire simplement les explications que M. Lévi a données.

Viennent ensuite quelques notions préliminaires sur les premiers temps du monde. — De la création du monde au déluge. — Du déluge aux premiers peuples.

Toutes ces notions sont écrites avec beaucoup de clarté, et sont parfaitement accessibles à l'intelligence des enfants : elles sont exposées dans une dizaine de pages, et forment une espèce d'introduction à l'ouvrage, qui, lui-même, comprend sept divisions.

Première division.

ÉCHELLE DES PEUPLES.

Cette échelle présente, dans leur ordre chronologique, les peuples anciens, ceux du moyen âge et ceux de l'histoire moderne, avec seulement l'indication du siècle de la fondation et du nom du fondateur.

Cette première division, que l'auteur regarde avec raison comme la souche de l'histoire, doit être étudiée avec le plus grand soin, et répétée au commencement de chaque leçon, quel que soit le degré d'avancement des élèves : c'est un véritable *alphabet historique.* — On se sert à cet effet d'un tableau noir sur lequel sont tracées des lettres initiales destinées à rappeler les noms des peuples et ceux des fondateurs.

Exercices.

Il faut que l'élève sache cette échelle d'une manière imperturbable ; on l'interrogera successivement :

1. — Sur le siècle de la fondation d'un peuple.

2. — Sur les fondateurs.

3. — Sur tous les peuples des trois divisions de l'histoire.

4. — Sur la comparaison d'un peuple avec un autre.

On sentira plus tard l'importance de ces exercices nombreux et réitérés.

Deuxième division.

SITUATION GÉOGRAPHIQUE.

La deuxième division donne la situation géographique de tous ces mêmes peuples ; elle doit conséquemment être étudiée en présence des cartes. Lorsque les élèves la possèdent suffisamment, on les exerce à tracer deux cartes : 1° celle du monde ancien, où doivent figurer tous les peuples et les villes déjà connus : 2° celle du monde tel que nous le connaissons aujourd'hui, avec les peuples du moyen âge et de l'histoire moderne, ainsi que les villes déjà citées.

L'auteur donne ici des modèles de questions : nous remarquons celles-ci : Où se trouve tel peuple, et quelles sont les villes principales du pays qu'il habitait ou habite ? — A quel pays appartient ou appartenait telle ville ? — Quel est le peuple qui se trouvait ou se trouve dans telle situation ?

Troisième division.

PRINCIPALES VICISSITUDES DES PEUPLES.

La troisième division a pour titre : *Principales vicissitudes des peuples.* Elle nous représente encore les mêmes peuples dans le même ordre chronologique ; car, remarquez-le bien, le principal mérite de cette méthode est de toujours rattacher les faits nouveaux aux faits déjà connus. Ici, nous trouvons, de plus que dans la première division, les grandes masses de l'histoire de chaque peuple, marquées par les différentes révolutions qu'il a subies.

L'élève devra dire sur une carte générale les révolutions des peuples, en désignant avec promptitude les pays et les villes indiqués. Le meilleur moyen de graver dans la mémoire l'histoire par la géographie, et la géographie par l'histoire, c'est de donner des voyages où les deux sciences se trouvent réunies. Pour les exercices multipliés qu'exige cette partie, nous renvoyons à l'ouvrage même.

Quatrième division.

PETITE REVUE DE L'HISTOIRE GÉNÉRALE.

La quatrième division, que l'auteur appelle *petite revue,*
est un résumé rapide des faits que les élèves ont étudiés
dans les trois premières divisions. Il importe donc qu'elle
soit sue d'une manière imperturbable.

Plus l'élève avance, plus son intelligence se développe par
les comparaisons qu'il a faites. Ici, il va s'assurer des connaissances qu'il a acquises ; cette *petite revue de l'histoire
générale* présente les grands faits qu'il a vus dans l'ensemble de chaque histoire particulière ; il placera sur son
cahier des numéros qui répondront à chacun des événements, et il en écrira lui-même l'explication dans une
colonne séparée (consulter les *Esquisses*).

L'auteur a eu soin de placer à la fin de chaque division
des indications d'*exercices* fort ingénieux, et des modèles de
questions à adresser aux élèves.

La *petite revue* est suivie d'une chronologie des événements principaux de l'histoire. C'est ici que l'élève commence à faire lui-même sa petite *histoire générale.*

Ce tableau chronologique est d'une grande importance,
puisque c'est le terme de comparaison auquel seront rap-
portés les faits historiques de chaque siècle ; il convient
donc d'y arrêter l'élève jusqu'à ce qu'il le possède d'une
manière sûre.

L'élève lira attentivement l'événement dans son histoire
et l'*analysera* par écrit et verbalement ; il s'accoutumera
ainsi à saisir le sens principal, à résumer : exercice difficile,
mais important.

Vient ensuite une *liste* séculaire de grands hommes,

depuis la création du monde jusqu'à nos jours : chaque personnage célèbre donne son nom à un siècle ; et dans une seconde colonne, mise en regard, sont inscrits les noms des personnages marquants du même siècle.

Par exemple : le grand Cyrus donne son nom au vi^e siècle avant J.-C. : Solon, Pisistrate, Tarquin-le-Superbe, Confucius, Crésus et Cambyse sont les hommes célèbres du même siècle. Ainsi se trouvent rappelées à la mémoire de l'élève et simultanément l'histoire de la Grèce, celle de Rome, celle des Chinois, celle des Perses.

Cette liste séculaire est également un exercice des plus utiles ; on en peut juger par les questions que l'auteur a placées à la suite. Dans quel siècle vivait Annibal ? — Combien s'est-il écoulé d'années ou de siècles entre Annibal et Louis XIV ? — Dans quelle histoire trouvez-vous Annibal, et à quelle occasion en parle-t-on ? — Appliquez à chaque personnage des questions de la même nature, et vous comprendrez tout le fruit qu'on peut tirer de cet exercice.

L'élève, pour cette biographie des grands hommes, commence à multiplier ses recherches ; il peut et doit se servir de tous les ouvrages qu'il a à sa disposition. Un petit *Dictionnaire historique* lui deviendra nécessaire.

Arrêtons-nous ici, et essayons d'apprécier quel doit être l'acquis des élèves arrivés à ce point.

Ils connaissent : 1° L'ordre chronologique, les fondateurs, et la position géographique des peuples qui ont occupé la scène du monde depuis l'origine des premières nations jusqu'à nos jours ;

2° Les principales vicissitudes de ces peuples, c'est-à-dire les grandes divisions de l'histoire de chacun d'eux ;

3° La chronologie et le développement des événements principaux de l'histoire ;

4 Enfin tous les hommes célèbres qui ont paru dans chaque siècle.

Cinquième division.

HISTOIRE DES PEUPLES.

Dans la cinquième division, les peuples, vus jusqu'alors dans leur ensemble, et seulement indiqués par leur naissance, leur moment d'éclat et leur chute, sont présentés avec des détails suffisants pour les faire connaître parfaitement

Cette partie très développée sera lue attentivement à la leçon ; l'élève, préparé par les exercices précédents, n'éprouvera aucune difficulté ; alors il peut faire de jolis atlas disposés avec goût.

Il est arrivé aux *études secondaires,* il fera marcher de front : 1. La géographie, physique, politique et chorographique, à l'aide des *Études géographiques* et de la *Géographie racontée ;*

2. Le précis historique avec la généalogie, à l'aide des *Esquisses historiques ;*

3. La littérature, à l'aide des *Esquisses littéraires.*

L'étude du peuple sous ces trois faces sera donc accomplie.

C'est dans ce travail, fait avec conscience et méthode, que les aspirants au *baccalauréat* trouveront la solution de toutes les questions du programme universitaire.

Sixième division.

HISTOIRE DE FRANCE, HISTOIRE D'ANGLETERRE.

Dans la sixième division. l'histoire de France et l'histoire d'Angleterre, jusqu'alors confondues avec celle des autres peuples modernes, deviennent le centre où répondent tous les faits de l'histoire européenne. Ici commence un travail nouveau pour les élèves. Vous jugerez, Messieurs, de l'importance de ce nouvel exercice par la manière dont M. Lévi fait disposer ses cahiers.

1re colonne. Nom du roi de France.

2e — Avènement du roi.

3e — Événements qui se sont passés en France.

4e — Événements contemporains.

5e — Ministres.

6e — Guerriers.

7e — Savants.

8e — Observations générales dans lesquelles entreront les découvertes, les institutions, etc.

Ces tableaux serviront de sommaire pour développer les événements. Les ouvrages principaux qu'il faut lire pour analyser, et quelquefois extraire, sont :

1° L'*Abrégé méthodique* d'*Histoire de France*, rédigé d'après des leçons de M. Lévi, par Mlle Gombault, son élève, avec un questionnaire développé :

2° Les *Essais sur l'Histoire de France* de M. Guizot :

3° L'histoire de France du président *Hénault* ;

4° Les *Chroniqueurs* réunis par M. Lévi ;

5° L'*Histoire classique des Reines et Régentes de France*, par M. Lévi :

6° La *Gaule poétique* de M. Marchangy : 7° Henri Martin : 8° la *Biographie* de Michaud : 9° pour les portraits : le *Cours de littérature* de Noël, et les Cours de littérature étrangère : 10° pour les généalogies : Koch, Las Cases : 11° pour les événements de l'histoire générale : les *Éléments d'Histoire générale* de M. Lévi.

Exercices chronologiques.

On sentira toute l'importance de ces exercices par les questions suivantes :

Que se passait-il en Europe, en Asie, pendant que saint Louis régnait en France?

L'élève, en cherchant dans son Histoire Générale, devra répondre :

Saint Louis monta sur le trône en 1226, et mourut en 1270. — Les événements contemporains sont :

En *Angleterre :* — Admission des communes au parlement d'Angleterre, sous Henri III.

En *Espagne :* — Conquête du royaume de Cordoue, par les Castillans.

En *Italie :* — La maison d'Anjou au trône de Sicile, et la mort de Conradin.

En *Orient :* — Fin de l'empire des Latins, et prise de Constantinople par Michel Paléologue.

En *Asie :* — Conquêtes de Gengis-Khan.

En *Afrique :* — Les Mamelucks maîtres de l'Égypte.

Septième division.

SOUVERAINS DE L'EUROPE.

Enfin, la septième et dernière division du premier ouvrage est un *tableau chronologique* de tous les souverains de l'Europe jusqu'à nos jours, disposé par dynasties et par familles. Au moyen d'un tableau synoptique que l'on fait faire à l'élève, il peut donner les noms de tous les souverains qui régnaient en Europe à une époque indiquée. Par exemple : Quels sont les rois qui régnaient en Europe,

quand Christophe Colomb découvrit l'Amérique en 1492 ?
L'élève de M. Lévi répondra sans hésiter : En France,
Charles VIII ; en Angleterre, Henri VII ; en Espagne, Fer-
dinand V, etc.

Ce dernier travail est un des plus instructifs et des plus
attachants ; l'élève doit s'exercer graduellement à désigner
les souverains régnants à une *époque donnée*. Il étudiera
d'abord la *France,* puis *l'Angleterre,* et, avant de passer à
un autre peuple, il mettra ces deux États en rapport, etc.
Après l'avoir exercé alternativement par des *recherches* et
par ses *souvenirs,* on lui pose une date quelconque, et il
nomme, suivant ses progrès, les rois de France, d'Angleterre, d'Espagne, etc.

Les généalogies sont une des branches importantes de
l'histoire ; elles doivent naturellement jouer un grand rôle
dans la méthode de M. Lévi. Je n'entreprendrai pas de
donner ici l'analyse des leçons du professeur sur ce sujet ;
il suffit de dire que les principales généalogies des familles
royales de l'Europe sont tracées sur un tableau noir, sous
les yeux mêmes des élèves : travail important donnant la clé
des grandes guerres de succession, qui, plus d'une fois, ont
changé la face de l'Europe.

Conclusion sur l'étude des Esquisses historiques.

Ainsi, à l'aide des exercices indiqués successivement par
l'auteur, tous ces faits sont entrés dans la mémoire des
élèves dans un ordre si bien gradué, que chaque nouvelle
acquisition n'a été pour eux que le développement des faits
déjà connus. Tous ces exercices se prêtent un secours
mutuel ; une date quelconque rappelle à l'instant le nom
d'un grand homme, celui du peuple auquel il appartient,

celui du fondateur de ce peuple, le siècle de son origine, sa
position géographique, les principales révolutions qu'il a
subies, les nations étrangères avec lesquelles se lie son histoire. Rien n'est isolé dans la mémoire de l'élève ; tout se
lie, tout s'enchaîne. Voilà, selon nous, la véritable manière
d'étudier l'histoire.

Cette méthode passe par l'entendement pour arriver à la
mémoire, et c'est en cela qu'elle est surtout préférable à
l'ancienne, qui suit une marche exactement inverse ; aussi,
mettez en comparaison deux enfants de dix à douze ans,
instruits, l'un par l'ancienne méthode, et l'autre par celle
de M. Lévi ; que trouverez-vous ? Rien ou peu de chose
d'un côté, et de l'autre des connaissances variées, étendues
pour l'âge de l'enfant ; un esprit d'analyse, de comparaison,
de critique morale, où l'homme raisonnable perce déjà. Un
homme célèbre, que vous vous honorez de compter au
nombre des membres correspondants, M. le comte de Las
Cases, avait déjà ouvert une nouvelle voie aux études historiques, en les sortant du chaos où elles étaient restées
plongées jusqu'à lui. M. Lévi nous paraît avoir dignement
marché sur ses traces, et mérité les suffrages de tous les
amis de la jeunesse [1].

DEUXIÈME OUVRAGE.

ÉLÉMENTS D'HISTOIRE GÉNÉRALE.

J'ai eu l'honneur de vous exposer, Messieurs, dans un
premier article, le plan général de la méthode de M. Lévi. A
l'aide des *Esquisses historiques* de ce professeur, j'ai suivi

1. Voyez, pour les autres ouvrages, les *Rapports sur la Méthode de
M. Lévi*, Paris, rue du Bac, 41.

sous vos yeux un enfant de l'âge de six ans jusqu'à celui de douze environ, et vous avez dû être frappés de la variété et de la sûreté des connaissances acquises jusqu'à cette époque de la vie.

Résumons en peu de mots l'acquis de l'élève arrivé à la fin des *Esquisses historiques;* il doit pouvoir répondre sur tous les faits principaux de l'histoire particulière des peuples. Il connaît : 1° l'origine et l'organisation des sociétés; 2° la succession des peuples; 3° les révolutions dans l'histoire de ces peuples, avec des détails chronologiques, généalogiques, biographiques, etc.; 4° l'histoire de France mise en rapport avec les faits contemporains.

Passons maintenant, Messieurs, au second ouvrage, les *Éléments d'histoire générale,* en adoptant les quatre parties que l'auteur lui-même indique dans sa préface.

1° *Les Divisions par siècle et par histoires particulières.*

Dans les *Esquisses,* l'élève a vu les peuples depuis leur origine jusqu'à nos jours ; maintenant il va les suivre *synchroniquement* siècle par siècle : il pourra donc comparer les événements, les grands hommes, l'état de civilisation à une époque donnée. Ce travail lui sera d'autant plus facile qu'il en a étudié, si je puis le dire, les linéaments dans les *Esquisses :* le trait du tableau étant fait, il n'y manque plus que le coloris.

Cependant nous voyons bien jusqu'ici des faits isolés, comparés avec des faits isolés ; mais l'ensemble des époques que nous devons saisir à la fois nous manque : c'est l'objet de la seconde remarque.

2° *Les observations générales sur les divisions de l'histoire, et sur les grandes époques.*

L'auteur, dès le début, donne en quelques pages un aperçu de l'histoire générale : c'est comme une introduction où les révolutions, les invasions sont dessinées à grands traits, et frappent l'esprit des jeunes gens. Dans la succession des siècles, M. Lévi a marqué ces points de repos par des *stations,* d'où successivement, il jette un regard en arrière sur les événements étudiés, et sur l'état du monde. Par exemple, après les *guerres puniques,* il trace la situation du monde alors connu, et donne d'après *Montesquieu,* un parallèle entre Rome et Carthage, avant et après ces guerres mémorables. Il en est de même après chaque grande époque. L'élève voit se développer graduellement le *panorama* des peuples, à l'avènement d'Auguste à l'empire, à l'invasion des peuples barbares, au renouvellement de l'empire d'Occident sous Charlemagne, enfin à toutes les périodes marquantes de l'histoire. Et, dans cette marche logique, la littérature n'est point oubliée, et les siècles de *Périclès,* d'*Auguste,* d'*Al-Mamoun,* de *François I*er, de *Louis XIV,* présentent successivement les écrivains célèbres qui ont hâté les progrès de l'esprit humain.

3° *Les Tableaux synoptiques, les Cartes et les Voyages.*

Je voudrais, Messieurs, pour vous prouver l'importance de cette troisième partie, exposer sous vos yeux les atlas et les cahiers des élèves de M. Lévi; vous verriez qu'à l'aide des *tableaux synoptiques,* que le professeur d'histoire doit tracer d'une main habile, la mémoire est admirablement

soulagée : la clarté succède à la confusion ; l'œil satisfait
peut suivre sans fatigue et sans ennui le dédale tortueux des
généalogies des rois de tous les temps et de tous les pays.
Par ce moyen, vous retenez sans peine l'origine et la descendance des familles royales et princières, les noms et les
droits des prétendants, si nombreux qu'ils soient, dans les
guerres de succession. Vous suivez avec intérêt la marche
des conquérants et les voyages des navigateurs, et dans ce
travail si peu connu dans nos classes, M. Lévi se glorifie
d'être le disciple de Las Cases, dont il voudrait, avec raison,
qu'on popularisât l'*Atlas historique*.

Mais, diront quelques critiques, l'ouvrage de M. Lévi est
sans doute très méthodique ; comment cependant voulez-
vous que, dans cinq cents pages, il ait développé tous les
événements de l'histoire ? Je pourrais répondre, Messieurs,
que c'est l'inconvénient attaché à tous les ouvrages classiques : et comment y remédier ? Serait-il raisonnable de
mettre dans les mains des élèves un ouvrage de douze ou
quinze volumes ? M. Lévi, ce me semble, a parfaitement
compris la difficulté, et l'a surmontée avec bonheur ; car il
est assez remarquable qu'il ait tout prévu : c'est l'objet de
sa quatrième et dernière observation.

4º *L'indication des lectures propres au développement des grands faits.*

L'auteur a senti les inconvénients d'une grande *Histoire
générale*. Vous penserez avec lui, Messieurs, que chaque
historien écrit suivant ses opinions ; que les conséquences
qu'il déduit de tous les faits qu'il rapporte dépendent de sa
position, de son caractère ou de ses sentiments : c'est ainsi
que sont écrits tous les ouvrages classiques. Un homme fait

peut les lire avec fruit et sans danger ; un jeune homme,
dans son inexpérience, s'en appropriera les maximes. Trop
heureux s'il ne suit que les bonnes ! Avec les *Éléments
d'histoire générale,* ce n'est pas un seul auteur que l'élève
lira ou entendra ; ce sont tous ceux qui auront écrit sur ces
matières spéciales ; il pourra donc comparer les opinions
différentes, et plus tard s'en former une lui-même. A tous
les grands événements, l'auteur recommande la lecture de
tel passage d'un ouvrage : c'est ainsi qu'un jeune homme
fera connaissance successivement avec Homère, Virgile,
Rollin, Montesquieu, Chateaubriand, Racine, Voltaire,
Corneille, Vertot, Villemain, Guizot, et avec tous les bons
écrivains, anciens et modernes, qui ont traité l'histoire, soit
littéraire, soit politique, soit militaire. A Dieu ne plaise que
M. Lévi borne la leçon du professeur ! il appelle, au contraire, tous les développements à l'aide de sa méthode, et ne
prétend donner qu'un plan que chacun peut agrandir
suivant sa capacité.

Les ouvrages de M. Lévi sont généralement adoptés,
quels que soient les principes d'instruction qu'on professe.
Ils sont traduits en anglais, en allemand, en russe, et sont
suivis dans la plupart des institutions étrangères.

La lecture des *Chroniqueurs français,* que M. Lévi vient
de faire paraître, est digne d'être mise entre les mains de
ceux qui veulent connaître à fond l'*Histoire du moyen
âge.*

Vous le voyez, Messieurs, il ne manque à l'élève de
M. Lévi, pour compléter ses études historiques, que les
hautes leçons des professeurs de la Sorbonne : il saisira avec
un tact merveilleux toutes les allusions historiques. Si
M. *Villemain* parle, avec l'éloquence qui le distingue, des
littératures européennes, il suivra sans peine ses incursions

nombreuses faites dans le champ de l'histoire : si *M. Guizot,*
en profond critique, examine, avec le coup d'œil du *chroni-
queur,* les époques encore bien obscures du moyen âge,
notre jeune homme saura apprécier la justesse des citations
et des jugements : en un mot, je crois que les *Éléments
d'Histoire générale* sont le digne complément des *Esquisses
historiques.*

Ce serait ici l'occasion de vous parler des exercices ingénieux que M. Lévi indique, au moyen desquels l'élève com-
pare les siècles, les hommes, la situation des États ; mais ils
sont tellement multipliés, que je me trouve obligé de vous
renvoyer à l'ouvrage même ; je vous prierai seulement de
fixer votre attention sur les *dialogues* et les *lettres historiques,* dont on peut tirer un parti très avantageux. Ces
lettres prennent pour base une histoire quelconque, et y
rapportent toutes les histoires contemporaines.

Ainsi l'*Histoire sainte* sert de point de départ depuis la
création jusqu'au xxv⁰ siècle avant J.-C.

L'*Histoire d'Égypte,* depuis le xxv⁰ siècle jusqu'au xvi⁰
avant J.-C.

L'*Histoire grecque,* depuis le xvi⁰ siècle jusqu'au iv⁰ avant
J.-C.

L'*Histoire romaine,* depuis le iv⁰ siècle avant J.-C.
jusqu'au v⁰ après J.-C.

L'*Histoire de France,* depuis le v⁰ siècle jusqu'à nos
jours.

Parmi les exercices que M. Lévi recommande, je citerai
en première ligne les *Énigmes historiques.* Ce petit ouvrage
intéressant présente sous une forme dramatique les principaux faits de l'histoire. L'élève doit deviner le *sujet* de
l'énigme, dire à quel siècle se rapporte l'événement, parcourir les principaux faits de ce siècle, suivant les connais-

sances qu'il a acquises, et nommer les personnes avec quelques détails biographiques. Certes, celui qui pourrait répondre aux 400 tableaux de ce *musée historique*, avec les développements qu'exige l'auteur, saurait parfaitement les *faits* de l'histoire générale. Je recommande ce petit ouvrage aux instituteurs.

D'après les conseils des instituteurs les plus éclairés, dans l'intérêt des bonnes études et dans celui de sa méthode, destinée sans aucun doute à un grand succès, M. Lévi vient d'ouvrir chez lui des cours d'histoire pour les jeunes professeurs et les institutrices qui désireraient se familiariser avec les procédés dont il se sert dans ses démonstrations : c'est acquérir de nouveaux droits à la reconnaissance des pères de famille, à l'estime des amis de la jeunesse, et rendre un service signalé à l'instruction et à l'enseignement.

SABATIER.

PLAN A SUIVRE

POUR L'ÉTUDE DE CETTE HISTOIRE GÉNÉRALE ÉLÉMENTAIRE.

Après avoir lu attentivement tous les événements d'un siècle, il faut : 1º les réunir dans un *tableau synoptique*, coupé en autant de colonnes qu'il y a d'histoires particulières indiquées dans chaque sommaire, et ajouter, à la fin de chaque colonne, les grands hommes dont il est fait mention dans les événements.

1	2	3	4	5	6	7

1. *Histoire.* — 2. *Événements.* — 3. *Villes.* — 4. *Situation.*
— 5. *Notices.* — 6. *Grands hommes.* — 7. *Découvertes.*

2° Faire la biographie des grands hommes dont il est parlé
dans chaque siècle, en suivant la division indiquée par ces
cinq questions : *Où est-il né ? A quelle occasion est-il nommé
dans l'histoire ? Qu'a-t-il fait de remarquable ? A-t-il été
utile à son pays ? Comment et où est-il mort ?*

3° Écrire les lieux géographiques cités dans le développement des faits de chaque siècle, en procédant de la
manière suivante, et indiquer :

    a. La partie du monde dans laquelle le lieu se trouve.
    b. Sa situation particulière.
    c. A quelle occasion il est nommé dans l'histoire.

4° Tableau général des découvertes de chaque siècle.

5° Lire dans les *ouvrages indiqués* les développements des
grands faits cités après le mot *lecture.*

6° Tableau général de toutes les villes dont il est parlé
dans l'histoire.

7° Tableau des guerres civiles.

8° Tableau des traités de paix.

9° Tableau des principales guerres.

10° Tableau des cinq siècles littéraires, avec des notions
sur les écrivains.

11° Faire des lettres historiques qui présentent l'analyse
d'un ou de plusieurs siècles. Ces lettres prendront pour

22

base une histoire quelconque, et y rapporteront toutes les histoires contemporaines :

Ainsi, l'*Histoire sainte* servira de point de départ, depuis la création jusqu'au xxve siècle avant J.-C.

L'*Histoire d'Égypte*, depuis le xxve jusqu'au xvie siècle avant J.-C.

L'*Histoire grecque*, depuis le xvie siècle jusqu'au ive avant J.-C.

L'*Histoire romaine*, depuis le ive siècle avant J.-C. jusqu'au ve siècle après J.-C.

L'*Histoire de France*, depuis le ve siècle jusqu'à nos jours.

CARTES A FAIRE.

AVANT J.-C.

1. De la dispersion des peuples au xxxe siècle.
2. Du monde connu à l'époque de la guerre de Troie.
3. Des douze tribus sous Josué.
4. De l'empire d'*Alexandre*.
5. Du monde connu au viiie siècle, lors de la première olympiade et de la fondation de Rome.
6. De l'empire romain sous *Auguste*.

APRÈS J.-C.

7. De l'empire romain avant l'invasion des barbares
8. Du globe vers la fin du ve siècle.
9. Du globe sous l'empire de Charlemagne.
10. A l'époque du démembrement de l'empire de Charlemagne, vers la fin du ixe siècle.
11. A l'époque de la domination des Allemands consi-

dérés comme puissance prépondérante vers l'an 1074
(xie siècle).

12. Vers l'an 1300, à l'époque de la fondation des
royaumes de Portugal, de Naples et de Sicile, des conquêtes des Croisés et des courses des Mongols.

13. Vers l'an 1453, à l'époque de l'invasion des Turcs
ottomans, et du bouleversement de l'empire grec.

14. Vers la fin du xve siècle, après la découverte de
l'Amérique et du passage du cap de Bonne-Espérance pour
aller aux Indes.

En 1618. — Guerre de Trente-Ans.

En 1700. — A la guerre de succession d'Espagne.

En 1740. — A la guerre de succession d'Autriche.

En 1756. — A la guerre de Sept-Ans.

En 1789. — A la révolution française.

En 1804. — A l'avènement de Napoléon.

En 1812. — Sous l'empire français.

En 1814. — A la chute de Napoléon, 1814 et 1815.

En 1830. — A l'avènement de Louis-Philippe.

En 1848. — A la seconde république.

En 1854. — Au second empire.

CATALOGUE DES OUVRAGES CLASSIQUES

DE M. LÉVI ALVARÈS PÈRE

PARIS, FAUBOURG SAINT-GERMAIN, N° 17-19, RUE DE LILLE

HISTOIRE

Esquisses historiques, ou Cours méthodique d'histoire, composé sur un plan nouveau; 10ᵉ édition, renfermant des précis gradués de l'histoire des principaux peuples du globe, avec des tableaux chronologiques des rois et de tous les États remarquables; des exercices et des observations sur la méthode à suivre dans des leçons. Un vol. in-18 . . . . 2 fr. 5o c

> Peu d'ouvrages d'instruction jouissent d'une vogue aussi grande que celle des *Esquisses*, qui présentent méthodiquement : 1° l'origine et l'organisation des sociétés; 2° la succession des peuples; 3° les révolutions dans l'histoire de ces peuples, avec des détails chronologiques, généalogiques, biographiques, etc. ; 4° l'histoire de France mise en rapport avec les faits contemporains. Ce qui surtout a dû assurer le succès de cet ouvrage, c'est qu'il convient aussi bien à l'homme du monde qu'à l'enfant. Quelques événements politiques viennent-ils attirer l'attention, aussitôt on ouvre les *Esquisses historiques*, les *Esquisses littéraires*, les *Études géographiques*, et l'on trouve tous les renseignements utiles sur la *géographie*, l'*histoire* et la *littérature*. Ce qui frappe dans ce petit *Cours méthodique* de l'histoire des peuples, c'est l'enchaînement des faits qui découle d'une idée heureuse et neuve : l'échelle des peuples ; c'est l'*alphabet* de l'histoire présenté d'une manière ingénieuse, et qui fait éviter, toute la vie, les *anachronismes* si fréquents. Les *Esquisses historiques*, en un mot, s'adressent à tous les âges, à toutes les intelligences; elles prennent l'enfant à six ans, et le conduisent par une série de développements jusqu'à la fin de ses études.

Manuel historique des peuples anciens et modernes, à l'usage de l'enseignement primaire élémentaire et de l'enseignement

supérieur élémentaire, avec un tableau des rois de France pour
suivre le tableau synoptique. Un vol. in-18 . . . . 1 fr.

> Ce Manuel est un abrégé des *Esquisses historiques*; il est destiné
> spécialement aux études élémentaires. Les premières pages sont con-
> sacrées aux *connaissances* qué doit acquérir l'élève avant de com-
> mencer l'étude de l'histoire, l'origine et la formation des peuples et
> des États, celle des gouvernements, les différentes sortes de gouverne-
> ments, etc. — Viennent ensuite les vicissitudes de tous les peuples
> jusqu'à nos jours. Toutes ces notices sont écrites avec beaucoup de
> clarté. Ce *Manuel historique* est terminé par un coup d'œil sur l'histoire
> de France et un tableau chronologique sur la France.

Tableau synoptique de l'échelle des peuples. Ce tableau, d'une
grande dimension, est très utile pour les leçons d'histoire d'après
le *Manuel historique*. Il est divisé en six parties : 1º Peuples dont
l'histoire n'est pas connue ; 2º Peuples de l'histoire ancienne ;
3º Moyen Age ; 4º Moderne ; 5º Chronologie des rois de France ;
6º Siècles et époques des règnes. Un grand tableau.   1 fr. 50 c.

> Ce tableau synoptique de la succession des peuples est une création
> de l'auteur, et a reçu la sanction de tous les professeurs d'histoire. —
> Cette échelle historique, que l'on a comparée avec raison à l'*alphabet*
> présente dans leur ordre chronologique les peuples anciens, ceux du
> moyen âge, et ceux de l'histoire moderne, avec la seule indication du
> siècle de la fondation et du nom du fondateur. Ce tableau doit être
> étudié avec soin et répété au commencement de chaque leçon, quel que
> soit le degré d'avancement des élèves.

Nouveaux Éléments d'histoire générale, rédigés sur un plan
méthodique et entièrement neuf ; ouvrage propre à faciliter l'enseignement et l'étude des principaux événements, depuis la Création jusqu'à nos jours, avec l'indication : 1º des Ouvrages à
consulter ; 2º des Tableaux synoptiques à faire ; 3º des Voyages
historiques à tracer, pour développer l'intelligence et soulager la
mémoire ; adoptés dans les institutions de France, d'Angleterre,
d'Allemagne et de Russie. 44º édition. Un fort vol. format Char-
pentier . . . . 4 fr. 50 c.

> Cet ouvrage est parvenu à sa 44ᵉ édition : il jouit dans l'enseigne-
> ment d'une réputation européenne, puisqu'il a été traduit dans les
> principales langues ; c'est le complément obligé des *Esquisses histo-
> riques*. Dans ce dernier ouvrage, l'étudiant, enfant ou homme du
> monde, a vu *individuellement* les peuples depuis leur origine jusqu'à
> nos jours : avec celui-ci il va les suivre *synchroniquement* siècle par
> siècle : il pourra comparer les événements. les grands hommes, l'état
> de la *civilisation* à une époque donnée. Tout en divisant son histoire
> par *siècle*. l'auteur a marqué des *points de repos*. des *stations*. d'où il

jette un regard sur les événements étudiés et sur l'état du monde sous
le rapport moral, politique et littéraire. — Ne proscrivant aucune
méthode, voulant éclairer les *faits* par la lecture des bons écrivains,
M. Lévi cite les principaux ouvrages qui peuvent donner des développements utiles. Enfin, les aspirants au *baccalauréat* trouveront la solution méthodique de toutes les questions du programme de l'Université. Un de nos savants les plus respectables, et que la mort enleva
trop tôt à la religion et aux lettres, M. l'abbé Nicole, écrivait le
10 février 1835 à M. Lévi : « Vos éléments d'histoire générale ne
« laissent rien à désirer soit sous le rapport des principes religieux,
« soit sous le rapport de l'ordre et de la méthode. J'ai exprimé mon
« opinion à Monseigneur l'Archevêque (M. de Quélen), qui m'a auto-
« risé à vous dire qu'il la partageait. Je forme des vœux bien sincères
« pour que vos succès dans l'enseignement aillent toujours croissant;
« votre zèle et vos talents méritent cette récompense. »

Recueil des tableaux historiques, pour servir d'exercice à l'enseignement des histoires racontées, de M. Lamé-Fleury, accompagné de tableaux grammaticaux, géographiques, etc., dix-sept
tableaux réunis. . . . . 5 fr.

Chaque tableau se vend séparément . . . . 40 c.

Les tableaux que nous offrons abrègeront le travail et hâteront les
succès des enfants. — Dans l'enseignement élémentaire de l'histoire,
qui prend depuis l'âge de six ans et qui doit le terminer à douze, on
doit voir successivement : 1° Les Esquisses historiques (1re partie) et
la filiation des peuples, leur organisation, leur gouvernement, leurs
lois, leurs mœurs, leur religion et le précis de leur histoire; — 2° l'histoire sainte; — 3° l'histoire ancienne proprement dite; — 4° l'histoire
grecque; — 5° l'histoire romaine jusqu'au siècle des invasions; —
6° l'histoire de France; — 7° l'histoire d'Angleterre; — 8° l'histoire
générale. Sept exercices nous semblent essentiels pour bien graver les
faits dans la mémoire des enfants;

1° *Le fait général*, dont il faut faire comprendre la dénomination :
c'est l'intitulé du chapitre :

2° *L'époque* à laquelle le fait a eu lieu, époque que l'on fait rapporter avec soin à l'échelle des peuples, alphabet historique de toute
méthode rationnelle ;

3° *Le fait particulier* de l'événement qu'il faut faire lire et raconter
verbalement et par écrit, suivant les instructions données dans le
Manuel de la méthode :

4° *Les noms propres*, c'est l'étude des hommes dont il est parlé dans
le *fait*;

5° *Les qualités, les sentiments*, c'est-à-dire la morale ou la philosophie du *fait* ;

6° *Les objets*, c'est-à-dire les substances matérielles sur lesquelles
l'esprit s'est porté pendant l'étude du *fait*;

7° *La géographie*, c'est-à-dire le théâtre du fait : ici nos cartes particulières seront d'une grande utilité.

Nous croyons qu'il est impossible que l'esprit des enfants, activé par toutes ces questions méthodiques, ne se développe avec succès, quelle que soit sa nature.

Histoire classique des Reines et Régentes de France, d'après les meilleurs Mémoires, renfermant des tableaux synoptiques et généalogiques, avec un Dictionnaire des Femmes qui se sont fait un nom dans l'Histoire, les Sciences, les Lettres, depuis la création jusqu'à nos jours. Pour servir de complément à toutes les histoires de France classiques. *Nouvelle édition,* corrigée, augmentée et illustrée des Portraits en pied des Reines, d'après les Tableaux du Musée de Versailles. . . . . 3 fr.

> Cet ouvrage est inséparable de l'Histoire de France ; la plupart des Reines et des Régentes ont trop influé sur les événements politiques pour qu'on ne leur consacre pas un travail spécial. — L'auteur, dans cette nouvelle édition, a jeté un coup d'œil sur les femmes qui se sont distinguées dans tous les pays, depuis la Création, afin que dans un seul volume les élèves eussent la biographie politique et littéraire de la femme.

Énigmes historiques, ou Petit Musée classique ; septième édition, présentant, par tableaux, les principaux événements de l'histoire générale. Un vol. in-18. . . . . 1 fr. 50 c.

> Ce *petit Musée classique* présente sous une forme dramatique les principaux faits de l'histoire. L'élève doit deviner le *sujet* de l'énigme, dire à quel siècle se rapporte l'événement, parcourir les principaux faits de ce siècle, suivant les connaissances qu'il a acquises, et nommer les personnages avec quelques détails *biographiques.* — Certes, celui qui pourrait répondre aux quatre cents tableaux de ce *Musée histo- rique,* avec les développements qu'exige l'auteur, saurait parfaitement les *faits* de l'histoire générale.

Histoire universelle, par Mlle Gombault . . . . . 3 fr. 50 c.

> Cette Histoire universelle, rédigée par une des meilleures élèves de M. Lévi, offre des réponses aux *Énigmes historiques.* — C'est un véritable cours d'histoire générale en tableaux. On y remarquera avec intérêt l'explication des *emblèmes* et des *proverbes populaires,* dont le sens historique embarrasse quelquefois les savants mêmes.

Éphémérides universelles, présentant, jour par jour, les événements politiques et littéraires de l'histoire universelle, nouvelle édit. un gros vol. (sous presse). . . . . 8 fr.

> Cet ouvrage présente, jour par jour, les événements remarquables de l'histoire générale ; il sert de *lectures du matin,* et grave sans peine dans la mémoire les faits les plus saillants, la biographie des littérateurs, des guerriers, des philosophes. Ce que nous recommandons aux

parents et aux institutrices, c'est de ne pas laisser passer un seul jour
sans prescrire cette lecture à haute voix, sans en donner l'analyse
verbale et quelquefois écrite. A la fin du mois on réunit en un tableau
synoptique les *sommaires* journaliers : 1re colonne, les événements religieux ; 2° les événements politiques ; 3° les événements militaires; 4° les
personnages remarquables. — Quel que soit l'âge de l'élève, ce travail
est essentiel : *ceux qui savent se rappellent, ceux qui ne savent pas
apprennent*, et pour tous c'est un prélude utile des études historiques
et littéraires.

Chroniqueurs français, Villehardouin, Joinville, Froissart,
Christine de Pisan. Un vol . . . . 3 fr. 50 c.

> Ces chroniques, traduites en français moderne, conservent néanmoins
> la naïveté, et quelquefois jusqu'à la forme du langage du temps, sans
> cesser d'être intelligibles pour la jeunesse. On a choisi les passages les
> plus intéressants, ceux surtout qui peuvent le mieux développer les
> faits toujours arides et succincts des abrégés d'histoire.
> Nous conseillons *six exercices* pour l'étude de ces chroniques :
> Le premier consiste à faire raconter *verbalement* le texte ;
> Le second, à le faire analyser par écrit ;
> Le troisième à n'en présenter que la substance ;
> Le quatrième, à le traduire en bon français ;
> Le cinquième, à présenter un tableau synoptique et méthodique des
> personnages de chaque chronique ;
> Le sixième, à dresser une carte des pays dont la chronique fait
> mention.

Abrégé méthodique d'histoire de France, d'après la méthode de
M. Lévi, par Mlle Aug. Gombault, son élève . . . . 4 fr. 50 c.

> Cette Histoire de France élémentaire est, sans contredit, l'une des
> meilleures qui aient été publiées ; elle est rédigée d'après les historiens
> les plus célèbres, et renferme les principaux événements développés
> d'après un sommaire chronologique, depuis les Gaulois jusqu'en 1830,
> et divisés en vingt-cinq grandes périodes ; des observations sur les
> époques marquantes, l'indication des tableaux et des recherches à
> faire. Un questionnaire parfaitement composé donne les moyens à
> l'élève d'étudier avec fruit et méthodiquement les événements nom-
> breux de nos annales. Chaque règne et chaque époque sont terminés
> par une indication de travail que nous recommandons au professeur
> et à l'élève.

Nouveau questionnaire d'histoire de France, composé pour les
études secondaires et supérieures, et pour les examens des académies de France. . . . . 75 c.

Anacharsis, de Barthélemy, en un volume. . . . 2 fr. 50 c.

> On habitue la jeunesse à ne voir dans l'histoire que des batailles, des
> révolutions, et rarement on lui présente le tableau des mœurs, des
> habitudes, des usages, de la langue, enfin de la civilisation du peuple

qu'elle étudie ; nos *Lectures progressives* rempliront cette lacune. Nous n'avons pris dans Anacharsis que ce qui a rapport à la vie privée des Grecs, mais nous avons conservé avec un scrupuleux respect les expressions même de l'auteur. Nous conseillerons les mêmes exercices que pour les *Chroniqueurs*.

Les *Lectures progressives* se compléteront au fur et à mesure, et chaque fois nous indiquerons la manière de s'en servir. Nous nous attacherons à reproduire *textuellement* le caractère, l'esprit, l'allure, les traits saillants de l'auteur ; rien ne sera négligé de tout ce qui aura surtout rapport aux lois, aux mœurs, à la religion, aux arts. Ce sera l'écrivain lui-même, moins les passages n'offrant aucun intérêt classique et ceux que la prudence doit exclure. — Par notre *petit Panthéon littéraire et moral*, nous avons donc comblé une lacune qui existe dans l'éducation des jeunes personnes et des jeunes gens.

Atlas universel des sciences et des arts, par MM. Lévi Alvarès et Henri Duval. Relié et colorié. 50 cartes. . . . . . . 30 fr.

Chaque carte coloriée à part . . . . 60 c.

Le but de cet ouvrage, résultat de longues et consciencieuses recherches, a été de simplifier la science. Pouvant s'adapter à toutes les méthodes, le *Professeur* trouvera, dans ces Tableaux, son travail préparatoire ; l'*Élève* y puisera l'habitude de l'ordre et de la clarté, sans lesquels il ne peut y avoir de bonnes études ; l'Homme de lettres aura toujours sous la main le moyen de vérifier soit une date, soit un fait soit une notion scientifique, etc.

Partie historique et géographique. Chaque tableau particulier réunit :

1° Un *Précis Historique* tracé avec cette concision si précieuse pour la mémoire, et qui peint d'une phrase, et quelquefois d'un seul mot, le caractère et le règne d'un monarque ou les grands événements de l'histoire des peuples ;

2° La *Généalogie des Souverains*. Des lignes marquent leur descendance ; des signes particuliers accompagnent : 1° l'avènement, — 2° la durée du règne, — 3° les ancêtres qui n'ont point porté la couronne ; les femmes qui sont montées sur le trône, et un celles qui ne sont que les ancêtres. Chaque *dynastie* ou *branche* est distinguée par une couleur différente.

Le vrai moyen d'étudier l'Histoire Moderne avec fruit étant de la rattacher pour nous à celle de notre pays, nous avons cru devoir placer à côté des généalogies étrangères une colonne des *Rois de France contemporains*, disposés synchroniquement.

3° La *Chronologie*, renfermant les victoires, les défaites, les traités, les établissements, les découvertes, les inventions, etc.

Les *dates* ont été prises dans l'excellent ouvrage de l'*Art de vérifier les dates*, et dans ceux qui servent aux études des collèges de l'Université.

4° La *Géographie*, avec les divisions les plus modernes, et comprenant les lieux célèbres par des événements historiques, des curiosités naturelles et des antiquités remarquables. Ces divisions sont distinguées par des nuances pareilles à celles de la *Carte Géographique*, dessinée avec la plus grande exactitude.

5° La *Statistique*, offrant les bornes, la situation, l'étendue, la superficie, le gouvernement, la religion, la population, la langue, les monnaies avec leur valeur en monnaie de France, les productions des trois règnes, le commerce, l'industrie, etc., etc.

6° Enfin, la *Nomenclature Biographique* des différentes classes des Personnes célèbres, avec la date de leur mort ou du moment où elles ont brillé.

Des Tableaux synchroniques pour l'Histoire Ancienne et pour l'Histoire Moderne forment comme le lien de tous les autres Tableaux. En suivant chaque colonne verticale on a l'histoire d'un peuple, et chaque colonne horizontale le synchronisme, siècle par siècle, des événements contemporains. Dans le *Tableau Synchronique de l'Histoire Ancienne* on a joint des notions sur les connaissances géographiques des anciens ; leurs années, leurs monnaies, poids et mesures, etc. Dans le *Premier de l'Histoire moderne* on a placé la Carte géographique de l'invasion des barbares : des cordons coloriés indiquent la route qu'ils ont tenue ; et dans le *Deuxième* la carte géographique de l'Europe actuelle.

La Mappemonde offre l'ensemble de la *Géographie moderne* suivant les découvertes les plus récentes. Des signes font connaître les principaux courants des vents et des mers. On y a tracé l'Équateur et le Pôle magnétiques. Au bas est une table des Climats de jour et de mois, donnant, suivant les différents degrés de latitude, la plus grande longueur des jours aux Solstices.

La Mythologie réunit les divinités des Peuples anciens ; on y a ajouté une gravure où sont groupés les principaux dieux de la Grèce, des Égyptiens, des Indiens, des Mexicains, des Gaulois et des peuples du Nord.

Le Tableau des Religions modernes donne l'explication des dogmes des Sectes qui ont existé et qui existent encore.

Les Tableaux scientifiques sont des abrégés clairs et méthodiques des Éléments de chaque science, puisés aux sources les plus modernes dans les ouvrages de nos Célébrités contemporaines ; des Dessins, gravés avec soin, représentent les Phénomènes astronomiques et physiques, le Système de la formation de la terre, les Hauteurs des montagnes et des volcans du globe, les Types des diverses classes de l'Histoire naturelle ; les figures relatives à la Géométrie, à l'Arpentage, au Dessin linéaire, à la Perspective, à la Mécanique, etc.

Les Tableaux restant composés, on a l'avantage de se les procurer séparément.

LITTÉRATURE.

Esquisses littéraires, ou Précis méthodique des littératures européennes et orientales, renfermant des notions générales sur les langues, des notices biographiques sur les écrivains anciens et modernes, la littérature de chaque peuple, des tableaux littéraires et des indications de lecture. Un volume in-18.   4 fr. 50 c.

Ces Esquisses littéraires, qui, à peine publiées, jouissent déjà d'un grand succès, présentent un *précis méthodique des littératures européennes et orientales*; elles renferment des notions générales sur les langues, des notices biographiques sur les écrivains anciens et modernes, la littérature de chaque peuple, des tableaux synoptiques et des inditions de lectures. La *littérature française* y est traitée avec soin et méthodiquement, afin qu'elle puisse servir de complément aux études sur l'Histoire de France. L'Université elle-même vient de sanctionner, par son nouveau programme sur le baccalauréat, la marche que nous suivons depuis quinze ans pour l'histoire générale.

Littérature française. . . . . 1 fr. 50 c.

Parcourir toutes les phases historiques de la littérature française, caractériser tous les écrivains qui ont marqué jusqu'au dix-neuvième siècle, jeter un coup d'œil sur leurs chefs-d'œuvre, et semer çà et là quelques réflexions qui pussent servir de texte au *développement des professeurs* et aux recherches des élèves, c'est une tâche difficile et surtout délicate : le professeur s'en est acquitté avec bonheur. — Les conseils qu'il donne dans sa préface à ceux qui veulent se servir avec fruit de ce manuel, sont excellents. Au fur et à mesure qu'une période est étudiée sous le rapport historique, il faut aussitôt l'envisager sous le rapport grammatical et littéraire, et dresser des tableaux synoptiques qui gravent parfaitement dans la mémoire les *noms* et les *faits*. Ce manuel est précédé d'un coup d'œil sur l'histoire de la littérature ancienne et moderne, et sur les principaux événements qui l'ont illustrée dans tous les genres, depuis les temps les plus reculés jusqu'à nos jours.

Leçons primaires de littérature et de morale, ou Choix de morceaux des meilleurs auteurs, suivies d'une notice biographique sur chaque auteur cité dans l'ouvrage. 1 volume in-12 . . . . 2 fr. 50 c.

Les leçons primaires de littérature et de morale servent à la fois de livre de lecture à haute voix, d'analyses et de textes pour les compositions de style dans tous les genres. — Le choix des sujets, pris dans ce que la littérature en général offre de plus beau et de plus correct, est fait de manière à satisfaire toutes les exigences. — L'auteur a terminé ce recueil par une biographie des auteurs cités dans l'ouvrage, et ces leçons primaires sont ainsi un véritable cours de littérature pratique.

Mnémosyne classique, ou Nouvelle couronne littéraire, composée pour les leçons de l'art de lire à haute voix, à l'usage des maisons d'éducation et des étrangers. 4ᵉ édition, 1 volume in-18 . . . . 2 fr. 50 c.

De nombreuses éditions prouvent l'utilité de cet ouvrage ; non seulement il renferme des morceaux de prose et de vers propres à être confiés à la mémoire, mais il offre des tableaux de prononciation

usitée aux Français comme aux Étrangers peu familiarisés avec l'art
de lire à haute voix, et qui veulent prononcer et parler correctement
notre Langue.

LANGUE FRANÇAISE.

Grammaire normale des Examens, par MM. D. Lévi Alvarès
et Rivail. 1 vol. in-12 cart. . . . . 2 fr. 50 c.

> Le titre même de cet ouvrage en fait connaître le but et l'utilité.
> Les auteurs ayant recueilli, pendant plusieurs années, toutes les ques-
> tions de grammaire proposées dans les examens de la Sorbonne, de
> l'Hôtel de Ville et des autres Académies de France, ont voulu donner
> aux candidats de l'un et de l'autre sexe, le moyen facile de les résoudre,
> en leur épargnant des recherches longues et minutieuses dans les
> traités spéciaux trop volumineux et presque toujours d'un prix trop
> élevé. Pour aider les élèves à fixer leurs idées, ils ont donné, autant
> que possible, les motifs sur lesquels sont fondées les principales opi-
> nions, en indiquant celles qui leur paraissent les plus rationnelles ou
> qui sont le plus généralement adoptées, et en faisant connaître les
> décisions de l'Académie française. Cette grammaire normale est donc
> une nouvelle *Grammaire des Grammaires raisonnées.*

Dictées normales des examens, recueillies et choisies dans les
examens de l'Hôtel de Ville de Paris, de la Sorbonne et autres
Académies de France. . . . . 2 fr. 50 c.

Le Nomenclateur orthographique, ou les premiers exercices
d'orthographe, renfermant : 1º une nomenclature encyclopédique
des mots les plus usités classés par spécialité ; 2º un Traité
méthodique d'orthographe absolue ; 3º des Exercices sur les
substantifs, les adjectifs, etc. . . . . 2 fr.

> Ce petit recueil peut servir utilement de *premières dictées ;* il est
> divisé en trois parties :
> *La première présente* la nomenclature des mots les plus usités,
> classés par spécialité. Tout en étudiant l'orthographe, les enfants enri-
> chissent leur mémoire d'une foule de mots qu'ils n'auraient certaine-
> ment jamais connus sans cet exercice préliminaire, et qui, dans les
> relations de la vie, sont nécessaires pour rendre la pensée claire et
> complète.
> *La seconde partie* renferme un petit traité méthodique d'*orthographe
> absolue.* — L'intelligence commence ici à jouer un rôle plus actif ;
> l'oreille et les yeux travaillent simultanément, car le *son* et le *signe
> graphique* sont mis en rapport et doivent être étudiés à la fois. — Des
> tableaux synoptiques dressés avec goût et des réponses écrites d'après
> le questionnaire grammatical aplaniront les difficultés en simplifiant
> le travail.

La troisième partie donne graduellement les principes de l'orthographe *relative* avec quelques phrases dans lesquelles j'ai réuni les principales difficultés. Il n'y a là encore aucune définition, aucune application savante à retenir; ce sont des *types*, des *pradigmes* à copier, et sur lesquels on appliquera d'autres phrases; c'est l'habitude du *vêtement*, c'est la *forme* du mot qu'il est nécessaire d'acquérir. La *pratique* d'abord, la *théorie* viendra ensuite; elle naîtra naturellement de l'observation souvent renouvelée. — L'utilité du Nomenclateur explique son succès.

Omnibus du langage (Les), neuvième édition, revue, corrigée et augmentée d'un grand nombre de locutions, d'un tableau de prononciation, d'une liste des principaux mots latins, italiens, anglais, introduits dans la langue française. Un vol. in-18.   2 fr.

On connaît le succès immense de ce petit ouvrage qui s'est tiré à un nombre considérable d'exemplaires. C'est qu'il s'adresse à tous les âges, à tous les rangs, parce que tout le monde doit *parler correctement*. Et cependant que de *locutions vicieuses* sortent de la bouche même des personnes les plus instruites, parce que, ne s'étant pas donné la peine de chercher dans un dictionnaire, elles ont répété ce qu'elles avaient entendu dans leur bas âge.

L'étude de la grammaire est trop négligée en France. Quelles seraient les suites de cette indifférence pour le plus bel idiome de l'Europe ? Les voici : La prononciation deviendrait vicieuse, l'abus et l'impropriété corrompraient tous les termes, le genre des mots se dénaturerait, et cette langue harmonieuse, savante, correcte, élégante, sous la plume de nos bons écrivains; cette langue, organe universel de toutes les cours civilisées, perdrait peu à peu sa noblesse, sa pureté, et cette simplicité qui en fait le charme.

L'Omnibus du langage rend donc un véritable service en rectifiant les *locutions vicieuses les plus répandues,* et en donnant l'explication des mots dont on connaît le moins le sens.

ASTRONOMIE, PHYSIQUE ET HISTOIRE NATURELLE

Nouveaux éléments de physique, rédigés sur les programmes universitaires. . . . . 1 fr. 50 c.

La Physique popularisée ou *les Pourquoi et les Parce que*, présentant les principaux phénomènes de la nature, avec des pronostics sur le temps. Un vol. in-18. . . . . 2 fr. 50 c.

Les *Pourquoi et les Parce que* répondent au caractère de notre époque, à celui de l'exploration des choses utiles et de leur propagation dans les masses. — C'est pour seconder ce mouvement honorable du siècle que nous avons composé ce petit ouvrage; nous n'avons pas eu la prétention d'écrire pour les savants : ce sont, au contraire, leurs belles découvertes que nous avons mises à la portée de tous, en supprimant les hautes questions de physique, les termes trop savants et les systèmes qui ne reposent pas sur les faits. — Le champ des *Pourquoi* et des *Parce que* est vaste comme le monde ; il renferme toutes les sphères des connaissances humaines ; mais c'eût été une témérité que de vouloir expliquer tous les phénomènes de la nature.

Cosmographie (petite) *racontée à l'enfance*, renfermant les premières connaissances sur la structure du globe. Un vol. de deux feuilles d'impression. . . . . 75 c.

> Ce petit ouvrage, qui s'est tiré à un grand nombre d'exemplaires, il y a un an, est déjà à sa seconde édition. — C'est qu'il renferme les notions les plus utiles de cosmographie présentées sous une forme attrayante. — Ces leçons sont à la fois morales et religieuses ; et, en effet, rien n'élève plus l'âme que la contemplation raisonnée des merveilles de la nature. — Une cosmographie poétique enrichit la mémoire des élèves et permet de fixer par l'harmonie des pensées, les connaissances astronomiques et les systèmes les plus suivis.

Grands Tableaux d'histoire naturelle. Chacun. . . . . . 5 fr.

> Ces grands tableaux d'Histoire naturelle sont mis à la hauteur de la science. Ils présentent une classification facile, des définitions claires et des nomenclatures techniques. Les dessins sont faits avec exactitude et facilitent le travail de l'élève. Bien que composés pour l'*Instruction simultanée*, ils peuvent être d'une grande utilité dans l'*Instruction privée*, en ayant soin de les suspendre à la muraille de la salle des études. Le texte doit être appris par cœur. — On en trouvera le développement dans le livre des *Sciences exactes* de l'auteur.

Nouveaux éléments d'histoire naturelle, rédigés sur les programmes universitaires. . . . . 1 fr. 50 c.

GÉOGRAPHIE

Nouvel atlas complet de géographie ancienne et moderne. 23 cartes. . . . . 9 fr.

> Un nouvel Atlas offre un avantage réel : il est dressé avec une grande exactitude et une clarté toute particulière : son succès est une preuve de son utilité. — Il est principalement composé pour les histoires racontées de M. Lamé-Fleury, et les ouvrages d'histoire et de géographie de M. D. Lévi.

Questionnaire sur toutes les parties des études géographiques, avec l'indication des leçons préliminaires, des tableaux et des cartes à faire, et des notions principales sur la cosmographie. Un vol. in-18. . . . . 50 c.

Premières leçons de Géographie. par M. Théodore Lévi
fils. . . . . 5o c.

Tour du monde ou *Premières Études géographiques,* par
voyages, 7ᵉ édition. . . . . 1 fr. 5o c.

> Cet ouvrage contient : 1ᵒ La division du globe avec les productions
> et la population : — 2ᵒ Un voyage dans les villes principales avec leur
> distance de Paris; — 3ᵒ Le tour du monde sans détails ; — 4ᵒ La géo-
> graphie détaillée de la France physique, historique, commerciale,
> industrielle. composée pour l'instruction primaire et secondaire; —
> 5ᵒ Un voyage dans les échelles du Levant; — 6ᵒ Les chemins de fer
> de l'Europe : — 7ᵒ Le tour du monde avec les détails géologiques, his-
> toriques, littéraires; — 8ᵒ Les principales rivières, etc.

Études géographiques, pour servir de développement aux
géographies élémentaires, renfermant : 1ᵒ des Voyages physiques
et historiques : 2ᵒ des Observations morales sur la structure du
globe ; 3ᵒ l'Histoire abrégée des principaux navigateurs ; 4ᵒ l'Indication des lectures et des exercices propres au développement
des leçons. Cinquième édition. Un vol. in-18. . . . 3 fr. 5o c.

La géographie racontée à la jeunesse, présentant d'une
manière claire les principaux accidents du globe. et renfermant
des détails sur les mœurs et les usages de tous les peuples. Un
vol. in-18 . . . . 3 fr. 5o c.

Tableau géographique de la France, faisant partie des *Études
géographiques,* divisé par colonnes, avec des notices biographiques sur chaque ville. Une grande feuille . . . . . . 75 c.

> La méthode géographique de M. Lévi est connue et appréciée. — On
> peut dire que c'est la seule peut-être qui offre un enchaînement com-
> plet, et qui suive l'étudiant dans toutes les phases de son intelligence.
> Depuis le *Tour du monde* jusqu'à la *géographie racontée et pittoresque,*
> les ouvrages géographiques de ce professeur donnent tous les moyens
> d'acquérir les notions les plus variées et les plus solides sur les états du
> monde connu sous le triple rapport physique, politique et industriel.
> — Avec le *Tour du monde,* l'élève acquiert toutes les connaissances
> élémentaires sur la géographie. — Avec la *géographie pittoresque et
> racontée.* il étudie les considérations générales sur les productions du
> sol, sur les mœurs, les usages, le commerce des peuples, sur le rang
> politique, les monuments et les intérêts industriels des villes; il voyage
> en pensée dans tous les pays sans éprouver de fatigue. Avec les *Études
> géographiques,* enfin, il met le sceau à son instruction en s'initiant aux
> vues si grandes. et quelquefois si religieuses des savants sur notre sys-
> tème du monde. — Le caractère des leçons change : en enchaînant ses
> idées il éclaire son esprit: il procède méthodiquement. — S'élevant

au-dessus des sphères, il donne une idée du *système planétaire*, et il ne descend sur notre planète qu'après avoir traversé les plaines de l'air et en avoir expliqué les principaux phénomènes qui ont des rapports avec la géographie. — Alors notre globe l'occupe exclusivement; il voit sa forme, son atmosphère, ses dimensions, ses zones, sa formation, ses productions générales, ses grandes divisions physiques et politiques. — Il décrit les cieux et les terres dans toute l'étendue de ces mots; enfin il termine son voyage par des observations physiques, historiques et morales. — Il a donc formé son cœur, en même temps que sa mémoire s'est enrichie et que son intelligence s'est formée, et, en voyant que rien n'est inutile dans ce monde, il s'est écrié : *il est un Dieu !*

OUVRAGES DIVERS

Les poètes italiens (Dante, Pétrarque, l'Arioste et le Tasse).
2 fr. 50 c.

Les jeunes gens et les jeunes personnes ne connaissent souvent que de nom les auteurs classiques, soit en France, soit à l'étranger : d'un côté, à cause des vices de l'enseignement; de l'autre, par une prudence que nous approuvons. — Nous les mettons à même aujourd'hui d'admirer les beautés de la littérature en général, en retranchant les passages condamnés, sans nuire cependant à la marche du chef-d'œuvre. Les exercices doivent subir des modifications; voici ce que nous conseillons :
1° Faire analyser verbalement et par écrit tout l'ouvrage;
2° En faire apprendre par cœur les plus beaux passages;
3° Faire des imitations;
4° Faire analyser dans nos *Esquisses littéraires* la littérature italienne.

Premières notions sur toutes choses, ou Sujets de causeries avec les enfants sur l'histoire naturelle, l'industrie, la cosmographie, la physique, etc., par M. Théodore Lévi fils. Un vol. in-18 . . . . 1 fr. 50 c.

Plaisir et travail, suite de la *Mère Institutrice*. Un numéro par mois. Par an. . . . . 10 fr.

Bulletin spécial de l'Institutrice, ou Guide des dames et des jeunes personnes qui se destinent à l'enseignement : journal paraissant le 15 de chaque mois. Par an. . . . . 6 fr.

Ces deux Recueils mensuels sont destinés aux maîtresses et sousmaîtresses de pension : aux institutrices primaires communales et privées; aux dames membres des commissions d'examens; aux aspirantes aux brevets de capacité de l'enseignement primaire et secondaire; aux membres des comités supérieurs et communaux : aux

directeurs des écoles normales ; aux professeurs publics et privés ; aux
élèves des écoles, des institutrices et des familles ; aux couvents et
congrégations religieuses ; pour servir chaque jour de *Guide méthodique* pour l'Orthographe, la Grammaire, la Littérature, l'Histoire, la
Géographie, dans les classes et dans les leçons particulières ; ils renferment tout ce qui a rapport à l'enseignement : Nouvelles ; Législation ; Lectures morales ; Analyse générale des ouvrages classiques ;
Mouvement de l'Instruction des femmes en France et à l'Étranger :
Questions adressées par les jurys d'examens dans toutes les facultés ;
Direction des méthodes ; Indication des meilleurs professeurs, etc., etc.

La Mère institutrice . . . . 10 fr. par an.

Revue mensuelle d'enseignement contenant des conseils pour la direction instructive des jeunes filles, des études bibliographiques de livres classiques ou se rapportant à la pédagogie, à la morale, à l'éducation, etc.

Les Généalogies européennes . . . . 1 fr. 50 c.

Ce petit atlas renferme toutes les familles de France, présentées
d'une manière claire dans des tableaux généalogiques. On connaît les
ressources que l'on peut tirer, pour l'étude de l'histoire, de ces tableaux
avec lesquels les guerres de succession ne présentent plus de difficultés.

Chronologie de l'histoire de France. . . . . 1 fr. 50 c.

Ce qu'il faut aux élèves en étudiant l'histoire de France, c'est une
chronologie méthodique des principaux événements, avec l'indication
des ouvrages propres à développer les faits. Celle-ci, nous l'espérons, ne
laissera rien à désirer ; elle n'est pas rédigée sur un ouvrage, mais d'après
ceux qui présentent le plus d'autorité et qui ont eu le plus de succès.

Notions générales sur les Sciences et les Arts, pour servir de
complément aux Études secondaires et supérieures des jeunes
personnes. Un vol. in-18 . . . . 3 fr. 50 c.

Renfermant des Leçons raisonnées : 1° *sur l'espèce humaine*, considérée dans son origine, son organisation, sa conservation ; 2° *sur l'homme
intellectuel*, considéré dans sa nature, ses diverses facultés, et l'emploi
de ses facultés ; 3° sur les avantages intellectuels et moraux de l'analyse, et la vraie philosophie de l'enseignement.

Questionnaire préparatoire. . . . . 1 fr.

Dans ce questionnaire, toutes les facultés des études élémentaires
sont passées en revue ; cet ouvrage renferme des questions graduées :
1° Sur la manière de se conduire d'après un *Manuel d'honnêteté* ; 2° sur
l'écriture ; 3° sur les premières connaissances ; 4° sur l'orthographe
absolue ; 5° sur l'histoire sainte, l'histoire ancienne, l'histoire grecque,
l'histoire romaine, la chronologie des peuples ; 6° sur la cosmographie,
la géographie ancienne et moderne ; 7° sur le dessin linéaire ; 8° sur
l'arithmétique ; 9° sur la grammaire. Nos ouvrages élémentaires servent de guide.

Questionnaire grammatical et littéraire . . . . . 2 fr. 50 c.

Les professeurs connaissent les heureux résultats qu'ils obtiennent
avec les Questionnaires bien employés. Celui-ci est divisé en trois

parties. — La première présente toutes les questions de grammaire
depuis les études élémentaires jusqu'aux études supérieures ; il convient
donc à l'enfance et à l'homme, car il embrasse seul la science pratique
et théorique de notre langue, telle qu'elle doit être étudiée au dix-
neuvième siècle, depuis la grammaire la plus simple jusqu'à la grammaire la plus transcendante. Aussi ce *Questionnaire* convient-il à toutes
les méthodes et à tous les auteurs. Il est important que les réponses
soient écrites succinctement d'abord, et qu'ensuite l'élève parle, le
Questionnaire à la main, comme si les questions étaient résolues. — La
deuxième partie présente des questions sur la *théorie littéraire*, d'après
le programme universitaire. — La troisième est entièrement consacrée
à l'histoire de la littérature française. — On trouvera la solution de
ces questions dans nos *Esquisses littéraires*.

Dictionnaire classique étymologique des mots les plus usuels
de la langue française, dérivés du grec . . . . 2 fr. 50 c.

> Dans une méthode où l'élève doit se rendre compte du sens des mots
> qu'il lit et qu'il emploie, les étymologies grecques doivent être d'une
> nécessité quotidienne ; on comprendra donc l'utilité de ce petit diction-
> naire, qui appartient à tous les âges et à toutes les études.

Abrégé méthodique des sciences exactes et naturelles. 2 fr. 50 c.

> Rédigé sur les *programmes universitaires*, pour servir aux examens
> des brevets d'instruction de tous les degrés ; comprenant l'*arithmé-
> tique*, la *cosmographie*, l'*histoire naturelle* (zoologie, botanique, miné-
> ralogie, géologie), la chimie élémentaire, *avec indication* : 1° Des
> ouvrages à consulter ; 2° des tableaux synoptiques à faire ; 3° des auteurs
> qui se sont fait un nom dans les sciences, par MM. Lévi (Alvarès), et
> Aimé Vacher de Balème.

Manuel donnant l'explication de la Méthode de M. Lévi, et la
marche graduée à suivre dans les leçons. . . . . 1 fr.

Les entretiens de l'enfance ou *Simples réponses aux questions
des petits enfants*, par Théodore Lévi Alvarès fils. . . . 50 c.

Théorie littéraire à développer ; extrait des *Esquisses littéraires* . . . . 25 c.

Nouveaux éléments méthodiques d'Arithmétique, rédigés sur
les programmes universitaires . . . . 75 c.

Notice sur le salon carré au Louvre, réunion des principaux
chefs-d'œuvre de la peinture . . . . 1 fr.

Éléments de grammaire avec questionnaire, par M. Théodore
Lévi Alvarès fils.

Dictées du premier âge, par M. Théodore Lévi Alvarès fils.

TABLE DES MATIÈRES

DISCOURS PAR LÉVI ALVARÈS